ZHENGFU FEISHUISHOURU GUIFANHUA GUANLI YANJIU

# 政府非税收入规范化管理研究

郭 艳 著

上海大学出版社
·上海·

图书在版编目(CIP)数据

政府非税收入规范化管理研究 / 郭艳著. —上海：上海大学出版社，2023.8
ISBN 978-7-5671-4719-5

Ⅰ.①政… Ⅱ.①郭… Ⅲ.①非税收收入-财政管理-研究-中国 Ⅳ.①F812.43

中国国家版本馆 CIP 数据核字(2023)第 135626 号

责任编辑　傅玉芳
封面设计　柯国富
技术编辑　金　鑫　钱宇坤

**政府非税收入规范化管理研究**

郭　艳　著

上海大学出版社出版发行
(上海市上大路 99 号　邮政编码 200444)
(https://www.shupress.cn) 发行热线 021-66135112
出版人　戴骏豪

\*

南京展望文化发展有限公司排版
上海普顺包装印刷有限公司印刷　各地新华书店经销
开本 710mm×1000mm　1/16　印张 17.75　字数 286 千字
2023 年 8 月第 1 版　2023 年 8 月第 1 次印刷
ISBN 978-7-5671-4719-5/F·234　定价　68.00 元

版权所有　侵权必究
如发现本书有印装质量问题请与印刷厂质量科联系
联系电话: 021-36522998

# 目 录

绪 论 ································································· 1
    一、研究背景与研究意义 ············································· 1
    二、研究现状与发展动态 ············································· 1
    三、研究价值、研究内容与研究方法 ··································· 5
    四、创新与不足 ···················································· 9

第一章 政府非税收入管理规范化的历史演变 ··························· 11
  第一节 政府非税收入概念界定 ········································ 11
    一、非税收入概念的梳理 ············································ 11
    二、非税收入的基本特征 ············································ 19
    三、非税收入与税收收入的区别 ······································ 23
  第二节 政府非税收入的分类 ·········································· 28
    一、以预算管理为标准的分类 ········································ 29
    二、以征收依据为标准的分类 ········································ 30
    三、以具体形式为标准的分类 ········································ 31
  第三节 政府非税收入管理规范化的过程 ································ 36
    一、预算内管理阶段（新中国成立初期至1953年） ······················ 36
    二、预算外管理阶段（1953年至1998年） ····························· 37
    三、纳入预算管理阶段（1998年至2011年） ··························· 40
    四、预算内调整规范阶段（2011年至今） ······························ 43

## 第二章 政府非税收入存续的理论依据 ……………………………… 45
### 第一节 政府非税收入存续的法理解释 …………………………… 45
一、财政宪法理论 ………………………………………………… 46
二、财政民主理论 ………………………………………………… 48
三、财产所有权及收益权理论 …………………………………… 50
### 第二节 政府非税收入存续的经济学解释 ………………………… 51
一、准公共物品理论 ……………………………………………… 52
二、负外部性矫正理论 …………………………………………… 56
三、受益负担理论 ………………………………………………… 57
四、政府信誉理论 ………………………………………………… 57
五、国有资源(资产)有偿使用理论 …………………………… 58
### 第三节 政府非税收入存续的合法性分析 ………………………… 59
一、非税收入存续的实质合法性 ………………………………… 60
二、非税收入存续的形式合法性 ………………………………… 61

## 第三章 地方政府非税收入的实证分析 ………………………………… 64
### 第一节 地方政府非税收入的规模分析 …………………………… 64
一、非税收入规模的总体情况 …………………………………… 64
二、非税收入规模变化的分析 …………………………………… 69
### 第二节 地方政府非税收入的结构分析 …………………………… 77
一、非税收入结构的总体情况 …………………………………… 77
二、非税收入结构变化的分析 …………………………………… 81

## 第四章 地方政府非税收入管理存在的问题及生成机理 ……………… 90
### 第一节 地方政府非税收入管理存在的问题 ……………………… 91
一、项目繁多,征收主体分散 …………………………………… 91
二、规模失范,组成结构失衡 …………………………………… 93
三、制度缺位,约束机制乏力 …………………………………… 95
### 第二节 地方政府非税收入管理问题的生成机理 ………………… 96
一、财政制度从集权到分权的历史演变 ………………………… 96

二、分税制下中央与地方间的财政关系 …………………… 112
　　三、财政分权制度对地方收支的影响 …………………… 139

## 第五章　地方政府非税收入管理的制度困境 ……………………… 148
### 第一节　地方政府非税收入财政管理的制度困境 ………………… 148
　　一、财政分权与地方政府的财政压力 …………………… 149
　　二、地方政府财政压力与非税收入的增长 ……………… 157
### 第二节　地方政府非税收入规范化管理的制度困境 ……………… 160
　　一、现行法律制度的基本情况 …………………………… 161
　　二、现行法律制度的检讨 ………………………………… 166
### 第三节　国外非税收入规范化管理的经验比较 …………………… 189
　　一、国外非税收入规范化管理的方式 …………………… 190
　　二、国外非税收入规范化管理的启示 …………………… 199

## 第六章　完善地方政府非税收入规范化管理的对策建议 ………… 201
### 第一节　健全非税收入管理基础制度 ……………………………… 201
　　一、明晰中央与地方事权划分 …………………………… 202
　　二、健全地方税制度体系 ………………………………… 208
　　三、完善财政转移支付制度 ……………………………… 221
### 第二节　完善非税收入规范化管理制度 …………………………… 224
　　一、从理念上廓清非税收入边界 ………………………… 225
　　二、从制度上完善非税收入立法 ………………………… 229
　　三、从过程上规范非税收入管理 ………………………… 233

**参考文献** ……………………………………………………………… 239

**附件一**　政府非税收入管理办法 …………………………………… 243
**附件二**　我国政府性基金目录（2020年） ………………………… 249
**附件三**　全国性及中央部门和单位行政事业性收费目录清单 …… 252
**附件四**　全国性及中央部门和单位涉企行政事业性收费目录清单 … 263

# 绪　论

## 一、研究背景与研究意义

非税收入作为我国政府财政收入重要组成部分,长期以"预算外资金"的方式存在,由部门和单位"自收自支",游离在财政预算监管之外,造成非税收入规模膨胀,分散了政府财力,扰乱了经济秩序和社会公平。2004年,我国按照政府收入形式正式提出"非税收入"的概念,取代了使用了半个多世纪的"预算外资金",各级政府在实践中开始对非税收入规范化管理进行积极探索。但是,由于非税收入的功能定位、作用机制与税收收入相比差别很大,非税收入范围更广泛、门类更繁杂、内容更丰富,不同种类的非税收入取得的依据、征收的模式、支出的用途不尽相同,因此非税收入管理的规范化程度还不高。目前,我国尚未出台一部关于非税收入管理的全国性法律,而非税收入规模过大、结构失衡、项目设立不规范、标准不合理、征缴行为失当、预算不健全、支出不严格等问题一直备受社会关注和舆论诟病,有待于进一步研究探索寻求治本之策。政府非税收入是政府为了满足社会公共需要或准公共需要,参与国民收入分配和再分配的一种形式,是各级政府除税收收入以外最重要的财政收入来源,在政府财政中占据举足轻重的地位。因此,政府非税收入规范化改革是完善我国分配制度,规范收入分配秩序的重要内容之一,对发展社会公共事业、调节各经济利益主体行为具有现实意义[①]。

## 二、研究现状与发展动态

### (一)国内研究现状与发展动态

国内理论界对政府非税收入的研究主要集中在以下几个方面:

---

① 贾康、刘军民:《非税收入规范化管理研究》,载《税务研究》2005年第4期。

1. 政府非税收入存在的必要性与理论依据

在现行财政体制下尽管政府非税收入存在管理不规范、数额膨胀等问题,但学者认为其有存在的合理性:一是非税收入的历史根源是计划经济时代的统收统支,现实的制度环境使得非税收入在改革中具有其独特性(高培勇,2004)。二是非税收入是政府合理利用不同收入渠道对经济进行宏观调控、实现资源优化配置、稳定经济的重要手段(王小利,2005)。三是非税收入是政府收入体系的重要组成部分,是构建公共财政框架的重要内容之一,是为实现特定经济目标或用于特定用途而筹集的专项资金,主要用于准公共产品的成本补偿(潘明星,2005;刘尚希,2013;奉公,2018)。四是非税收入可以有效调动地方和部门筹集资金的积极性(徐永甏,2007)。其理论依据在于准公共产品、负外部效应、自然垄断等能够以非税收入的方式进行补偿,矫正市场失灵,调节经济。其具有比税收更为明显的优势(苑广睿,2006;王乔,2012;许多奇,2013)。

2. 财政分权与政府非税收入的关系

财政分权体制下财权与事权不匹配及转移支付不规范是非税收入扩张的体制因素:一是中国式财政分权的核心是政治集权财政分权,将政治上的官员晋升和经济上的财政分权有机结合,在政绩考核模式下地方政府行为出现异化,地方政府投资的偏好导致资源配置扭曲(张军,2007;李明,2015;刘小勇,2016)。二是政府间事权范围界定不清使得事权与支出责任相脱节,财权与事权不匹配造成地方尤其是基层政府财力危机和财政失序,中央政府和上级政府事权委托及随意的转移支付介入导致事权与支出分配更加混乱(吕冰洋,2014;刘剑文,2014;邱栎桦,2015)。三是财政分权和支出压力是地方政府扩张非税收入规模的主要原因,压力越大的地区越依赖非税收入来维持政府的运转,地区间的财政竞争是引起非税收入增长的一个重要因素(王志刚,2009;席鹏辉,2014;吴金光,2016)。

3. 政府非税收入规模与结构及其影响因素

从规模上看,近年来非税收入呈快速增长态势,影响着财政收入体系和财政体制改革。从结构上看,项目数量由少变多,各个项目在非税收入中的构成比例也不断发生变化。学者对非税收入规模的研究主要从定性和定量两个方面展开:一是在定性研究方面,学者认为现行财政体制、税制改革、中央对地方干部的考核压力、公共权力重心下移与管理松散、非税收入较低的征收成本、地方政府的利益驱动、政府间税收竞争强度和地方政府财政支出压力是导致非税收入规模扩大的主要原因(王玲,2009;王佳杰,2014)。二是在量化研究方面,学者认为地方政府非税收入具有明显的区域差异性。有学者利用面板数据考察影响非税收入规模的具体因素,认为人均产出、人均转移支付、财政供养人口和市场化进程是影响政府非税收入规模的核心要素(白宇飞,2009;吴金光,2016);经济因素、政府职能因素和税收因素是影响非税收入的主要因素(陈永成,2012)。对非税收入结构的研究,有学者认为不同时期地方政府所取得的非税收入类型不同(朱云飞,2010);分税制改革之初依赖的是行政事业性收费,减税降费背景下地方政府依赖土地财政弥补地方财政收入"亏空"的缺口(贾正,2021)。

4. 政府非税收入存在的主要问题及改革思路

多数学者认为,在强调非税收入合理性的同时要关注其不合理的成分:一是非税收入规模过大。财政体制改革、税源流失以及公共产品边界模糊导致非税收入膨胀(贾康,2005);收费权下放到地方,地方政府的非税收入项目持续扩张,形成了一个庞杂的体系(贾博,2019)。二是管理制度不健全。地方政府在非税收入的征缴和管理方面拥有较大的控制权,面临财政压力时易通过增加非税收入获取更多财政资金(谷成,2020);政府各部门和机构自行发布收费指令,与公共产品不对应不透明(余松林,2010;田春燕,2012)。学者提出规范非税收入要从三个体系着手:一是非税收入取得体系的规范。非税收入的合法性是其存在的前提条件,即民主决策是非税收入行为合法性的核心,民主监督是非税收入行为合法性的关键(许多奇,2013);要控制收费项目,健全征管体系,整合征收组织体制(贾康,2005;汤丹,2011)。二是非税收入管理体系的规范。加快完善中央与地方财政事权和支出责任的划分,理顺中央与地方的财政关系(陈龙,2018);形成具有中国特色的中央和地方收入划分体系(肖捷,2017);政府间税收竞争强度和地方财政支出压力会导致非税收入规模扩大,而通过提高财政收入分权水平则能够抑制地方对非税收入的依赖(王佳杰,2014)。三是非税收入监督体系的规范。重新界定政府非税收入的政府间权限,建立以政府预算为中心的监督体系(王小利,2005;欧文汉,2013)。

(二)国外研究现状与发展动态

1. 国外研究鲜少涉及政府非税收入的领域

一方面,国外政府税收之外的收入在财政收入中所占的比重不高,对财政的影响总体较小;另一方面,国外没有政府非税收入这一专门概念,大多是将税收收入之外的收入作为财政收支中的一个范畴。因此,国外学者更多的是关注对公共收费的研究。国际上通常将政府收入分为经常性收入、资本收入和赠与收入三大类,其中,经常性收入又分为税收收入和非税收入。世界银行认为,政府是以社会公众提供服务而存在的组织,经常性非税收入是政府为公共目的而取得的无须偿还的收入,经常性非税收入主要是指政府的管理费,不包括政府间拨款、借款、前期贷款收回以及固定资产、股票、土地、无形资产的售卖变现收入,也不包括来自非政府部门的以资本形成为目的的赠与收入。国际货币基金组织的定义则强调非税收入包括因公共目的而获得的不需要归还的补偿性收入和非政府单位自愿无偿向政府支付的款项。经济合作与发展组织以能否实现对应补偿为标准对税收和非税收入进行了区分:凡征收额不足以弥补提供某项服务成本,或受益范围与付费相关的政府收入,均属于非税收入。1993年,美国国会预算办公室对使用费的定义是由人们自愿购买或租赁的政府商品或服务(这些商品和服务一般是不能与他人分享的)所形成的收入。政府非税收入征收形式复杂多样,不仅与政府提供公共产品或服务的性质、特征和方式密切相关,而且与政府对经济过程的干预紧密相连,相对于税收而言,非税收入取得的理论依据比较复杂。

2. 国外学者对于非税收入研究的主要内容

(1) 相对于税收而言,准公共产品理论、负外部效应矫正理论是政府非税收入取得的主要理论依据,即政府以收费的方式体现"受益与负担相一致"的原则,促进准公共服务产品有效供给和通过强制性的行政行为抑制人们不期望发生的负外部效应(Musgrave,1984;Stiglitz,2000);应该用税收收入作为提供纯粹的公共产品的成本,而准公共产品性质决定了应该向消费它的使用者收费,这个费用就是非税收入(Brownlee,1961);公共收费有助于实现部分公共产品的社会最优供给,以及资源的优化配置进而促进经济效率的提高(Fisher R. C.、詹姆斯·布坎南、蒂伯特,1965)。

(2) 政府收费是市场机制的必要补充,对经济增长和经济效率有重要影响,有其存在的合理性和必要性(Tiebout,1956;Raimondo Henry John,1992);政府提供服务和物品,如果有人需要而且接受该服务和物品就应该向政府支付相应的费用(Harvey S. Rosen,2003);但是财政状况欠佳的地方政府会通过各种收费提高正规部门的准入门槛,从而保持已有正规部门的高额垄断利润和自身的税收收益,破坏市场竞争秩序(Auriol and Warlters,2005)。

(3) 政府收费一般包括两种,即以服务为事由的收费和以管理为事由的收费(Richard Able Musgrave,1984);政府征收的各项费用要考虑其对经济增长和经济效率的影响,还要考虑其对收入分配公平的影响(Raimondo Henry John,1992);政府收费应不以盈利或以弥补成本为目的,政府确定收费标准时要有较高的透明性和可控性(Richard E. Wagner,1991;Rqnald,1993)。

(4) 收费活动即非税收入是由成熟的市场机制来界定的,因此对非税收入的界定强调在受益原则下,政府为实现提供公共产品这一职能而取得的补偿性收入,使用费是对公共服务的购买者征收的费用,当然这部分购买者是基于自愿享受公共服务原则的(John L. Mikesell,2005);收费项目的过多容易产生"财政幻觉",可能导致社会公众强烈的抵触情绪,还可能形成各级政府"搭车"乱收费的不利局面(Gullis and Jones,1998)。

### (三) 国内外研究的简要评述

基于对国内外相关研究的梳理,现有文献主要针对以下两方面进行论述:一是对非税收入概念的界定,学术界更多是以理论为出发点,而政府则比较注重实际可操作性;二是查找政府非税收入管理中存在的问题及原因分析,并在此基础上提出政府非税收入管理创新的基本思路。梳理文献可以发现,财政体制改革已进入以建立现代财政制度为目标整体推进的新阶段,从总结政府非税收入管理实践经验入手,分析新形势,树立新理念,拓展新视野,建立新机制,并将其上升到理论的高度,给予系统、全面、准确的回答,不仅是财政理论需要探索的新课题,也是当前财政管理工作中一个迫切需要研究解决的现实问题。

综上所述,目前关于政府非税收入的学术研究主要集中在财政学和经济学,而以公平正义、合理正当及人权保障为核心要素的法学研究成果较少。本书将在前人研究的基础上探求非税收入规范化管理的措施。

## 三、研究价值、研究内容与研究方法

### (一) 研究价值

党的十八届三中全会提出建立与推进国家治理体系和治理能力现代化相适

应的现代财政制度,党的十九大进一步从全局和战略的高度强调加快建立现代财政制度。作为财政收入组成部分的非税收入,既担负着筹集财政收入、宏观经济调控、优化资源配置、调节收入分配等与税收相同的职能,同时还具有提高公共产品供给效率、弥补市场低效、矫正负外部性、发展社会公益事业等特殊功能。政府在公共管理或社会治理方面,运用非税收入机制要比税收收入机制更加精准、灵活。在我国既往的改革实践中,已经证明非税收入是与税收收入并存的政府财政收入主要来源,并且地方政府对非税收入的依赖性更高。基于法治国家的公共财政研究,应当包括政府财政收入正当性原理、财政收入的程序规则、财政控权理论及纳税人权利保障等更为细致的范畴和领域。目前,学术界对非税收入的法理探索、行政制约、规范设计及权利保障等方面的探索相对欠缺,尚未形成完整的理论和制度体系,亟须加强对我国地方政府非税收入政策的演变进行溯源研究和理论分析。

作为一种财政性资金,非税收入是政府参与国民收入分配和再分配的重要形式。近年来,政府非税收入超常规增长和无序膨胀,严重干扰了正常市场经济运行秩序。而政府非税收入在项目审批、标准确定、收缴管理、预算管理等方面不够规范,且尚未完全纳入预算监督之中,对政府非税收入进行规范化管理已经成为实践中亟待解决的课题。目前,关于政府非税收入的理论基础、组成与结构、功能与作用及在财政收入体系中的合理规模等问题,成为理论界研究的重点,财政学和经济学的相关学术研究较多,而从政府管理角度的研究成果较少。在依法治国的大背景下,财政法治化已经成为包括经济学界和法学界在内的理论界的共识。本书综合运用法学和经济学理论分析其合法性、合理性及现实可能性,并对制度进行剖析寻找影响非税收入管理规范化的制度困境并提出相应对策建议,对进一步完善非税收入规范化管理制度建设有一定的启示作用。

(二)研究内容

本书着重从政府管理的角度研究政府非税收入,为规范政府非税收入管理提供理论支撑。研究思路按照"问题提出—理论探究—实证分析—国际比较—现状反思—对策建议"的基本逻辑展开和叙述,并在此基础上按照非税收入的具体横向分类进行学理概括和观点铺陈(图1)。

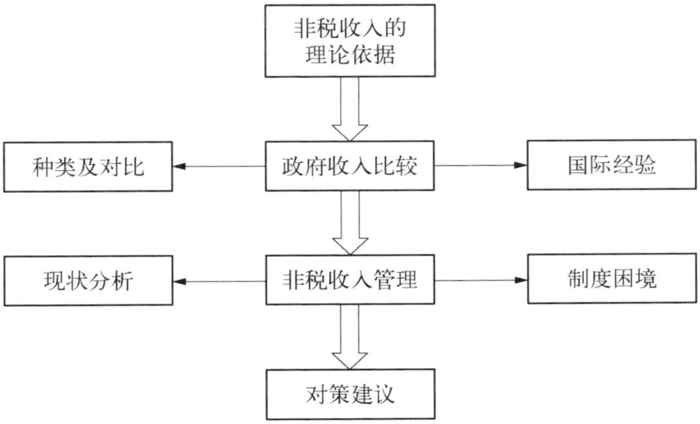

图 1

本书分为如下六章：

第一章,政府非税收入管理规范化的历史演变。本章通过理论界和实务界对非税收入概念进行阐释并厘清边界,从资金性质上明确其"所有权属国家、使用权归政府、管理权在财政",非税收入和税收收入均为政府财政收入的重要组成部分。由于非税收入具有辅助性、有偿性、自愿性、多样性、分散性、专用性、不稳定性等特征,在基本原则、职能作用、征收依据、征收范围、征管模式、预算管理等方面,与税收制度相比还存在诸多问题,对其规范化管理的制度建设尚处于实践探索与逐步推进的过程。

第二章,政府非税收入存续的理论依据。本章从财政宪法、财政民主和财产所有权及收益权等理论探讨非税收入法学上的理论依据,研究非税收入存续的正当性和合法性的法理解释;从准公共物品、负外部性矫正、受益负担、政府信誉和国有资源(资产)有偿使用等经济学角度进行解释,分析非税收入获取的现实可能性。

第三章,地方政府非税收入的实证分析。本章分析了在我国政府职能不断调整和财政体制改革不断深化的背景下,非税收入从规模到结构甚至性质都发生了重大变化。就其规模而言,总体上出现了快速增长的趋势;就其结构而言,项目数量由少变多,各个项目在非税收入中的构成比例也在不断发生变化;就其性质而言,其历经了预算内和预算外收入性质并存、完全属于预算内收入性质的发展过程。从规模上看,非税收入呈现出地方高于中央、经济欠发达地区高于经济发达地区的特点;从结构上看,政府性基金收入在地方非税收入中占比较高,其中国有土地使用权出让收入超过一半以上,反映出地方政府对土地财政的过度依赖。

第四章,地方政府非税收入管理存在的问题及生成机理。本章分析了地方政府非税收入管理中存在项目繁多、征收主体分散、规模失范、组成结构失衡、制度缺位、约束机制乏力等诸多问题。从财政体制的历史演变中探讨非税收入的生成机理,特别是分税制后形成的"中国式财政分权",由于其分权的不全面、不彻底、不平衡、不均衡,收入和支出两个维度的变化特征并不一致,财政收入高度集权,而财政支出则高度分权。中央与地方的财政收支分权呈现出"收入向上集权、支出向下分权"的背离状态,导致事权与支出责任不匹配,给地方财政支出造成了极大压力。

第五章,地方政府非税收入管理的制度困境。本章从制度上检讨地方政府非税收入管理问题产生的根源,包括导致中央与地方政府财权与事权失衡、地方官员晋升激励引发区域竞争、转移支付制度功能不足、地方政府由于制度性局限造成融资困难进而给地方政府带来的财政压力等财政管理制度所固有的缺陷,还包括现行非税收入管理制度立法层级低、核心概念不清晰、法治理念模糊、法律制度供给不足等制度原因,地方政府依赖易于掌控而管理相对不规范的非税收入缓解地方财政支出的压力。通过比较分析发达市场经济国家非税收入管理经验,从中获得我国非税收入规范化制度建设的一些启示。

第六章,完善地方政府非税收入规范化管理的对策建议。本章从健全非税收入管理基础制度着手,在科学界定政府事权范围,兼顾中央与地方两个积极性和事权与支出责任相适应原则的基础上,明晰中央与地方政府事权划分。在完善共享税分成制度、确立地方主体税种、赋予地方适当税收管理权限的基础上,健全地方税制度体系。通过扩大一般性转移支付规模,优化专项转移支付,差异化取消税收返还等措施完善转移支付制度。从理念上廓清非税收入边界、制度上完善非税收入立法、过程上规范非税收入管理三个方面进一步完善非税收入规范化管理制度。

(三)研究方法

本书的具体研究方法包括:

### 1. 历史分析方法

通过对我国政府非税收入的历史、现状、存在问题、改革实践等方面全面、系统、深入的了解,分析相关制度的历史发展脉络,把握我国政府非税收入管理制度的演进,提出规范管理的具体对策。

### 2. 实证分析方法

通过调查研究,分析相关数据,揭示政府非税收入管理的客观规律性,提高研究成果的可靠性,对政府非税收入的具体构成、项目管理、收缴管理、预算管理等进行总结,从而将理论与实际相结合,深入分析政府非税收入的理论、现实和政策层面的问题。

### 3. 比较分析方法

通过阅读文献,掌握较翔实的国外政府非税收入管理的实践经验,归纳借鉴其管理特点和规律,比较各国政府非税收入管理法制规范,为我国政府非税收入管理政策规范的制订和实施积累参考素材。

## 四、创新与不足

本书对我国政府非税收入管理的实践进行归纳,总结非税收入管理的现状,分析非税收入管理存在的问题,结合国际上政府非税收入管理的经验,提出我国政府非税收入规范化管理的相关对策建议。

### (一) 本书研究的创新之处

#### 1. 研究视角新

本书研究从经济学和法学的视角切入,展开对我国政府非税收入的理论和实证分析,拓展了研究对象和研究领域,也将经济学和法学的相关理论视角引至非税收入的研究。

#### 2. 研究方法新

本书研究综合运用理论研究、比较研究、实证研究和文献研究等方法,力求做到理论研究、政策研究与实证研究的有机结合。

#### 3. 对策建议新

本书研究从健全法律体系、深化税费改革、完善管理制度、强化审查监督和其他配套措施改革等方面,对规范我国政府非税收入提出科学、合理的对策建议。

(二) 本书研究的不足之处

1. 内容相对滞后

本书研究对象是一个实践性较强的领域,相关内容国家的制度、政策和数据处在动态变化之中,研究难以实时更新。

2. 理论深度不足

本书的研究跨学科,涉及法学、政治学、经济学等多个领域,鉴于作者知识积累有限,研究的理论深度不足。

3. 财政数据不全

本书涉及的财政数据均来源于相关政府部门网站,有关公开数据相对于研究内容而言不够全面,特别是地方政府财政数据采集困难,影响内容的整理、分析和研究。

# 第一章
# 政府非税收入管理规范化的历史演变

政府非税收入(以下简称非税收入)是政府收入体系的一个组成部分,是政府财政收入的重要来源。在我国,财政收入被定义为政府为履行行政职能、实施公共政策和提供公共物品与服务需要而筹集的一切资金的总和。财政收入表现为政府部门在一定时期内(一般为一个财政年度)所取得的货币收入,是衡量一国政府财力的重要指标。政府在社会经济活动中提供公共物品和服务的范围和数量,在很大程度上取决于财政收入的充裕状况。财政收入与国民经济运行互相影响、相辅相成,财政收入来源于经济发展,经济状况决定了财政收入,财政收入规模的大小也是衡量国家经济实力的重要指标。在财政分配的过程和环节中,财政收入处于基础性和原始性的地位,而财政收入的规模和结构是经济增长和结构的综合反映。在现代市场经济条件下,财政收入的基本来源是税收,非税收入则作为财政收入的必要补充,也是政府参与国民收入分配和实施宏观调控的重要工具,税收和非税收入两者均为政府贯彻落实政策目标的重要手段。

## 第一节 政府非税收入概念界定

### 一、非税收入概念的梳理

作为政府参与国民收入分配的形式之一,非税收入的实践先于理论而客观存在。非税收入在我国虽然不是一个新的现象,但相对于"税收""预算"等传统问题而言,学界对非税收入的研究还不够深入和全面。所谓非税收入,顾名思义指的是除税收收入以外的政府收入,它本身不是一种独立的收入形式,而是由其他各种具体收入形式组合而成的。非税收入相对于税收收入而言,其种类庞杂、来源广泛且性质各异,因此,很难像税收收入一样从宏观上对其本质和核心内涵进行明确界定。由于各国的政治体制、经济水平、财税制度存在差异,实际操作中对于非税收入在范围上有着不同的定义。基于这些差异,学术界对非税收入的研究并未形成一个能够被普遍认可的概念。

非税收入的概念在国外早已提出,但是国外对于"政府收入"和"财政收入"这一对概念基本不作区分,两者可以互相通用。国际上通常将政府收入分为经常性收入、资本收入和赠与收入三大类。其中,经常性收入又分为税收收入和非税收入,因此国外非税收入是政府经常性收入之中的一个概念。世界银行认为,经常性非税收入是政府为公共目的而取得的无须偿还的收入,如罚款、管理费、政府财产经营收入以及政府以外的单位自愿和无偿地向政府支付的款项等。经常性非税收入不包括政府间拨款、借款、前期贷款收回以及固定资产、股票、土地、无形资产的售卖变现收入,也不包括来自非政府部门的以资本形成为目的的赠与收入[①]。经济合作与发展组织(以下简称经合组织)界定税收收入和非税收入以征收是否具有对应的报偿性作为标准,但是在实践中,税与费的差别并不容易辨清,其原因在于无法明确界定所谓的"报偿性"。根据经合组织对税收分类所作的界定,在满足以下条件时,征收可以被视为是无偿的:一是费大大超过了该项公共服务的提供成本;二是费的缴纳者并非利益的获得者;三是政府并不根据取得的征收额来提供相应的具体服务;四是尽管只有付费的人受益,但每个人所得到的利益并不必然与自己所支付的金额成比例。如果一种征收形式满足以上条件之一,那么这种征收从性质上就应该是税,而不是费。国际货币基金组织的政府财政统计体系是目前世界上运用最为广泛的政府收入统计体系,它涵盖了149个国家,将政府收入按照相同的口径进行统计和比较。在国际货币基金组织的政府财政统计分类里,政府收入被划分为经常性收入、资本收入和赠与收入三大类。其中,经常性收入包括税收收入和非税收入。但无论政府以哪种形式取得收入,都纳入预算管理,即政府收入就是财政收入。国际货币基金组织关于非税收入的定义与世界银行的定义基本一致,即非税收入是指政府在税收之外取得的收入,它包括因公共目的而获得的不需要归还的补偿性收入以及非政

---

[①] 参见王为民:《关于完善我国非税收入管理问题的研究》,西南交通大学出版社2007年版,第1—2页。

府单位自愿和无偿向政府支付的款项,具体包括经营和资产收益、罚款收入、收费等[1]。

对于非税收入的内涵,国际上有三种不同的划分口径:一是大口径的非税收入,也是广义上的非税收入,是指国家在依照税法征税取得的税收收入以外的所有财政收入,包括公共财产收入、赠与收入、社会保障缴款、债务收入、其他收入等五大类收入;二是中口径的非税收入,是指从大口径的政府非税收入中扣除债务收入,主要包括公共财产收入、赠与收入、社会保障缴款、其他收入等四大类收入;三是小口径的非税收入,是狭义非税收入,指将中口径的非税收入中扣除社会保障缴款,指政府为了公共利益所征收的经常性的非税收入,主要包括公共财产收入、赠与收入、使用费、规费、罚没收入等。

在我国非税收入的概念并不是从一开始就存在的,长期以来我国一直使用"预算外资金"的概念和口径。所谓"预算外资金"顾名思义就是不在预算范围内的政府财政收入,它作为一种资金的管理方式而存在。2000年前后,理论界和一些地方政府的财政部门已经开始使用政府非税收入的概念,并且逐渐被中央政府所采纳。目前财政理论界、政府管理部门等方面尚未形成规范统一的概念。政府非税收入是由各种具体的收入共同组成的,其本身并非一个独立的收入形式,所以很难对政府非税收入下一个完整准确的定义。

1. 理论界对非税收入概念的认知

政府非税收入(non-tax revenue)是20世纪末学者从国外直接引进的概念,随后国内开始了对非税收入的学术研究。非税收入作为一个综合性概念,理论界对其认识有一定的差异,存在广义和狭义之分。广义的非税收入是指除税收以外,但包括政府债务收入在内的所有政府收入,而狭义的非税收入则是指除税收和政府债务收入以外的所有政府收入[2]。广义的非税收入是相对于税收收入而言的,是除税收以外的所有政府收入,它与税收收入共同构成政府收入[3]。非税收入是政府合法获得的除税收以外的一切政府收入,是政府参与国民收入初次分配和再分配的一种形式,属于财政资金范畴。而狭义的非税收入是在不包括债务收入和社会保障缴款的除税收以外政府合法获得的一切收入。公债的发

---

[1] 贾康、刘军民:《非税收入规范化管理研究》,载《税务研究》2005年第4期。
[2] 苑广睿:《政府非税收入的理论分析与政策取向》,载《财政研究》2007年第4期。
[3] 潘明星、匡萍:《创新政府非税收入管理方式的思考》,载《中国行政管理》2005年第2期。

行严格而言可以不属于政府收入范畴,因为无论是内债或外债,都是以还本付息和自愿为前提的;而社会保障收入由于其收支特点和相对独立的运行管理方式,往往通过编制专门的社会保障预算来管理,独立于经常性预算,通常也不划入(经常性)非税收入的范畴①。

学术界对非税收入研究的代表性观点主要是:

第一种观点认为,非税收入是指各行政事业单位以政府名义或履行政府职能,收取的除税收之外的所有财政性资金。即政府非税收入是除税收、公债收入以外的财政性资金,它是相对于税收收入而言的,是各级政府职能部门、具有行政管理职能的社会团体、行业主管部门(团体)、依法代行政府行政职能的受委托机构在履行和代行政府职能过程中所收取的行政事业性收费、政府性基金(附加)、罚没收入、国有资产和资源收入、各种专项收入以及其他税收以外的财政性资金②。政府用收费、基金、罚款、摊派、赞助等方式筹集的用于履行政府职能的收入即为政府非税收入,我国各级政府部门都存在着大量的收费、基金等非税收入,在政府全部的公共收入中(不仅局限于政府预算内、预算外收入)占据了很大的比重,对微观经济运行和国家宏观经济的调控都具有重大的影响③。此种观点强调征收非税收入的目的是履行政府职能的需要。

第二种观点认为,非税收入是指各部门(单位)根据法律、法规和规章制度收取、募集和安排使用的除税收以外的所有预算内、预算外管理的资金。即政府非税收入是国家行政机关、事业单位、具有行政职能的社会团体、企业主管(集团)、政府或行政事业单位委托机构(统称公共部门)为履行或代行政府职能,依据国家法律和具有法律效力的规章及凭借国有资产(资源)、国家投入而收取、提取、募集的,除税收以外的各种财政性收入④。此种观点强调非税收入征收必须具有相应的法律依据。

第三种观点认为,非税收入是政府财政收入的重要组成部分,是政府参与国民收入分配的一种重要形式,是政府实施宏观调控的一种重要工具⑤。非税收

---

① 贾康、刘军民:《非税收入规范化管理研究》,载《税务研究》2005年第4期。
② 李有志:《政府非税收入管理》,人民出版社2003年版,第4页。
③ 吴云松、王庆华:《政府非税收入的负面影响及其整顿》,载《财经科学》2000年第1期。
④ 赵松、王宛言:《加强政府非税收入管理的建议》,载《吉林财税》2003年第8期。
⑤ 苑广睿:《政府非税收入的理论分析与政策取向》,载《财政研究》2007年第4期。

入是与税收收入相对应的一个概念,指的是除税收以外,由各级政府、国家机关、事业单位、代行政府职能的社会团体及其他组织利用政府权力、政府信誉、国家资源、国有资产或提供特定公共服务、准公共服务取得并用于满足社会公共需要或准公共需要的财政资金①。非税收入和税收收入共同构成公共收入,根据取得收入的依据不同,公共收入可分为公共权力收入和公共产权收入两大部分。公共权力收入是依据国家的权力无偿取得的收入,公共产权收入则是依据国家是公共产权所有者代表的身份而取得的收入,这两部分对应为税收收入和非税收入,非税收入包括预算内非税收入和预算外非税收入。此观点强调非税收入的政府财政收入性质。

2. 实务界对非税收入概念的厘清

我国非税收入的概念是在预算外资金概念的基础上,经过多年改革与发展演变而来的,属于财政收入的有机组成部分。2011 年以前,非税收入如行政性收费、罚没收入等均作为"预算外资金"加以管理。从非税收入概念的提出到正式明确非税收入的定义与内涵,是在实践中不断探索而逐渐深化的。

非税收入最初见于 2001 年 3 月财政部、中国人民银行《关于印发〈财政国库管理制度改革试点方案〉的通知》(财库〔2001〕24 号)中,在关于收入收缴改革的内容里第一次使用了"非税收入"的提法,随后国务院办公厅转发财政部《〈关于深化收支两条线改革进一步加强财政管理意见〉的通知》(国办发〔2001〕93 号)中,在提到收入收缴管理制度改革时,明确指出"预算外资金收入收缴制度改革是实施财政收入收缴制度改革的第一步。今后,还将对纳入预算管理的其他非税收入和税收收入收缴制度实施改革"。

2002 年 6 月,在财政部、中国人民银行下发的《关于印发〈中央单位预算外资金收入收缴管理改革试点办法〉的通知》(财库〔2002〕38 号)中,将收入收缴改革中使用的票据命名为"非税收入一般缴款书",这是中央级政府以"非税收入"的名义加强财政管理迈出的探索性一步。其后,在《关于 2002 年中央和地方预算执行情况及 2003 年中央和地方预算草案的报告》中提出要"切实加强各种非税收入的征收管理",2003 年 5 月,财政部、国家发展和改革委员会、监察部、审计署等部门联合发布《关于加强中央部门和单位行政事业性收费等收入"收支两

---

① 汪建国:《政府非税收入管理创新的路径选择》,载《江淮论坛》2005 年第 1 期。

条线"管理的通知》(财综〔2003〕29号)中,明确提出了"非税收入"的概念,即"中央部门和单位按照国家有关规定收取或取得的行政事业性收费、政府性基金、罚款和罚没收入、彩票公益金和发行费、国有资产经营收益、以政府名义接收的捐赠收入、主管部门集中收入等属于政府非税收入"。这一定义对规范政府非税收入,无论在理论上还是实践中都具有重要的指导意义[①]。但是这一概念并没有揭示非税收入的科学内涵,只是在承认现实收费的基础上所划定一个收费范围的政策界限而已。

其后,财政部于2004年7月发布的《关于加强政府非税收入管理的通知》(财综〔2004〕53号)中,对非税收入作出了明确规定:"政府非税收入是指除税收以外,由各级政府、国家机关、事业单位、代行政府职能的社会团体及其他组织依法利用政府权力、政府信誉、国家资源、国有资产或提供特定公共服务、准公共服务取得并用于满足社会公共需要或准公共需要的财政资金,是政府财政收入的重要组成部分,是政府参与国民收入分配和再分配的一种形式。"该通知首次概括了非税收入的定义,限定了非税收入的管理范围,并提出了分类管理非税收入,迈出了非税收入预算内管理的第一步。这一定义从非税收入的筹集主体、筹集依据、筹集目的、筹集形式、资金归属、资金本质等方面对非税收入进行了全面描述。从筹资主体来看,非税收入的筹集主体包括各级政府、事业单位、国家机关、代行政府职能的社会团体及其他组织,税收的筹集主体主要是国家税务机关、海关部门,具有相对集中性,非税收入的征收主体相对来说较为分散;从筹集依据看,非税收入是依法利用政府权力和信誉、国家资源和资产或提供了特定的公共服务或准公共服务,而税收则只能依据国家的相关税收法规;从筹资目的来看,非税收入筹集的目的是为了满足社会公共需要或准公共需要;从筹集形式来看,非税收入是采用税收以外的其他形式筹集的财政收入;从资金归属上来看,非税收入属于政府财政收入的重要组成部分,不属于其他任何政府部门或组织,必须由财政部门统一管理;从资金本质上来看,非税收入是政府参与国民收入分配和再分配的一种形式。

为顺应供给侧结构性改革和全面清费减税的新要求,2016年财政部出台了《政府非税收入管理办法》(财税〔2016〕33号),该办法第一章总则第三条规定:"本办法所称非税收入,是指除税收以外,由各级国家机关、事业单位、代行政府

---

① 贾康、刘军民:《非税收入规范化管理研究》,载《税务研究》2005年第4期。

职能的社会团体及其他组织依法利用国家权力、政府信誉、国有资源(资产)所有者权益等取得的各项收入。具体包括:(一)行政事业性收费收入;(二)政府性基金收入;(三)罚没收入;(四)国有资源(资产)有偿使用收入;(五)国有资本收益;(六)彩票公益金收入;(七)特许经营收入;(八)中央银行收入;(九)以政府名义接受的捐赠收入;(十)主管部门集中收入;(十一)政府收入的利息收入;(十二)其他非税收入。本办法所称非税收入不包括社会保险费、住房公积金(指计入缴存人个人账户部分)。"以收入来源为划分标准,可将上述12种非税收入类型划分为行政管理性非税收入(行政事业性收费、罚没收入)、公共事业性非税收入(政府性基金收入、彩票公益金收入)、公共财产性非税收入(国有资源/资产有偿使用收入、国有资本收益和特许经营收入)和其他非税收入(中央银行收入、政府收入的利息收入、以政府名义接受的捐赠收入、主管部门集中收入等其他非税收入)。以收入中公益、私益成分的特征和程度为依据,对异质多元的非税收入进行类型化划分,契合非税收入分类规制的路径。

财政部在《关于加强政府非税收入管理的通知》(财综〔2004〕53号)和《政府非税收入管理办法》(财税〔2016〕33号)两个规范性文件中均对非税收入的概念进行了比较权威的界定,两个文件虽然内容上大体相同,但是仔细比较分析还是可以发现两者对非税收入概念表述上的一些变化:一是在非税收入征收主体的界定方面,财税〔2016〕33号文件将"各级政府"这一主体删除,并以"各级国家机关、事业单位、代行政府职能的社会团体及其他组织"等更加具体化的主体取代,用"国家权力"替代"政府权力"的表述,毋庸置疑,这一变化使非税收入内涵界定更加清晰,明确了非税收入征收主体的限定性。同时以"国家权力"规范非税收入征收主体的权力来源,涵盖了国家的政治权力和经济权力。二是在非税收入内容的界定方面,财综〔2004〕53号文件限定非税收入是征收主体利用政府权力、政府信誉、国家资源、国有资产或提供特定公共服务、准公共服务取得并用于满足社会公共需要或准公共需要的"财政资金",以列举的方式罗列了非税收入的内容范围。财税〔2016〕33号文件强调非税收入是各类主体依据国家权力、政府信誉和国有资源(资产)所有者权益等取得的"各项收入"的总和,按照分类管理原则将其具体划分为行政事业性收费收入等12种非税收入。相较财综〔2004〕53号文件而言,财税〔2016〕33号文件对非税收入内容的梳理更为严谨,既严格限定了非税收入征收范围,又为今后可能增加的新的非税收入类型留下了空间。

上述概念主要是通过概括加列举的方式，对现有政府收费类别与现象进行了归纳，官方概念更关注现有非税收入的情况，倾向于为实务部门的操作提供政策界限，科学性较弱，是一个优先考虑实用性和过渡性的概念①。由此可见，非税收入的概念是在政府财政收入管理的实践中逐步提出，并随着财政体制改革的日益深化而不断清晰的。首先，相较于预算外资金，非税收入概念的产生从理论和实践上为规范化管理奠定了基础。非税收入不仅涵盖了预算外资金，还将除税收以外的所有政府收入纳入其管理范畴，在管理上实现了新的拓展。其次，比较财综〔2004〕53号文件和财税〔2016〕33号文件，可以看出非税收入的范围得到了进一步扩展，在财综〔2004〕53号文件中，非税收入的定义相对狭窄，只是指除税收外，各级政府、国家机关等"取得并用于满足社会公共需要或准公共需要的财政资金"。在财税〔2016〕33号文件中，非税收入的定义则扩大到除税收外，各级政府、国家机关等"取得的各项收入"，定义范围进一步扩大。

从以上政府管理部门文件的权威解释来看，目前我国非税收入的管理范围既不包括政府税收，也不包括政府发行的债务收入、社会保障基金和住房公积金（指计入缴存人个人账户部分），因此，这一概念属于小口径的非税收入的范畴。非税收入作为政府财政收入的重要组成部分，是政府参与国民收入分配的一种重要形式，是政府实施宏观调控的一种重要工具。从性质上看，非税收入是由各级政府、各级机关、事业单位、代行政府职能的社会团体及其他组织依法利用政府权力、政府信誉、国家资源、国有资产或提供公共服务、准公共服务所取得的财政资金。

总体上看，非税收入根据收入的取得依据，大致可以分为两类：一类是通过运用政府所拥有的权力、公共的资产（资源）以及政府信用所取得的收入，这些收入主要用于服务公共需要或准公共需要。另一类是有关部门和单位在提供特定公共服务、准公共服务时从其消费者或使用者取得并且再用于满足社会公共需要或准公共需要的收入。所有的非税收入大都可以归并到这两类之中②。

市场经济条件下，非税收入的取得是为了配合政府有关部门履行国家管理社会职能和矫正市场失灵行为的活动，基于此目的考虑，实践中按照规制价格收

---

① 张大龙、史桂芬：《非税收入理论与规范改革》，载《财税法论坛——中国法学会财税法学研究会2007年年会暨第五届全国财税法学学术研讨会论文选编》，中国税务出版社2008年版，第250页。

② 刘寒波、易继元、郭平：《政府非税收入概论》，湖南人民出版社2015年版，第9页。

取的补偿费用,实际上是政府管理社会的一种经济手段,其目的并不是为了筹资而筹资。虽然其在客观上起到了一定的筹集资金的效果,但不能因此将目的与手段混为一谈,更不能将手段当作目的,否则必然会导致收费的无限制膨胀[①]。因此,本研究认为应当以法学和经济学的理论为分析依据,借鉴世界各国通行做法并结合中国实际来界定非税收入,即非税收入是指各级国家机关、事业单位、代行政府职能的社会团体及其他组织为了满足社会公共需要,凭借国家权力、国家信誉以及国有产权并征得社会公众认可,在履行政府管理社会职能与提供准公共产品或服务的过程中以法律、法规的形式向社会公众收取除税收、债务收入以外的所有财政性资金。对这一定义的内涵可从以下几个方面去深入理解:征收主体是各级政府及其部门和单位;征收目的是为公共利益而非部门私利;征收范围一般限定在按受益原则确定特定消费者的公共产品和公共服务;征收标准根据公共产品外溢性的特点而采用低于平均成本的方法来确定;基本属性是非强制性和偿还性;管理方式是依法开展,非税收入和支出要纳入财政预算管理,预算具有统一性、完整性和公开性。

总之,从产权制度、收入来源和政府职能等多重视角出发,无论非税收入的管理形式如何多样,征收部门如何众多,非税收入都是政府财政收入的重要组成部分,要从资金性质上明确其"所有权属国家、使用权归政府、管理权在财政",即非税收入从立项、征收、使用和管理都要遵循和体现国家意志,打破部门征收就归部门使用的不正确的惯性思维,杜绝自收自支行为,从源头上遏制乱收费现象。

## 二、非税收入的基本特征

与税收收入相比较,非税收入具有以下特征:

1. 非税收入具有辅助性

税收收入是政府筹集资金的主要形式,这是由税收资金筹集形式自身固有的属性所决定的。税收可以凭借国家政治权力,通过颁布法令实施,任何社会成员和主体都不得对抗,税收依据政治权力依法征收,具有强制性、无偿性和固定性;而非税收入的强制性相对较弱,往往是政府机构在履行某些职责为社会提供

---

① 史桂芬:《对规范改革我国非税收入的思考》,载《东北师范大学学报(哲学社会科学版)》2007年第1期。

公共产品和公共服务的过程中获取的,其收取行为更多地属于一种交换行为,并不受到国家政治权力的保障。国家征税后税款即为国家所有,既不需要偿还也不需要对纳税人付出任何代价;而非税收入往往具有一定的有偿性,如使用费只能向使用了某项政府提供的公共产品或服务的对象收取,具有相互对应性,是对政府行为的一种成本补偿。税收在征税前必须以法律的形式规定征税对象及征税标准等情形,并保持一定时期的持续性和稳定性,纳税人按照法律规定缴纳税款;而非税收入虽然也是通过各种非税收入管理项目的法律法规形式来预先设定征收数额、缴纳方式和时间等,但是,有些非税收入项目在时间和征收数额上具有非常明显的非固定性特点。税收收入由于具有强制性、无偿性和固定性的特征,因此在财政资金筹集方面也具备了天然的优势,它可以依靠国家政治权力收取,能够有效地保证政府筹集到所需要的资金,并且是一种规范的形式;而非税收入由于在上述三个方面相对弱势,不能保证财政资金的有效筹集,因而也就不能成为财政收入的主要筹集形式。尽管非税收入是财政收入的一种辅助筹集形式,但并不意味这种资金筹集形式不重要。非税收入在某些特定历史条件下和在某些地区,还可能成为一种主要的资金筹集形式。

2. 非税收入具有有偿性

纳税人向税务部门缴纳税款后不会直接得到任何对价,体现了税收的无偿性。而非税收入多数属于对价性财政收入,缴费人在缴纳了各种非税收入后,基于受益负担原则能够享受到相应的服务,即国家在收取非税收入的同时必须提供相应的服务,而不只是单纯地收取费用。具有代表性的是政府部门收取的各种办证费用,受益人在缴纳工本费后,会获得相应的证件,如身份证、结婚证、离婚证等。还有企业使用属于国家的资源,如土地、矿藏,企业需要将一部分利润上缴国家,这就形成了非税收入中的国有资源有偿使用收益,这部分收益是企业有偿上缴给国家的,国家会相应给予这些企业国有资源的使用权,只有在国家的授权之下,企业才可以使用国有资源。这与企业上缴的税收不同,税收是无偿的,企业与国家之间的经济往来是不平等的,而涉及这部分非税收入时,国家和企业可以近似地视作社会主义市场中平等的个体。

3. 非税收入具有自愿性

非税收入的灵活性主要体现在征收形式、征收时间以及征收标准等方面。在具体实践的过程中,非税收入不仅能依据受益负担原则实施收费,同时也能以特定项目的方式筹集资金,按不同类型的基金形式收取相应的费用。从本质上来说,非税收入是在满足特定活动需求的前提下所采用的一种过渡性措施。而各个省份和地区能够按照自身发展的实际情况制定出有区别的征收标准,且遵循群众自愿原则,即谁受益谁付费的原则。虽然国家承担一部分公共产品的供给责任,但是国家机关也需要日常活动,需要日常生产和生活的经费。所以国家机关、企事业单位会在向公民提供服务时收取一部分费用,满足其自身的日常生产和生活需要。当然,这部分服务不是国家强制公民接受的,而是由公民自主选择,这一原则的典型代表就是行政事业性收费,如民政机关的婚姻登记处收取的工本费、学生上缴的各种考务费等。

4. 非税收入具有多样性

非税收入项目的设置往往具有某些特定的目的,因而非税收入具有多样性。对于不同的国家和地区,非税收入项目的构成差异非常大。在非税收入中,使用费收入、捐赠收入、罚没收入及公产收入是较为普遍的几种形式,除此之外各个国家经常会有一些自身独特的非税收入项目。在发达的市场经济国家中,政府财政收入的绝大多数是通过税收方式筹集的,非税收入项目数量相对很少。而在发展中国家,由于税收制度建设还不完善,政府经常通过设置一些非税收入项目来筹集财政资金。非税收入各项目之间差异也比较大,非税收入项目大多是按照不同的目的和要求设置的,如罚没收入主要是通过对某些社会违规行为的处罚,达到减少该类社会行为发生的目的,其主要作用在于惩戒,筹集财政收入只是一种辅助的结果。使用费收入则具有一定的成本补偿性质,是政府职能部门向社会成员提供了服务,为了补偿一定成本而收取的,有时也被用来避免对某项公共产品的过度消费。截至目前,我国的非税收入项目多达数十种且逐年变化,具有很大的不确定性,因此给征收以及管理带来极大的难度。

5. 非税收入具有分散性

非税收入与社会管理职能之间有着极为紧密的关联性,对管理对象与收取对象都作出了明确的限定,因此,非税收入并不具备普遍性,在落实的过程中,受管制行为的个人、单位等无法被排除在这个征收范围之内。从征收主体来看,各国一般设立专门的税务部门负责税收收入的征收,因此税收收入的征收也就具有了统一性;而非税收入由于收入项目自身复杂多样,而且部分项目是在政府职能部门向社会成员提供服务的过程中收取的,因此非税收入的具体征收往往分散在各个政府职能部门,其征收主体不具有统一性。从征收对象来看,税收收入的纳税人一般也具有固定性,通常会在一定时期内连续向政府纳税;而非税收入大多具有一次性收取的特点,缴纳对象不具有固定性。如使用费收入,是在社会成员享受了某项政府提供的公共产品或服务时收取的,社会成员不消费该项产品和服务的时候就不需要缴纳使用费;同样,罚没收入也只有在发生了违规行为时才会发生,不发生违规行为也就没有罚没收入,因此它们的征收对象都不具有固定性。

6. 非税收入具有专用性

在非税收入具体管理工作中,财政部要求按照"收支两条线"对非税收入进行管理,执收单位的支出和执收的非税收入不挂钩,而是根据本单位履行公共管理职能的需要由预算保障。当然,不能否认有的非税收入项目就是为了补偿政府提供准公共服务或准公共产品的成本而设立的,具有专款专用的性质而并不完全统筹使用。这点与税收收入截然不同,大多数非税收入都具有专款专用的特点,即非税收入的支出用途通常是与其来源相关联的。如财政部在《关于加强政府非税收入管理的通知》(财综〔2004〕53号)文件中就明确规定,政府性基金是用于支持相关的公共事业发展而征收的具有专项用途的财政资金,行政事业性收费主要是按照成本补偿和非营利原则向特定服务对象收取的费用,彩票公益金是政府为支持社会公益事业而筹集的专项财政资金等。

7. 非税收入具有不稳定性

税收收入虽然也会受到国家宏观经济形势和企业、个人收入变动的影响,但是因为税种多、税基宽,受大环境的影响相对于非税收入而言较轻。而非税收入受经济形势影响其增长速度呈波动式增减变化,如2011年最高时达到44.60%;除了2005年和2010年,非税收入的增长速度都超过了税收收入的增长速度[①]。非税收入的不稳定性具有如下几个特点:一是征收时间不稳定。非税收入仅在提供特定的公共服务或准公共产品时才可征缴,因缴款人享受公共服务或产品的时间不固定,导致缴费时间不稳定。二是收费项目不稳定。非税收入项目并非是一成不变的,会根据实际情况新增收费项目,也会对已有的收费项目进行减

---

① 参见刘明慧、党立斌:《地方财政收入的合意性——基于结构视角的分析》,载《宏观经济研究》2014年第8期。

征、停征、免征或缓征,如政府为支持某项事业发展设立了某个政府性基金收费项目,当基金支持的特定工作完成时,该项基金可能就会停征。政府也会对非税收入的征收对象、范围、标准和期限进行调整,这些都会导致非税收入的不稳定。三是缴费行为不稳定。例如,罚没收入是政府为了规制社会秩序而对产生负外部效应的行为进行惩戒而取得的收入,违法违规对象和行为的随机性致使罚没收入具有不稳定性;捐赠行为本身的随机性使得捐赠收入也具有不稳定性。正因为非税收入各组成部分的不稳定性,导致作为组合体的非税收入总体上也具有不稳定性。

## 三、非税收入与税收收入的区别

非税收入和税收收入均为政府财政收入的组成部分,但两者在内容构成、职能作用、目的性质和征管模式等方面具有较大的差异。如前所述,税收是国家为了向社会提供公共产品、满足社会共同需要,按照法律的规定强制、无偿、固定取得财政收入的一种规范形式。我国目前共有18个税种,虽然具体征收要素不同,但基本属性类似。而非税收入是指除税收以外,由各级国家机关、事业单位、代行政府职能的社会团体及其他组织依法利用国家权力、政府信誉和国有资源(资产)所有者权益等取得的各项收入。非税收入与税收相比,存在种类多、项目多的特点,具体征收要素差异较大。按照《政府非税收入管理办法》(财税〔2016〕33号)的规定,政府非税收入包括行政事业性收费收入、政府性基金收入、罚没收入、国有资源(资产)有偿使用收入、国有资本收益、彩票公益金收入、特许经营收入、中央银行收入、以政府名义接受的捐赠收入、主管部门集中收入、政府收入的利息收入和其他非税收入等12种。根据其性质和征收目的、依据,归为"费、类税、租、利、罚、捐"六大类。非税收入与税收收入相比,在作用、特点、核算和征管等方面存在着显著差异。

1. 非税收入与税收收入的基本原则不同

税收收入是以"量能课税"[①]为基本原则,这项原则强调应依据纳税人不同的税收负担能力来课征赋税,而在结果上便是纳税能力强的负担更多的税收,纳税能力弱的则负担较少的税收。量能课税是实现税收宪治的基本原则,并引领

---

① "量能课税"原则起源于西方的税收思想,其核心在于如何实现税收公平。税收不仅是实现财政收入的主要手段,同时对于调节国民收入差距也具有重要作用。

一般税收原则,包括税收的公平、效率与法治等所探讨的税收的(政治性与经济性)目的性原则,以及依法课税和实质课税所代表的手段性原则。经过深入剖析可以发现,量能课税原则实际上深刻反映着现代税收宪治理念,并能够系统地协调税收诸原则之间的关系,因而可以提升为实现税收宪治根本原则的最重要的税收基本原则[①]。

非税收入基本上是以"受益负担"[②]为原则,这项原则将缴费人从政府公共支出中所获得的利益大小作为受益负担分配的标准,政府之所以能向缴费人收费是因为缴费人从政府提供的公共服务或准公共物品中获得了利益,因此受益负担在缴费人之间的分配只能以他们的受益为依据,受益多者多缴费,受益少者少缴费;受益相同者负担相同的费用,受益不同者负担不同的费用。

### 2. 非税收入与税收收入的职能作用不同

组织财政收入是税收的基本职能。税收具有强制性、无偿性、固定性的特点,筹集财政收入稳定可靠。税收的这种特点决定其为财政收入的主要来源。除此之外,税收收入还发挥着以下几方面的职能作用:一是税收是调控经济运行的重要手段。经济决定税收,税收反作用于经济。这既反映了经济是税收的来源,也体现了税收对经济的调控作用。税收作为经济杠杆,通过增税与减免税等手段来影响社会成员的经济利益,引导企业、个人的经济行为,对资源配置和社会经济发展产生影响,从而达到调控经济运行的目的。政府运用税收手段,既可以调节宏观经济总量,也可以调节经济结构。二是税收是调节收入分配的重要工具。从总体来说,税收作为国家参与国民收入分配最主要、最规范的形式,能够规范政府、企业和个人之间的分配关系。不同的税种,在分配领域发挥着不同的作用。例如,个人所得税实行超额累进税率,具有高收入者适用高税率、低收入者适用低税率或不征税的特点,有助于调节个人收入分配,促进社会公平;消费税对特定的消费品征税,能达到调节收入分配和引导消费的目的。三是税收还具有监督经济活动的作用。税收涉及社会生产、流通、分配、消费各个领域,能够综合反映国家经济运行的质量和效率。既可以通过税收收入的增减及税源的变化,及时掌握宏观经济的发展变化趋势,也可以在税收征管活动中了解微观经济状况,发现并纠正纳税人在生产经营及财务管理中存在的问题,从而促进国

---

① 曹明星:《量能课税原则新论》,载《税务研究》2012年第7期。
② 非税收入中的"罚没收入"以实现负外部性行为矫正为准则,所以其不适用"受益负担"原则。

民经济持续健康发展。

非税收入除了组织财政收入外,还承担着其他的职能作用:一是减少拥堵和补偿成本。对于准公共产品,由受益者付费,既能够弥补服务成本,在一定程度上减少对公共产品的过度消费,减少拥堵,还可以充分体现"谁受益谁负担、多收益多负担"的原则,有益于准公共产品提供与分配的经济效率和社会福利最大化。二是减少负外部效应。当税收无法有效解决负外部效应时,便可依据政府强制性行政权力,采用收费或罚没的方式,促使缴费人自觉减少负外部效应。三是国有资产保值增值。国家凭借国有资产所有者的身份,对国有资产进行管理和经营,使其保值增值并从中获取收益。

3. 非税收入与税收收入的征收依据不同

税收收入的征收主要以税法为计税依据,税法是国家制定的用以调整国家与纳税人之间在征纳税方面的权利义务关系的法律规范的总称。根据宪法和法律规定的"税收法定"原则,税收收入必须由全国人民代表大会及其常务委员会批准设立、依法征收,暂时不能立法的,可以先行由国务院制定行政法规,待条件成熟时再行立法,如增值税的设立与征收目前还是由国务院制定的条例来规定的。目前,我国有权制定税收法律法规和政策的国家机关主要有全国人民代表大会及其常务委员会、国务院、财政部、国家税务总局、海关总署、国务院关税税则委员会等。这些税收法律法规和政策主要分为以下两类:第一类是全国人民代表大会及其常务委员会制定的法律和有关规范性文件。《中华人民共和国宪法》(以下称《宪法》)第五十八条规定:"全国人民代表大会和全国人民代表大会常务委员会行使国家立法权。"《中华人民共和国立法法》(以下称《立法法》)第八条规定,"税种的设立、税率的确定和税收征收管理等税收基本制度"只能制定法律。税收法律在中华人民共和国主权范围内普遍适用,具有仅次于宪法的法律效力。第二类是国务院制定的行政法规和有关规范性文件。我国现行税法绝大部分都是国务院制定的行政法规和规范性文件。归纳起来,有以下几种类型:一是税收的基本制度。根据《立法法》第九条规定,税收基本制度尚未制定法律的,全国人民代表大会及其常务委员会有权授权国务院制定行政法规。二是法律实施条例或实施细则。全国人民代表大会及其常务委员会制定的《个人所得税法》《企业所得税法》《车船税法》《税收征管法》等,由国务院制定相应的实施条例或实施细则。三是税收的非基本制度。国务院根据实际工作需要制定的规范性文件,包括国务院或者国务院办公厅发布的通知、决定等。由此可见,税收收入立法权属于中央专属权力,必须经过全国人民代表大会及其常务委员会或者国务院批准设立,省、自治区和直辖市人民政府在法律授权的范围内落实有关税种的税收管理。

与税收收入的立法权相比,非税收入立法和行政管理权限划分处于不断调整和规范阶段。一般而言,省级以上人民政府及其相关职能部门具有一定的立项征收权限,如行政事业性收费项目实行中央和省两级审批制度。因此,非税收入立法权限的显著特征在于其不确定性,由于我国现有的非税收入的立法还不尽完善,立法权限在中央与地方政府之间的划分与配置仍处于实践探索阶段。具体而言,按照非税收入项目设定的层次来划分:第一级是依据法律法规来设立的,法律效力仅次于宪法,只有全国人民代表大会及其常务委员会才有权制定或修改,行政法规是由国务院制定或修改的,效力仅次于法律,这类非税收入项目有罚没收入、中央银行收入等;第二级主要由国务院及其组成部门如财政部来设定的,这类项目有政府性基金的设立和征收、彩票公益金的筹集等;第三级主要是国务院、国务院组成部门、省级(省、自治区、直辖市)人民政府及其组成部门都有权制定的,这类项目比较多,主要考虑地区的差异性和调动地方的积极性,基本是中央层面制定总的办法和标准,地方层面制定细则和具体规定,如依据财政部颁布的《政府非税收入管理办法》(财税〔2016〕33号),行政事业性收费的设立和征收依据国务院和省级(省、自治区、直辖市)人民政府及其财政、价格主管部门的规定,其他还有国有资源有偿使用收入、特许经营收入的设立和征收,国有资产有偿使用收入、国有资本收益的征收,主管部门集中收入,以政府名义接受的捐赠收入、政府收入的利息收入及其他非税收入的征收或者收取,等等。除此之外,针对收费项目的审批还需要经国务院、省级政府会同价格部门联合审批。因此,非税收入的征收依据主要是一些规章或规范性的文件,其征收的法律依据相对层次较低,整体约束力较弱。

4. 非税收入与税收收入的征收范围不同

我国现行税种可分为五大类共18个税种:第一类是流转税,包括增值税、增值税附加税、消费税、关税;第二类是所得税,包括企业所得税、个人所得税;第三类是财产税,包括房产税、契税、车船税、车辆购置税;第四类是行为税,包括印花税、土地增值税、耕地占用税、船舶吨税;第五类是资源税,包括资源税、环境保护税、城镇土地使用税、烟叶税。按照管理和使用权限划分,可分为中央税、地方税、中央地方共享税。

非税收入管理范围包括行政事业性收费收入、政府性基金收入、罚没收入、国有资源(资产)有偿使用收入、国有资本收益、彩票公益金收入、特许经营收入、中央银行收入、以政府名义接受的捐赠收入、主管部门集中收入、政府收入的利息收入和其他非税收入等共12种。

5. 非税收入与税收收入的征管模式不同

税收收入一般由税务机关负责征收,税款直接缴入国库,实行征、管、查分离,且税收收入全部纳入财政预算管理,由政府统筹安排使用,管理方式单一。税收收入的征收管理模式基本一致,分为登记、申报、征收、检查、处罚和保全强制等征管环节。

非税收入的执收人员往往"身兼数职",集征、管、查于一体,且管理方式较为复杂,性质上虽与税收收入一样同属财政性资金,但有的纳入财政预算内管理,有的纳入预算外专户管理,还有部分未纳入预算管理由部门和单位自收自支。因此,税收收入与非税收入的征收模式存在差异:一是自愿与强制并存。税收收入的征收是强制的,而非税收入有的是缴费人自愿缴纳,如捐赠收入等;有的是强制缴纳,如残疾人就业保障金。二是征收部门多样化。税收的征管集中于税务机关和海关部门,非税收入的执收部门比较多,大多数政府机关都有涉及。三是管理方式不同。税务机关大多使用征收管理模式,非税收入大多为收缴或执收,采取事前核对的方式,核对无误后再开具缴款票据征收入库,一般无须进行事后风险管理。四是票据管理方式不同。目前税收使用税收票证,非税收入一般使用非税收入票据,为了方便缴费人,税务机关征收的非税收入一般使用税收票证[①]。

6. 非税收入与税收收入的预算管理不同

一是预算类别不同。根据《中华人民共和国预算法》(以下称《预算法》)第四条规定:"政府的全部收入和支出都应当纳入预算。"税收只在一般公共预算中核算,非税收入分布在一般公共预算、政府性基金预算和国有资本经营预算三项预算中。

---

① 王国强:《非税收入与税收的不同》,载《中国税务报》2018年12月14日。

二是收入分成方式不同。税收一般分税种按比例确定中央与地方的收入分成,如增值税中央政府分享50%、地方政府分享50%。非税收入的分成方式则呈现多样化,可以按比例分成,如水资源费10%归中央,90%归地方;也可以按地区分成,如国家重大水利工程建设基金,北京等14个省市属于中央收入,山西等16个省属于地方收入[①];还可以按照缴费对象分成,如国有资本收益中中央企业缴纳的属于中央收入,地方企业缴纳的属于地方收入。

## 第二节 政府非税收入的分类

目前,我国的非税收入主要有三个来源:一是国家出让自然资源取得的收入,如土地资源、矿产资源;二是国有资本进入市场经营产生的收益。我国国有经济成分在国家经济中占据控制性地位,国有经济在经济生活中的主导作用极为显著;三是国家作为社会管理者依托其管理的国有财产取得的行政收费性收入[②]。由于非税收入取得的依据和来源具有多样性的特征,既可以利用国家权力和政府信誉取得,也可以通过处置国有资源(资产)取得,因此也就决定了非税收入种类的多样性。从政府管理的维度考察,依据非税收入的性质可将其分为行政事业性收费,即政府根据相应的法律法规,向公民或其他组织所收取的费用,具有管理性、强制性、无偿性的特点;国有资源有偿使用收入,即利用各种自然资源、社会资源以及国家出资开发的专有技术资源和国家投资建设的各种公共基础设施等获取的经营收入;转移性收入,即上级部门划转的专项经费与补助经费、相关单位或部门拨入的专项经费、以政府或部门单位名义取得的捐赠资金、经营服务性收费收入等;其他收入,即有关部门依法对相关人员进行处罚取得的罚款和没收物品的变价收入,具有定向性和一次性的特征。对非税收入类型化的分析有助于深入认识非税收入的外延,从不同的角度可以对非税收入进行不同的分类。

有学者在考察各类非税收入时,以其取得依据和表现形式的差异作为分析问题的逻辑起点,并以此为标准对非税收入予以分类。较为简单的是按照

---

① 杜丽娟:《重在降费 11 项非税收入正式划转税务部门征收》,载《中国经营报》2019 年 1 月 14 日。
② 贾小雷:《公共产权收入问题研究》,中国人民大学出版社 2014 年版,第 2 页。

非税收入性质不同将其区分为强制性非税收入和产权性非税收入。强制性非税收入以国家经济权力为依托,而产权性非税收入则以国有资产所有权为基础。也有学者依据受益与付费对应原则,将非税收入分为社会管理性收费、使用性收费和其他收费三类。这种分类是以非税收入收取的基本原则——受益与付费对应原则,从缴费者有无获得对价的角度进行分类的。还有学者在此基础上进一步将非税收入按其性质的不同划分为五大类:第一类为负外部效应矫正性非税收入,其中包括排污费或排污超标费、对某些高耗能和可能引发公共风险行业或行为的限制性收费等;第二类为成本补偿性非税收入,其中包括使用费和某些规费、证照性收费等;第三类为资产资源性非税收入,其中包括特许权收入、国有资产经营(转让)收益,国有矿藏、森林、滩涂开采费等收入,资产利息、租金收入、国有土地有偿使用收入等;第四类为行政司法管理性非税收入,其中包括罚款、罚没收入,工商、司法收费,政府性基金、特许经营许可收入等;第五类为其他非税收入,包括铸币税收入、彩票发行公益金收入、赠与收入等①。

除此之外,依据不同的标准,目前我国理论界和实务界对非税收入的分类主要有以下几种:

## 一、以预算管理为标准的分类

从预算列表看,我国非税收入项目分列在一般公共预算、政府性基金预算和国有资本经营预算这三本预算之中。因此,可以将非税收入分为一般公共预算中的非税收入、政府性基金预算中的非税收入和国有资本经营预算中的非税收入三类②。

1. 一般公共预算中的非税收入

一般公共预算中的非税收入主要包括专项收入、行政事业性收费收入、罚没收入、国有资本经营收入、国有资源(资产)有偿使用收入、捐赠收入、政府住房基金收入以及其他收入。其中,专项收入包括教育费附加收入、铀产品出售收入、三峡库区移民专项收入、场外核应急准备收入、地方教育附加收入、文化事业建设费收入、残疾人就业保障金收入、教育资金收入、农田水利建设资金收入、森林

---

① 贾康、刘军民:《非税收入规范化管理研究》,载《税务研究》2005年第4期。
② 参见《2020年政府收支分类科目》。

植被恢复费、水利建设专项收入、油价调控风险准备金收入和其他专项收入；行政事业性收费收入包括行政收费、司法收费和事业性收费；罚没收入包括罚款、罚金、没收款、赃款以及没收物资、赃物的变价款等。

2. 政府性基金预算中的非税收入

政府性基金预算中的非税收入包括政府性基金收入和专项债券对应项目专项收入，如可再生能源发展基金、重大水利工程建设基金、农网还贷基金等各类基金。

3. 国有资本经营预算中的非税收入

国有资本经营预算中的非税收入仅包含国有资本经营收入，主要是利润收入、股利和股息收入、产权转让收入、清算收入、其他国有资本经营收入。

## 二、以征收依据为标准的分类

非税收入因政府征收依据上的差异而在性质上存在不同。根据不同的征收依据，非税收入大致可分为四类。

1. 行使政府权力取得的非税收入

政府权力具有公共性和强制性。国家行政机关为了社会公共利益的实现，必须要让体现公共利益的国家法律、法规、政策等得到落实，这使得政府权力的行使方式主要为强制性地推行政令，强制性成了政府权力有效执行国家意志的显著特征，行使政府权力所产生的收入只能是政府的财政收入。政府行使权力取得的非税收入包括政府性基金、罚没收入以及对政府颁发的证照按照成本收取的工本费等。

2. 利用国有资产取得的非税收入

国有资产包括国有资产和资源，政府利用国有资产取得的非税收入主要是国有资源（资产）有偿使用收入。

3. 提供准公共服务或公共产品取得的非税收入

提供公共服务或公共产品是政府的基本职责。根据提供公共服务方式的不同，可将政府提供的公共服务分为两类：一类是由政府直接生产并向社会公众提供的；另一类是由政府向私人部门或"第三方机构"购买后再提供给社会和公众的。一般而言，政府提供的纯公共产品是免费的，只有对局部的特定对象提供准公共产品或服务，基于成本原则收取一定的价款，从而形成提供准公共产品或服务的收入。政府提供准公共产品或服务取得的收入也分为两类：一类是政府向特定对象出售其生产的产品或提供的服务所取得的收入,其属于非税收入,如公共停车泊位收入等。另一类是政府将从私人部门或"第三方机构"购买的公共服务提供给特定主体而取得的收入,这一类收入一般不纳入财政预算管理,如政府从"第三方机构"购买的养老服务并将其提供给特定对象所取得的相应收入,一般为提供服务的养老机构的营业收入,不属于政府的非税收入。

4. 凭借政府信誉取得的非税收入

政府信誉是一个国家的无形资产,本质上也具有国家资源的属性。利用政府信誉取得的最长线的非税收入为政府发行的彩票收入和接受捐赠收入。

## 三、以具体形式为标准的分类

依据《政府非税收入管理办法》(财税〔2016〕33号)第三条的规定,非税收入具体包括行政事业性收费收入、政府性基金收入、罚没收入、国有资源(资产)有偿使用收入、国有资本收益、彩票公益金收入、特许经营收入、中央银行收入、以政府名义接受的捐赠收入、主管部门集中收入、政府收入的利息收入、其他非税收入等12类收入,该办法同时也明确了非税收入不包括社会保险费、住房公积金(指计入缴存人个人账户部分)。

1. 行政事业性收费收入

我国法律规范一般将政府收费称为行政事业性收费,如《政府非税收入管理办法》(财税〔2016〕33号)中将政府收费的构成要素分解为收费主体是国家机关、事业单位以及代为履行政府职能的社会团体或者组织;收费依据是法律、行政法规以及地方性法规;收费的原则是成本填补以及非营利原则;收费对象是接受特定服务的公民、法人或者其他组织。

理论界通常所理解的行政事业性收费是国家机关(包括获得授权的事业单位)在实现管理职能的过程中,为了弥补因管理所花费的成本,依照法律法规之规定向特定对象所收取的各类费用的总称[①]。也就是国家机关、事业单位、代行政府职能的社会团体及其他组织根据法律法规等有关规定,依照国务院规定程序批准,在实施社会公共管理以及在向公民、法人提供特定公共服务过程中,向

---

① 黎带有:《规范政府收费的宏观分析》,载《财经科学》1999年第4期。

特定对象收取的费用①。而国家发展和改革委员会、财政部联合下发的自2018年5月1日起实施的《行政事业性收费标准管理办法》(发改价格规〔2018〕988号)对行政事业性收费有相同的界定,该办法第三条规定:行政事业性收费是指国家机关、事业单位、代行政府职能的社会团体及其他组织根据法律法规等有关规定,依照国务院规定程序批准,在实施社会公共管理,以及在向公民、法人和其他组织提供特定公共服务过程中,向特定对象收取的费用②。按照资金性质分类,行政事业性收费可分为行政性收费和事业性收费。行政性收费包括行政收费(如商标注册、证件费、药品审批费等)和司法收费(如诉讼费等);事业性收费包括考试类收费、培训类收费等。另外,2020年财政部公布的《全国性及中央部门和单位行政事业性收费目录清单》以及《全国性及中央部门和单位涉企行政事业性收费目录清单》中所罗列项目多达180项,涉及农林、企业、环保、土地、考试等行业或领域。

2. 政府性基金收入

理论界一般认为,政府性基金是指各级人民政府及其所属部门根据法律、行政法规和中共中央、国务院文件,为支持特定公共基础建设和公共事业发展,向公民、法人和其他组织无偿征收的具有专项用途的财政资金③。

财政部2010年制定的《政府性基金管理暂行办法》(财综〔2010〕80号)明确了"政府性基金是指各级政府及其所属部门根据法律、行政法规和中共中央、国务院有关文件规定,为支持某项公共事业发展,向公民、法人和其他组织无偿征收的具有专项用途的财政资金"④。政府性基金可以分为基金(如已划转税务机关征收的可再生能源发展基金、重大水利工程建设基金等各类政府性基金)、资金(如国家电影事业发展专项资金等)、附加(如教育费附加)和专项收入(如客运站场建设费等)四种。根据我国《全国性政府基金目录清单》,截至2020年我国共有21类24项政府性基金(见附件二)⑤。

---

① 白宇飞:《我国政府非税收入研究》,经济科学出版社2008年版,第9页;刘寒波、易继元、郭平:《政府非税收入概论》,湖南人民出版社2015年版,第33页。
② 参见国家发展改革委、财政部2006年印发的《行政事业性收费标准管理暂行办法》(2018年修订为《行政事业性收费标准管理办法》)。
③ 白宇飞:《我国政府非税收入研究》,经济科学出版社2008年版,第19页。
④ 参见财政部《政府性基金管理暂行办法》(财综〔2010〕80号)第2条。
⑤ 参见财政部《政府性基金目录》(2020年)。

### 3. 罚没收入

罚没收入是财政收入的一种形式。罚没收入是指执法、司法机关依照法律法规的规定,对违法者实施经济罚款的款项、没收的赃款和赃物价款[①]。国家司法、公安、行政、海关或其他经济管理部门对违反法律、法令或行政法规的行为按规定课以罚金、罚款或没收品变价收入,以及各部门、各单位追回的赃款和赃物变价收入等。税务机关经办的税款滞纳金、补税罚款收入,通过税收渠道上缴,不属于罚没收入[②]。罚没收入是对违章、违规行为实施的一种经济处罚,罚没收入具有明显的强制性和无偿性,是财政收入的一种特殊形式,与税收相比,罚没收入缺乏固定性,具有定向性、一次性的特征,对取得财政收入缺乏稳定可靠的保证。

罚没收入包括:国家行政机关、司法机关和法律法规授权的机构,依据法律法规对公民、法人和其他组织实施处罚所取得的罚没收款(如交通违法行为的罚款等)以及没收赃物的折价收入。按照构成项目的不同,罚没收入分为罚款、罚金、没收款、赃款以及没收物资、赃物的变价款等形式。

### 4. 国有资源(资产)有偿使用收入

国有资源是指国家所有并在一定条件下能够产生经济价值,可以进行市场买卖的一切物质的与非物质的要素的总称,包括自然资源和非自然公共资源[③]。国有资源有偿使用收入是指执收单位利用各种形态的自然资源、公共资源、政府信誉、信息和技术资源向社会提供公共服务、准公共服务、经营服务以及出租、出让、转让国有资源使用权取得的收入(如土地出让金、海域使用金、石油特别收益专项收入、矿产资源专项收入、农村集体经营性建设用地土地增值收益调节金收入、新增建设用地土地有偿使用费收入等)。

国有资产是指属于国家所有的一切财产和财产权利,包括经营性国有资产、行政事业单位国有资产和资源性国有资产[④]。国有资产有偿使用收入是指国家机关、实行公务员管理的事业单位、代行政府职能的社会团体以及其他组织的固定资产和无形资产出租、出售、出让、转让等取得的收入,世界文化遗产保护范围

---

[①] 白宇飞:《我国政府非税收入研究》,经济科学出版社 2008 年版,第 33 页。
[②] 王美涵:《税收大辞典》,辽宁人民出版社 1991 年版。
[③] 易继元:《国有资产资源有偿使用收入管理亟待加强》,载《行政事业资产与财务》2010 年第 4 期。
[④] 易继元:《国有资产资源有偿使用收入管理亟待加强》,载《行政事业资产与财务》2010 年第 4 期。

内实行特许经营项目的有偿出让收入和世界文化遗产的门票收入,利用政府投资建设的城市道路和公共场地设置停车泊位取得的收入,以及利用其他国有资产取得的收入①。我国政府拥有数量巨大的国有资产,依法从国有资产经营性或者是非经营性收入当中获得的税后利润以及股权转让收入等诸多不同形式的收益,此类收益都可以非税收入的形式进行征收②。

5. 国有资本收益

国有资本收益是指国家以所有者身份依法取得的国有资本投资收益,国有资本收益是政府非税收入的重要组成部分,包括五个方面:一是国有独资企业按规定应当上缴国家的利润;二是国有控股、参股企业国有股权(股份)获得的股利、股息收入;三是转让国有产权、股权(股份)获得的收入;四是国有独资企业清算收入(扣除清算费用),国有控股、参股企业国有股权(股份)分享的公司清算收入(扣除清算费用);五是其他国有资本收益。国有资产收益即国有资本分享的企业税后利润,国有股股利、红利、股息,企业国有产权(股权)出售、拍卖、转让收益和依法由国有资本享有的其他收益。

6. 彩票公益金收入

彩票公益金是国家规定发行彩票取得的销售收入扣除返奖奖金、发行经费后的净收入,是政府非税收入的形式之一。根据财政部 2012 年制定的《彩票公益金管理办法》(财综〔2012〕15 号)的规定,彩票公益金是按照规定比例从彩票发行销售收入中提取的,专项用于社会福利、体育等社会公益事业的资金。彩票公益金收入是面向社会发行以满足和支持特定社会公益事业发展的专项收入,从种类上看包括民政部负责的社会福利事业的彩票公益金和国家体育总局负责的体育事业的彩票公益金;从内容上看包括按比例从彩票发行销售收入中提取的资金、逾期未兑奖的奖金、由公益金产生的银行利息③。

按照现行规定,彩票公益金收入由彩票公益金和发行费收入组成,具体包括从体育彩票销售总额中提取不少于 30% 的资金、上缴的彩票公益金及其利息收入、由弃奖产生的收入。近年来,国家越来越重视彩票公益金的收支管理,先后出台了《彩票管理条例》《彩票管理条例实施细则》以及《彩票公益金管理办法》等

---

① 白宇飞:《我国政府非税收入研究》,经济科学出版社 2008 年版,第 24 页。
② 岳桂宁、滕莉莉、王春花:《我国地方政府"土地财政"问题研究》,载《开放导报》2009 年第 3 期。
③ 参见《彩票公益金管理办法》第四条。

规范性文件,这些规范性文件明确要求将彩票公益金纳入政府性基金预算,专款专用,结余结转下年继续使用,并对收缴管理、分配使用、宣传广告、监督检查等加以具体规定。

7. 特许经营收入

特许经营收入是指国家依法特许企业、组织或个人垄断经营某种产品或服务而获得的收入,属于非税收入的组成部分。特许经营收入主要包括烟草专卖收入、酒类产品专卖收入、免税商品专卖收入、货币发行收入、印钞造币收入、纪念邮票(纪念币)发行收入、食盐批发专营收入等。按照《政府非税收入管理办法》(财税〔2016〕33号)规定,特许经营收入的征收主管部门为各级财政部门,由财政部门直接征收或者由财政部门委托的部门和单位征收,其批准设立依据国务院和省级人民政府及其财政部门的规定进行;特许经营收入应当全部上缴国库,通过国库单一账户体系收缴、存储、退付、清算及核算。特许经营收入被纳入非税收入从根本上保证了在基础设施和公用事业领域的特许经营活动的公益性,同时为参与特许经营的社会资本提供了有预算保证的经营收益。

8. 中央银行收入

中央银行的收入是指中央银行在履行中央银行职能、开展各项业务经营过程中发生的全部收入,包括利息收入、业务收入和其他收入。其他收入是指与中央银行业务活动没有直接关系的收入,包括对外投资收益、租赁收入、赔款收入和其他收入等。

9. 以政府名义接受的捐赠收入

以政府名义接受的捐赠收入是指各级机关、实行公务员管理的事业单位、代行政府职能的社会团体和其他组织凭借政府名义接受的非定向捐赠的货币收入。值得注意的是,以政府名义接受的捐赠收入并不包括定向捐赠货币收入、实物收入以及不以政府名义接受的捐赠收入。按照相关规定,以政府名义接受的捐赠收入必须坚持自愿原则,不得强行摊派,不得将其转交不实行公务员管理的事业单位、不代行政府职能的社会团体、企业、个人或者其他民间组织。捐赠收入只是一种次要的政府筹资方式,获取的收入列入预算。同时,此类收入不能以违背公共意愿的方式向社会摊派与收取,而且也不能巧立名目或转变管理主体,不能将此类收入转给不符合管理捐赠收入要求的事业单位、企业、组织和公民管理。

10. 主管部门集中收入

主管部门集中收入是指国家机关、实行公务员管理的事业单位、代行政府职能的社会团体和其他组织集中所属事业单位收入,这部分收入必须经同级财政部门批准。随着我国对事业性单位改革的逐渐深化,事业单位和主管部门经济和财务上的联系将逐步脱钩,而主要体现在业务管理或指导方面,主管部门对事业单位的财务将不得干涉,主管部门集中事业单位收入的局面不会长期持续下去,而会逐步退出历史舞台。在过渡时期,目前为数不多的主管部门集中收入与国有资产有偿使用收入一样,也要实行收支脱钩的管理方式,主管部门的集中收入统一上缴财政,其开支也由财政从部门预算中统筹安排。

11. 政府收入的利息收入

政府收入的利息收入是指税收收入和非税收入产生的利息收入,按照中国人民银行规定计息,统一纳入非税收入管理范围。政府收入的利息收入包括财政部门拨付各单位的公共财政预算资金、政府性基金、财政专户资金、财政借款及预拨款、银行借款(由财政代为偿还)等产生的利息收入。目前这部分收入一般按照中国人民银行的具体规定计息。

12. 其他非税收入

其他非税收入是指除了上述 11 项之外的其他非税收入。其他非税收入不包括社会保险金、住房公积金(指计入缴存人个人账户部分)。

## 第三节 政府非税收入管理规范化的过程

政府非税收入作为一种财政收入形式,早在新中国成立之初就以预算外资金的方式存在,随着经济体制改革和财政体系改革的逐步深化,我国对非税收入的管理经历了由紧到松再收紧的演变历程。这一历程大体可划分为四个阶段。

### 一、预算内管理阶段(新中国成立初期至 1953 年)

新中国成立初期,国家百废待兴,国民经济处于恢复阶段,政府非税收入(预算外资金)的设立项目、资金数量都很少。1951 年,政务院在《关于进一步整理城市地方财政的决定》中,统一规定了各种附加的项目和比例。1952 年,政务院又发布了《关于统一管理机关生产的决定》和《整顿乡自筹的决定》两个文件,严格限定了机关的生产收入支取,也对农村乡自筹资金进行了整顿,使得非税收入的规模在此阶段一直处于低水平状态[①]。在高度集中的财政管理体制下,大部分非税收入项目都放在预算内进行统一征收管理,由国家财政进行"统收统支",只有少量的税收附加收入和少数的专项事业收入作为预算外收入进行管理,而且这部分收入已经被规定了专门的用途。一些有收入的行政机关和事业单位,将收入全部上缴财政,支出由预算决定安排,对于零星收入则按冲抵支出处理。可以说新中国成立之初,我国实行的是高度集中的"统收统支"的财政管理体制。总体上讲,这一阶段非税收入的管理十分简单,且大都是预算内管理,主要是作为集中统一的财政体制的补充。

## 二、预算外管理阶段(1953年至1998年)

随着我国一系列经济政策的施行,国家经济逐步复苏,中央权力开始下放,预算外收入随之快速增长。预算外收入是我国经济权力关系调整和财政管理制度转型过程中的特殊产物。所谓预算外收入主要是国家机关、事业单位和社会团体或者代行政府职能的机关依据国家法律、法规和具有法律规章而收取、提取和使用安排的游离于国家一般预算之外的财政性资金[②]。预算外收入源于行政事业性收费、税收附加、专用基金和专项收入等组成的财政性资金[③]。

1. 部门自行管理阶段(1953年至1996年)

国家进入第一个五年计划时期后,为了调动地方的积极性,将原来预算内的一部分收入放到预算外管理,国家财政资金开始分为预算内和预算外两部分,形成了预算外资金这个特殊范畴,适当扩大地方财力,建立企业管理的专项基金,根据国家财政制度和财务制度的规定,这部分资金不纳入预算管理,由地方各部门和各企事业单位自收自支。1953年开始,我国实行"统一领导、分级管理"的财政管理体制。为了调动部门单位的积极性,决定把行政事业单位的一些零星分散收入放在预算外自收自支,如养路费、养河费、中小学杂费等。随着预算外收入的项目和范围不断扩大,资金数量也有所增长,到1957年,全国预算外资金

---

① 贾康、阎坤:《中国财政:转轨与变革》,上海远东出版社2000年版,第15—17页。
② 张德勇:《中国政府预算外资金管理:现状、问题与对策》,载《财贸经济》2009年第10期。
③ 夏杰长:《转轨时期中国政府收入结构的实证分析与完善对策》,载《财贸经济》2001年第6期。

达到 26.33 亿元,相当于国家预算收入的 8.5%[①]。1958 年,我国对财政体制进行了较大的改革,财权大幅度下放,预算外收入基本上形成由地方财政部门管理、行政事业单位管理和国营企业管理三个部分。"文化大革命"期间,企事业单位下放很多,财权也随之进一步下放,预算外资金迅速膨胀,到 1976 年,预算外收入已达 272.32 亿元,相当于国家预算收入的 35.5%[②]。

改革开放使我国迎来了全面经济体制改革的新时期,为改变以往过于集中的经济体制,国家采取了一系列简政放权的措施,社会经济领域的管理权明显下放,地方政府获得更大的发展自主权,逐步确立了社会主义条件下税收的地位,对税收以外的政府收入采取预算外资金管理的方式,这方面的一个重要发展,就是对预算外资金的概念有了较明确的界定,确立了预算外资金的宏观管理制度。1983 年,财政部发布了《预算外资金管理试行办法》(财综〔1983〕4 号),要求各地政府增设预算外资金项目,实行自收自用的财政政策,同时也明确了预算外资金的所有权属于各个地方政府及其征收部门的收入,还规定了预算外资金的范围及管理原则等。

1983 年和 1984 年,财政部进行了两次"利改税"改革。两次"利改税"之后,税收收入在政府收入中占据主体地位。同时,国家鼓励民间资金投资基础设施建设,投资成本可以以收费的方式回收,事业单位也可以依自身实际情况开展有偿服务,收入按照"谁征收、谁所有、谁使用"的原则,弥补财政拨款的不足。国家为了刺激地方政府和部门发展经济举办实业,给予地方和部门机动的财力和财权,此收入部门征管、部门受益。1986 年,国务院发布《关于加强预算外资金管理的通知》(国发〔1986〕44 号),首次以较高位阶的法律形式提出了"预算外资金"的概念,并规定预算外资金是由各部门和单位自提自用的资金,依据国家有关规定可以不纳入国家预算,是中央留给地方和部门的机动财力和财权,其目的是为了刺激各地方政府大力发展地方经济,但同时提出了实行银行式的"储存管理"的要求。由于对预算外资金性质的认识仍然比较模糊,中央并没有从源头上和根本上规范预算外资金管理秩序。实际上,预算外资金管理制度是将预算外资金的产权界定给部门,是一种部门产权制度[③]。对预算外资金实行部门所有、

---

[①] 余小平、贾康、王玲:《预算外资金的历史、现状分析及改革建议》,载《财经问题研究》1996 年第 9 期。
[②] 刘忠信:《中国非税收入管理系统研究》,南京大学出版社 2014 年版,第 43 页。
[③] 高培勇:《实行全口径预算管理》,中国财政经济出版社 2009 年版,第 20 页。

自收自支、自行管理的制度,使得行政事业性收费滋生了乱收费、乱罚款、乱摊派"三乱"现象,严重影响了国民经济的发展秩序,干扰了人民群众的正常生活。鉴于此,1990年,中共中央、国务院颁布《关于坚决制止乱收费、乱罚款和各种摊派的决定》(中发〔1990〕16号),要求地方和部门全面清理整顿"三乱"。1991年,国务院规定收费审批权限集中在中央和省两级,由财政和价格主管部门负责审批管理。1993年,中共中央办公厅、国务院办公厅转发财政部《关于治理乱收费的通知》(中发〔1993〕18号),强调行政性收费要逐步纳入各级财政预算内管理,尚未纳入预算内管理的行政性收费、专项收费及事业性收费,要执行预算外资金管理办法,实行财政专户储存,收入上缴财政部门在银行开设的预算外资金专户,支出由用款单位编制计划,经财政部门审核后按计划拨给。

2. 财政专户管理阶段(1996年至1998年)

1993年,我国政府明文将财政收入资金划分为预算内、预算外两个部分,事实上形成了国家预算的双轨制,随着企业会计制度和财务制度发生改革,预算外资金管理范围发生变化,国有企业的预算外资金作为所有者权益体现,除上缴国家必要税收外,剩余资金完全由企业决定其用途①。

1994年,我国实施分税制改革,国家取消了能源交通重点建设基金和预算调节基金,取消了国有企业利润调节税。由于各级政府普遍面临着资金供给与需求之间的突出矛盾,因此各地区和部门采取了比税收更加灵活的非税收入方式筹集资金,陆续出台了许多行政事业性收费和政府性基金政策②。这些政策在推动经济发展的同时,在一定程度上也造成了收费基金规模膨胀,导致政府收入分配机制的不合理和不规范。由此,各地开始探索非税收入规范化管理机制,一些地方成立了预算外收入管理机构,为了加强预算外资金管理,地方人大纷纷出台地方性法规进一步规范预算外资金管理,在肯定预算外资金的所有权和使用权归征收部门和单位不变的情况下,明令要求落实"财政专户储存"管理。

1996年,国务院发布《关于加强预算外资金管理的决定》(国发〔1996〕29号)重新界定预算外资金的性质,明确预算外资金是未纳入预算管理的财政资金,将其所有权、使用权重新收回政府,将预算外收入统一纳入财政部门在银行的财政专户进行管理,部门和单位不再直接掌控,这一转变使得预算外资金成为财政专

---

① 徐永尧:《完善我国政府非税收入预算管理的思考》,载《中央财经大学学报》2007年第8期。
② 苑广睿:《加强我国政府非税收入管理的政策取向》,载《地方财政研究》2006年第11期。

户存储的预算管理方式,同时严格执行行政事业性收费基金的审批,要求预算外资金统一纳入财政专户,不进入国家金库但由财政部门监督管理。1997年,中共中央、国务院颁发《关于治理向企业乱收费、乱罚款和各种摊派等问题的决定》(中发〔1997〕14号),取消、清理、规范多项涉及企业负担的收费项目。此后,各省纷纷修改并出台新的地方性法规以规范预算外资金的管理,形成了与一般预算并行的预算外资金管理制度,包括政策设计、收费基金审批、票据印制和使用、财政专户管理、收支计划和决算审批、收支决算统计等一整套独立的预算外资金管理体系,在财政管理上形成了"双轨制"①。随着财政专户为主线的"收支两条线"管理的推行,对规制预算外资金的乱支滥用行为起到了一定的遏制作用,同时也反映出国家规范管理预算外收入的决心。

## 三、纳入预算管理阶段(1998年至2011年)

这一阶段人们对非税收入的认识进一步深化,开始从公共产品的角度来认识非税收入存在的必要性。随着认识的不断深化,管理机制相应进行了创新。

一是清理非税收入。自1998年开始,我国全面清理收费项目和基金,对企业负担的收费、涉及农民负担的收费、教育收费、交通和车辆收费、住房建设收费、外出或外来务工人员收费、行政审批收费以及全国政府性基金项目等进行了专项治理。2013年以来,中央设立的行政事业性收费由185项减少至49项,减少幅度超过73%。其中涉企收费由106项减少至31项,减少幅度超过70%;政府性基金由30项减少至21项,减少幅度为30%。据不完全统计,各省份自主清理本地区行政事业性收费超770项②。在2017年降费6 000多亿元的基础上,2018年国务院常务会议确定了4类政府性收费降费措施,预计全年可减轻企业负担2 506亿元,加上发改委出台的降低经营服务性收费等措施,预计全年合计减负超3 000亿元③。与此同时,预算外资金管理的方式与手段也发生了较大变化,逐步分批将部分收费项目开始纳入预算内管理,非税收入预算外管理格局被打破,进一步规范了政府分配秩序,并引发了一系列对非税收入管理新模式

---

① 苑广睿:《加强我国政府非税收入管理的政策取向》,载《地方财政研究》2006年第11期。
② 李丽辉:《清费降费 今年再减三千亿》,载《人民日报》2018年4月10日。
③ 参见《国务院政策例行吹风会:坚决取消不合理非税负担 清费降费今年再减三千亿》,来源央广网:https://baijiahao.baidu.com/s?id=15973117651390323275&wfr=spider&for=pc,最后访问时间2020年8月5日。

的探索与实践。

二是理顺税收收入与非税收入的关系。我国全面推进税费改革,基本思路是对一些具有税收性质的非税收入逐步转换成税收;对一些必须保留的非税收入进行合理规范;对一些不合理、不合法的非税收入坚决取缔;对一些属于国家权益范围内的、应征未征的非税收入通过完善制度加以征收[①]。

三是规范预算外资金。1999 年,财政部、监察部、国家发展计划委员会、审计署、中国人民银行等五部门联合下发《关于行政事业性收费和罚没收入实行"收支两条线"管理的若干规定》(财综〔1999〕87 号),确立了非税收入逐步纳入预算管理的目标,自此非税收入纳入预算管理的步伐不断加速。1999 年开始,国家将部分政府性基金项目陆续纳入预算管理。2002 年,财政部发布《关于公布保留的政府性基金预算项目的通知》(财综〔2002〕33 号),将预算外的政府性基金项目统一纳入预算管理,此时政府性基金共有 26 个基金项目。按照建立健全公共财政体制的要求,2000 年以来实施的以部门预算制度、国库集中支付制度和政府采购制度为主要内容的财政改革,打破了原先的预算外资金管理体系,推动了非税收入管理改革的进程。2003 年,国务院国有资产监督管理委员会成立,确立了新的国资监管体制,并在北京、上海、深圳等地开展国有资本经营预算试点工作,进而在全国范围内全面实施。2004 年,财政部颁发了《关于加强政府非税收入管理的通知》(财综〔2004〕53 号)。同年,湖南颁布了我国第一部关于规范政府非税收入管理的地方性法规,即《湖南政府非税收入管理条例》。随后,安徽、广西、浙江、河南、内蒙古、新疆等 10 余个省/自治区先后出台了地方法规和政府规章,非税收入管理法律制度开始建立,使我国非税收入从认识到管理达到一个新的水平,进入一个新的历史阶段。

由于非税收入项目涉及领域广泛,对其管理仍然存在多种形式:一是预算外管理方式。我国预算外管理的概念在不同时期有着不同的含义,1996 年之前预算外资金的概念,实际上是指不需要财政管理的资金,而 1996 年之后的预算外资金成为由财政管理但又不纳入国库,实行在商业银行财政专户管理的一种特殊的资金预算管理方式。非税收入实行预算外管理应该说是我国一种特殊的预算管理方式,被称为"第二预算"。二是制度外管理方式。制度外非税收入也

---

① 苑广睿:《加强我国政府非税收入管理的政策取向》,载《地方财政研究》2006 年第 11 期。

被称为"第三预算",它是针对将预算内管理作为"第一预算",将预算外管理作为"第二预算"而言的。制度外非税收入多是行政事业单位凭借手中的权力,通过自行设立收入名目、扩大征收范围、提高收缴标准等收取的,形式繁多、渠道混乱、大多属于隐蔽性质的政府部门行为,其具体规模也很难统计,是一种非常不规范的资金管理形式。三是预算内管理方式。纳入财政预算管理的非税收入,具体分析也存在着多种预算管理方式,可分为三种情况,即一般预算收入、专项收入和基金预算收入。

1. 一般预算收入

一般预算是国家正常的预算收支,它分为预算收入和预算支出两部分。我国1994年颁布的《预算法》管理的就是一般预算。一般预算的主要特征是收入全部缴入国库存储,支出由财政从国库中拨付使用,一般预算收支报经本级人民代表大会批准即具有法律效力,非经法定程序不得擅自改变。一般预算收支情况应向社会公开,相关数据可以查询。我国政府非税收入中实行一般预算管理的,主要包括纳入预算管理的行政事业性收费、罚没收入、国有资源(资产)有偿使用收入和专项收入等。非税收入纳入一般预算管理后,其收入与执收部门的支出通常不再挂钩,支出根据执收部门的需要通过预算进行核定。

2. 专项收入

专项收入是一般预算管理下的一个部分,但专项收入是一种特殊的一般预算收入管理方式。专项收入虽然名义上是一般预算收入,但其支出是与收入相挂钩的,专项收入只用于专项支出,不能用于其他一般性的预算支出。我国目前一般预算收入中的专项收入主要包括排污费收入、水资源费收入、教育费附加收入、矿产资源补偿费收入、探矿权采矿权使用费及价款收入、内河航道养护费收入、公路运输管理费收入、水路运输管理费收入、三峡库区移民专项收入等,这些收入都规定了专门的用途,分别用于排污费支出、水资源费支出、教育费附加支出、矿产资源补偿费支出、探矿权采矿权使用费及价款支出、内河航道养护费支出、公路运输管理费支出、水路运输管理费支出、三峡库区移民专项支出。可以看出,这些项目的收入和支出项目基本上都是直接以项目本身命名的,此类非税收入的使用被限定在专门的用途范围内。

3. 基金预算收入

基金预算是一种特殊的预算管理方式,实行基金预算的收入全额纳入预算管理,实行"收支两条线",收入全额上缴国库,先收后支,专款专用;基金预算在预算上单独编列,即各级财政部门单独编列一张"政府性基金收支预算表",将基金收入与基金支出按照一一对应的原则排列,不计入一般预算收入总计和一般预算支出总计;基金预算自求平衡,结余结转下年继续使用。

尽管2004年财政部在《关于加强政府非税收入管理的通知》(财综〔2004〕53号)中界定了非税收入的概念,明确了非税收入是所有权属于国家的财政收入,而不是执收执法部门的私有资金,同时将非税收入提升到了国家集中管理的高度。同时,进一步明确了非税收入的范围,"非税收入"从名称上正式取代了"预算外资金"的表述,全国各地财政部门也将预算外资金管理局翻牌为非税收入管理局,部分省、自治区和直辖市还制定了地方性法规和地方政府规章,用以规范非税收入的管理。但事实上,"非税收入"并未从实质上取代"预算外资金",只是未纳入预算管理的预算外资金以及纳入预算管理的各种收费和游离于财政之外的政府各部门的收费、集资和摊派的集合体。"非税收入"仍然是一部分纳入预算管理,一部分上缴财政专户[①]。

2007年,根据财政部印发的《中央政府性基金国库集中支付管理暂行办法》(财库〔2007〕112号),政府性基金预算随着国库集中支付制度的完善,也被纳入了国库集中支付制度,政府性基金收入被纳入预算管理。2008年之后,国有土地出让金和彩票公益金也全额纳入政府性基金预算管理,政府性基金预算全面建立。2007年9月,国务院颁布《关于试行国有资本经营预算的意见》,中央国有资本预算开始编制,2012年,地方国有资本经营预算也开始编制,国有资本经营预算制度全面建立。2010年6月,财政部印发《关于将按预算外资金管理的收入纳入预算管理的通知》(财预〔2010〕88号),决定从2011年1月1日起,全面取消预算外资金,将预算外收入(不含教育收费)分为纳入一般公共预算管理的、纳入政府性基金预算管理的和纳入财政专户管理的三类,全部纳入预算管理,财政资金分为预算内、预算外双轨管理的局面终结,这一决定标志着"预算外资金"成为历史。

## 四、预算内调整规范阶段(2011年至今)

自2011年非税收入全部纳入预算管理后,我国就开始不断对预算管理范围

---

① 田春燕:《"非税收入管理制度"改革探析》,载《前沿》2012年第1期。

进行调整。2014年4月第十二届全国人大常委会第八次会议确立了四本预算的全口径预算体系,即从2014年起,我国国家预算体系分为一般公共预算、政府性基金预算、国有资本经营预算、社会保障基金预算。非税收入分布在前三本预算之中,即一般公共预算中的非税收入、政府性基金预算的非税收入、国有资本经营预算的非税收入。

2016年财政部发布《政府非税收入管理办法》(财税〔2016〕33号),再次强调非税收入是我国财政收入的重要组成部分,应当纳入财政预算管理,要加强政府非税收入管理,规范政府收支行为,健全公共财政职能,保护公民、法人和其他组织的合法权益。此文件的出台在一定程度上规范了非税收入的管理。

2018年财政部颁布的《关于税务部门罚没收入等政府非税收入管理有关事项的通知》(财税〔2018〕161号)中,明确提出"将省级和省级以下国税地税机构合并,具体承担所辖区域内各项税收、非税收入征管等职责"。自2019年1月1日起,由税务部门统一征收各项社会保险费和先行划转的非税收入。由税务部门征管非税收入将是非税收入管理规范化的重要里程碑。

# 第二章
## 政府非税收入存续的理论依据

财政收入主要由税收收入和非税收入两部分组成。其中非税收入包括行政事业性收费、政府性基金等12项具体内容。政府除提供普遍性公共服务外,还提供满足部分群体受益的特定公共服务。前者应通过征税方式弥补其供给成本,但特定公共服务应当按照"谁受益、谁付费"原则,通过收费方式分摊公共服务成本,而不宜通过税收将成本转嫁给全体纳税人。

非税收入取得是政府为了减少社会福利损失以及实现资源配置效率而干预宏观经济的途径之一,它在弥补市场缺陷的同时,发挥着参与政府职能有效实施、满足人们对于公共产品和服务需求的作用。由于非税收入是一个综合性概念,其征收方式复杂多样,不仅与政府提供公共产品或服务的性质、特征和方式有关,而且与政府对经济过程的干预密切联系。因此,相对于税收收入而言,非税收入取得的理论依据也相对复杂。

### 第一节  政府非税收入存续的法理解释

如前所述,非税收入是一个综合性概念,是除税收收入、社会保险基金收入、债务收入之外的财政收入的集合体,每一项具体的非税收入都是这个集合体的组成部分。在现代民主社会,一切权力的占有与行使都必须以合法性为基础和前提[1]。

---

[1] 许多奇:《论新〈企业所得税法〉的再分配功能》,载《经济法论丛》2008年第1期。

## 一、财政宪法理论

财政宪法是对财政问题进行宪法分析，以宪治的视角全面解读财政所形成的理论体系，通过宪法原理去审视财政现象，以规范财政权力，设计财政体制及其运行程序，并对财政权力进行宪法监督[①]。财政作为以公共权力主导的资源配置，不仅仅是经济制度的组成，更是政治制度的集中体现。作为国家主要的经济来源，财政不仅是政府经济收入与经济支出的反映，更体现了经济资源在国家和公民之间的分配，涉及到一国基本的政治决定过程[②]。一个合理的市场经济体制的形成过程，必然也是财政体制与宪法体制同时形成的过程，三者是"同位一体"的，其形成时间并无先后之分[③]。

从本质上看，财政关系实际上是一种国家和公民之间的契约关系，在这个契约关系中，公民负有公法上的给付义务，与此义务相对应的是公民享有要求政府提供公共服务的权力；国家获取财政收入目的不是为自己谋取利益，而是要向全社会提供公共物品和公共服务，政府享有的财政权力与其所负的义务是相对应的。财政权的配置是宪法产生的根本原因之一，从人类历史发展和社会进步的经验来看，宪法变迁和财政发展很大程度上是相辅相成的过程[④]。财政最能够直接体现宪治精神，而且宪法体系中全部内容都与财政具有非常密切的关联，如代议制、行政体制、监督审计、人权保障和救济机制。财政宪法包括了国家财政作用的所有要素，涉及国家公权力之间的制约关系和公民权利的保障，对于权利保障而言，财政宪法关涉租税的平等分配、公民财产权的保障[⑤]。因此，财政宪法通过宪法性财政规则对政府的财政权力施以必要约束，在防范政府滥用财政权的同时，促使其积极履行提供公共服务的职能[⑥]。作为财政收入的重要组成部分，非税收入概念的提出以及对非税与相关概念的界定区分不仅是经济学的问题，更关系到财政制度的完善、中央和地方权限的合理划分、税收法治原则的

---

① 王世涛：《财政宪法学的学科定位与体系建构》，载《财经法学》2018年第2期。
② 刘剑文：《宪政与中国财政民主》，载《法治论坛》2008年第3期。
③ 周刚志：《论公共财政与宪政国家——作为财政宪法学的一种理论前言》，北京大学出版社2005年版，第54页。
④ 财政部条法司：《弘扬宪法精神　推进财政法治建设》，载《中国财政》2021年第23期。
⑤ 朱孔武：《财政立宪主义研究》，法律出版社2006年版，第8页。
⑥ 苗连营、张衡：《论我国财政宪法学的当代发展》，载《学习论坛》2015年第2期。

遵循以及公民权利的有效保障等宪法问题①。

从现实的角度，赋税是政府得以有效运转的经济基础，财政是宪法运行的重要保障。所谓"财政为庶政之母，有政必有财，财为政之资"，其理即在此。正是在宪法精神的指引下，财政才能不断发展和进步，公共财政才得以建立，这是宪法进步的结果。公共财政是宪法框架下的国家提供公共产品或服务的给付行为或财政运行制度，具有公共性、非营利性、法治性等特性，并以公共利益和为社会提供公共服务为依归。正是在这一变化过程中，宪法赋予财政全新的内涵：一是财政的宗旨和原则都较以前有了质的变化，财政被定义为一种服务于大众的公共物品，它源自人民的公共需要，因此必须受到人民的制约；二是财政权力不再是一种单纯用于统治的工具和手段，它源自人民的授权，同时也在此范围内受人民的监督和制约；三是财政的民主基础备受重视，人民通过立法机关行使对财政的决定权和控制权；四是财政法定原则得以确立，明确了财政领域的基本事项都应该由立法机关通过法定程序制定的法律加以规定，现代法治主义在财政领域得到进一步体现②。

我国现行宪法虽然没有设置"财政制度"专章，但是在序言、总纲、公民的基本权利和义务以及国家机构等部分均有相关规定，共同构成了宪法中关于财政的规范体系，对财政立法和财政法律的实施都会产生规范效力。财政宪法是以财税法中基本事项作为调整对象，如创设财政法的基本原则、国家机构之间财政权力的配置、中央政府与地方政府的财政关系等，这些基本事项的厘清为我国财政法立法建设与深入研究提供了可靠的素材③。如现行《宪法》第三条关于中央和地方国家机构职权划分原则的规定，即"中央和地方的国家机构职权的划分，遵循在中央的统一领导下，充分发挥地方的主动性、积极性原则"，为处理中央和地方的财政关系，确定财政事权划分和支出责任分配提供了基本依据；第六十二条规定全国人民代表大会"审查和批准国家的预算和预算执行情况的报告"；第六十七条规定了全国人民代表大会常务委员会"在全国人民代表大会闭会期间，审查和批准国民经济和社会发展计划、国家预算在执行过程中所必须作的部分调整方案"，明确了通过预算这种特定的方式来约束财政权力的运行，等等。

---

① 苗连营、李晓光：《宪法学语境下非税收入之解读》，载《河南社会科学》2013年第12期。
② 王世涛：《中国财政的宪政解读》，载《甘肃政法学院学报》2008年第2期。
③ 刘剑文、熊伟：《财政税收学》，法律出版社2011年版，第11—14页。

1994年的分税制改革是我国现行宪法时代开启的影响最为深远的一次财政权力重新配置,分税制不仅仅是一种税收制度,也是一种财政制度,更被视为一种财政体制。财政体制是一个国家经济体制的基础,是经济利益转变为政治利益的"转换器",财政分配集中体现各种政治力量的利益、矛盾与冲突。在既定经济发展水平下,财政体制决定国家汲取能力的大小以及变化方向,从而决定国家实现自身意志与目标的能力①。由于我国分税制存在中央与地方事权划分与支出责任划分不成比例的问题,使得地方政府的自有财力减少,伴随经济高速增长而来的是地方政府不断增加的财政压力,而"营改增"政策的实施更是加剧了这种压力,在税源不足、转移支付不确定的情况下,一些地方政府将目光转向非税收入,由此导致我国的非税收入规模不断扩张。而非税收入的增长以及占比过高,不仅会严重影响财政收入质量,更不利于促进财政收入的持续稳定增长。非税收入作为政府财政收入的重要组成部分,对其收支行为规范化管理极为重要。宪法是影响财政收入决策方式和行为的根本制度,对于国家收入体系的发展,"宪法一方面是犹如脱缰野马的财政政策的最终羁束,另一方面也是作为轻率对抗财政政策以及非理性经济行为的最后堡垒"。非税收入作为财政收入的一部分,当然需要遵循宪法的羁束②。

## 二、财政民主理论

民主是现代社会发展的主题,虽然经各国实践的不断扩容,但其本意中无外乎涵摄人民和统治两大基本元素,由此可以断定民主本质上是人民的统治③。尽管学者对民主的内涵、外延争议颇多,但人民是权力来源的理念始终是民主概念的最核心的价值取向。民主政治的最终功能在于解决合法性问题。所谓合法性问题解决的是社会公众该不该遵从社会秩序以及社会成员为什么要服从社会秩序的统治。

"财政"一词译自英语中的 public finance,就字面意义而言有"公共财政"的意思,是指由代表社会的政府进行的收支活动,以公共权力进行的资源配置,公共性是财政的本质属性。财政体现了经济资源在国家和公民之间的分配格局,

---

① 欧树军:《"看得见的宪政":理解中国宪法的财政权力配置视角》,载《中外法学》2012年第5期。
② 李晓光、苗连营:《非税收入的宪法学研究》,载《中国宪法年刊》2014年第十卷。
③ (英)戴维·赫尔德,燕继荣等译:《民主的模式》,中央编译出版社2008年版,第1页。

影响着一国基本的政治决定和政策选择,因此财政与民主也有着天然的联系。如果我们以经济的视角来研究民主制,会发现因为民主本身即是为了约束政府行为尤其政府收支行为而发展起来的,所以民主制的核心和基础应该是财政民主①。

现代意义上的财政是公共性、民主型的财政。"财政民主是政府按照公民的意愿,通过民主程序,运用民主方式来理政府之财。"②从政治学意义上讲,市场经济的一个重要制度特征就是决策主体的多元化或分散决策,市场经济的分散决策就是民主决策。现代意义上的财政应是公共性、民主型的财政,财政民主也必然应是公共财政。公共财政作为财政范畴是发展到市场经济阶段的产物,可以说公共财政是与近现代的民主政治和市场经济相适应的财政制度。通过在财政领域实行民主,用民主的方式约束政府公权力,使政府财政权无法侵害公民财产权,两者可以达到相对平衡,保障人民对政府收支行为进行更好的监督和财政收支行为的科学性、合理性。财政民主是贯穿民主理念的公共财政,是通过民主程序、运用民主方式来依法管理公共之财,要求人民依法通过一定的程序和方式,行使对国家重大财政事项的决定权。财政民主的实现有赖于政府与公众之间的良性互动,是为了合理配置财政资源而开展的权力互动的过程。财政民主是政治民主和经济民主的复合体,没有财政的公开化,就无所谓政治的透明度③。这种财政与经济和政治关系的特殊性,就决定了财政民主既是经济民主的体现,亦是政治民主的体现。

在我国,财政民主就是人民代表机关对公共财政进行决定、管理、监督,是人民通过一定的方式对重大财政事项的决定权。财政民主的目的在于保证人民真正享有管理国家财政的权力,社会公众对财政资金运行问题有自由发表意见的权利。我国《宪法》第二条规定:"中华人民共和国的一切权力属于人民。人民行使国家权力的机关是全国人民代表大会和地方各级人民代表大会。人民依照法律规定,通过各种途径和形式,管理国家事务,管理经济和文化事业,管理社会事务。"因此,从法律渊源上看,财政民主在我国法律体系中是具有法律依据的,它

---

① 樊纲:《地方"乱收费"的治理与地方财政民主制》,载《财政研究》1999年第4期。
② 刘剑文:《财税法治的破局与立势——一种以关系平衡为核心的治国之路》,载《清华法学》2013年第5期。
③ 王威、马金华:《论历史视角下财政民主的理论逻辑》,载《中央财经大学学报》2013年第3期。

是宪法的人民主权理论在财政法领域的具体落实和体现。我国《立法法》第八条明确规定财政、税收的基本制度只能制定法律,从形式和程序上保证了财政的民主性。除了对财税方面的基本制度制定法律以外,人民代表大会的财政决定权也体现在预算审批上。这些规定都表明,财政民主的基本要求在我国法律中得到了确认。财政民主还要求赋予人民对财政事项的广泛监督权。这要求财政行为的决策程序、执行过程以及实施效果必须具备公开性、透明性等特点[①]。

同时,财政民主也是现代财政法关注的核心,是整个财政法的立法基础。政府非税收入作为国家财政收入的重要组成部分,只有在立项、征缴、使用和监督等各方面都能实行财政民主和财政法治,政府非税收入才能取得实质和形式上的合法性[②]。财政民主体现了非税收入行为的实质合法性。政府的非税收入行为要获得实质合法性,就必须符合财政法领域内最重要、最具有代表性的价值观念,而民主性便是财税法律价值的主要内涵。

### 三、财产所有权及收益权理论

所有者权利与所有者权益是密切相关的两个概念,前者强调的是作为所有者应有的权能,而后者强调的是所有者应得的经济利益。财产所有权是指财产所有者依法对自己的财产享有的占有、使用、收益和处分的权利。收益权是指获取基于所有者财产而产生的经济利益的可能性,是所有权在经济上的实现形式。所有权的存在以实现经济利益和价值增值为目的,这最终体现在收益权上。收益权作为实现所有物价值的基本手段,在市场经济高度发达的现代社会,已上升为所有权最核心的权能。

政府非税收入取得的一个重要依据就是所有权收益,表现为属于国家所有的财产以及各种资源所提供的收入。同私人财产权一样,国家也拥有大量国有资产,包括经营性国有资产、资源性国有资产和非经营性国有资产。国家以所有者身份对这几类国有资产进行管理,本着资源优化配置的原则,由有关部门或企业占有、经营和使用。国有资本产生的收益、国有资产和国有资源产生的收入理应由国家享有,完全符合市场经济法则和财产权利理论。如果不对国有资产和资源的使用确立收费和利润上缴制度,就会产生严重的负面效应。公共产权理

---

① 刘剑文:《宪政与中国财政民主》,载《税务研究》2008年第4期。
② 张怡:《财税法学》,法律出版社2019年版,第67页。

论认为,现代国家政府具有作为公共主体和经济主体的双主体性身份。运用公共权力体现的是其政府公共主体性身份,而将其拥有的资源、资产通过市场交易获得收入时体现的是其经济主体性身份。国有资源(资产)有偿使用收入、国有资本经营收益都是基于产权理论来设立的。

在我国,非税收入是作为财政收入的重要力量而存在,国家拥有大量的自有财产,并凭借其资产获取大量的收益。根据我国《宪法》第六条、第七条之规定,公有制是我国占主体地位的经济成分,国有经济"是国民经济中的主导力量",从而决定了国有资产的宪法地位以及国有资产收益在财政收入中的地位。国有资产收益的前提是财产的国家所有,国家所有即全民所有,由于实践中人民难以直接行使所有权,便由国家代表人民行使,于是衍生出一种重要的公法上的代理关系。国有资产的占有、使用、收益和处分权,已经超出了民法上物权的范畴,成为一种重要的宪法上的公权力[1]。在各种国有资产收益中,经营性国有资产收益是最为重要的收益形式,这是由我国的根本制度即社会主义制度所决定的。同时,根据《宪法》第九条、第十条之规定,除法律规定属于集体所有外,"矿藏、水流、森林、山岭、草原、荒地、滩涂等自然资源,都属于国家所有,即全民所有";"城市的土地属于国家所有"。随着市场经济的快速发展,不同要素必然在各类市场交换过程中索取维持自身发展所需的报酬,对于国有自然要素也一样。所以,针对开发以及使用国有资源在市场经济发展环境下必然不应当是无偿的,也就是说,在对国有资源进行市场开发和使用的过程中必然要以产生收益为目的,主要表现在自然能源以及土地使用权的出让等,并且产生的收益应当归还资源所有者,也就是归还国家,因此国家将收取部分收益此种方式体现为征收非税收入[2]。

## 第二节 政府非税收入存续的经济学解释

市场经济是形成公共财政的前提条件,市场失灵的范围便是公共财政发挥作用之地,从而形成"市场经济—公共财政"的分析框架。经济学强调市场在资源配置中起决定性作用,但同时又认为市场在配置资源过程存在着自发性、盲目

---

[1] 吴礼宁:《非税收入的宪法学分析》,载《河南社会科学》2010年第3期。
[2] 齐守印:《论我国财政收入权纵向配置格局的调整》,载《河北学刊》2004年第1期。

性和滞后性等自身无法克服的缺陷,从而导致公共产品供给不足、信息不对称、外部性等市场失效难题,由此为政府介入和干预资源配置创造了可能性。当然,政府并不是无界限全方位地介入市场,而是形成"看不见的手"和"看得见的手"有机统一、相互补充、相互协调、相互促进的格局,一方面要谋取政府与市场的优越性结合的正效应,另一方面要设法制约由政府与市场的缺陷性诱发的负效应,实现优越的组合与互补①。"公共财政是国家或政府为市场提供公共服务的分配活动或者经济活动,它是与市场经济相适应的一种财政类型或模式。"②"公共财政是政府与市场妥协的产物,因此对其研究既要兼顾政府的变动又要考虑市场的变幻。"③

## 一、准公共物品理论

在公共经济学理论中,社会物品可以分为公共物品和私人物品。保罗·A. 萨缪尔森在《公共支出的纯理论》(The Pure Theory of Public Expenditure)中将公共产品定义为:"纯粹的公共产品或劳务是这样的产品或劳务,即每个人消费这种产品或劳务不会导致别人对该种产品或劳务的减少。"④该定义强调消费上具有非排他性和非竞争性的产品为公共产品。

私人物品在消费上具有较强的排他性和竞争性,市场上销售的绝大多数物品均属于私人物品。私人物品有明确的产权,技术上也易于分割,可以促成有效的市场交易。因此,私人物品只能由市场通过等价交换的原则来提供,运用价值规律和价格机制能够产生最高的效率。

公共物品也称为公共产品,是指能为绝大多数人共同消费或享用的产品或服务。它能将效用扩展于他人的成本为零,并且是一种无法排除他人参与共享的商品,从当前社会具体的划分来看,公共产品的种类主要包括两大类,其中,拥有非竞争性以及非排他性的公共产品我们将其称为纯公共产品⑤。纯公共产品

---

① 张新宁:《有效市场和有为政府有机结合——破解"市场失灵"的中国方案》,载《上海经济研究》2021年第1期。
② 张馨著:《公共财政论纲》,经济科学出版社1999年版,第101—110页。
③ 贾康:《关于建立公共财政框架的探讨》,载《国家行政学院学报》2005年第3期。
④ (美)保罗·A. 萨缪尔森:《公共支出的纯理论》,载《经济学和统计学评论》(The Review of Economics and Statistics)1954年第11期。
⑤ 王志刚、龚六堂:《财政分权和地方政府非税收入:基于省级财政数据》,载《世界经济文汇》2009年第5期。

具体的种类并不是很多,如国防、外交以及政府行政、公安以及司法等,这代表纯公共产品消费的边际成本几乎为零[1]。公共物品在消费过程中同时具有效用的不可分割性、消费的非竞争性和受益的非排他性,一些人对这一产品的消费不会影响另一些人对它的消费。首先,由于公共产品的产生在于全社会提供,从而使其效用具有不可分割性,整个社会的成员共享其效用并且无法将其分割,也不能按照"谁付款、谁享用"的原则,由特定付款人分割享用。其次,公共物品具有非竞争性,这一特点是指在消费公共物品时,无法将也在同时消费的他人排除出去,每增加一个人不仅不会影响到其他人的效用,而且增加一个消费者其边际成本为零。再次,公共物品受益的非排他性是就消费主体方面而言的,即无法根据是否付费从技术手段上认定一个人消费公共物品的资格。任何公共物品所及范围的任何人都无须得到特定批准或许可而能够自由地使用它。结合边际成本定价原则,地方政府在向公共社会提供各类纯公共产品的过程中不应当向使用者收费。纯公共产品还有着明显的非排他性特点,因此很难采取非税收入方式对此公共产品进行筹资。针对纯公共产品而言,不仅没有必要也没有可能向其他使用者进行收费,因此只能采取强制征税的办法达到弥补成本的目的。

准公共产品则是介于公共产品和私人产品之间的混合物品,一方面具有消费的局部公共性或外部性,表明在一定范围内不能由市场提供,或由市场提供缺乏效率;另一方面又具有消费的局部可排他性和竞争性特征,说明消费的边际成本并不绝对为零,在一定情况向使用者收费或征收基金具有实际操作的可行性[2]。由于准公共产品具有公共产品和私人产品的双重性,其非排他性和非竞争性都比较弱,因此,满足这部分公共需要的资金不宜通过税收来筹集,而应由政府根据成本费用分摊机制,按照"谁受益、谁付费"的原则要求公共产品的使用者和受益者以非税收入的方式进行补偿和调节,这不仅可以提高公共产品的使用效率,而且可以避免"拥挤"和"搭便车"问题[3]。

如果准公共产品不能通过政府征税的方式来提供,那么可以通过政府收费的方式来供给准公共产品。通过准公共产品成本补偿模型可以解释上述观点,

---

[1] 欧阳婉娥:《完善政府非税收入管理的思考》,载《福建金融管理干部学院学报》2008年第4期。
[2] 苑广睿:《政府非税收入的理论分析与政策取向》,载《财政研究》2007年第4期。
[3] 暴金玲:《我国非税收入存在的合理性分析》,载《财会研究》2005年第5期。

如图 2-1 所示，$MR_1$ 为产品的直接消费者的边际收益曲线，$MR_2$ 为社会所有成员的边际收益曲线。该产品总边际收益为 $MR = MR_1 + MR_2$（曲线 $EBQ_2$）。假设该产品的边际成本曲线为 $MC$，则该产品在数量为 $Q^*$ 时 $MR = MC$ 达到帕累托最优。此时由直接消费者分摊的成本为 $OC$，由税收承担的成本为 $CD$。

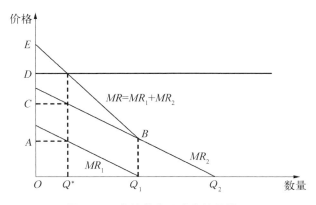

图 2-1　准公共产品成本补偿模型

如果该产品成本完全由税收补偿，则直接消费者的边际成本为零，此时该产品的需求数量为 $Q_2$，导致过度需求，造成资源浪费，效率低下。而非税收入基于"谁受益谁负担，多受益多负担"的原则收费，不仅能直观反映消费者偏好，而且满足了准公共产品成本补偿的要求，促进了准公共产品（服务）的有效供给和社会福利最大化。从这个模型的分析中可以得出几个一般原则：一是当边际收益的份额随直接使用者增加而增长时，付费使用的资金供应方式变得更有吸引力；二是付费使用的资金供应方式要求直接使用者能被容易地确认，并且如果费用未被支付，能容易地（在合理的成本上）排除其对该服务的消费，同时要求服务或产品的绝大部分收益归直接付费使用者；三是当需求越有价格弹性时，付费使用资金供应方式的效率就越高，在需求完全无弹性的特例中，则效率与价格无关；四是边际收益对使用者的决定相当重要[①]。

准公共产品具有一定的非竞争性和非排他性的属性，如果由市场提供则难免存在"搭便车"的行为，导致该产品无法由市场提供，这类准公共产品可以由政府通过征收非税收入的方式提供。具有非竞争性与非排他性的准公共产品如果

---

① 李友志：《政府非税收入管理》，人民出版社 2003 年版，第 107 页。

完全由市场提供,会有失公平与效率。如图 2-2 所示,对于具有非竞争性与非排他性的准公共产品,假设 $S_1$ 为完全由市场提供该产品的供给曲线,$D$ 为该产品的需求曲线,此时该产品的消费数量为 $Q_1$,价格为 $P_1$;假设 $S_2$ 为由政府提供该产品时的供给曲线,由于市场的逐利性 $S_2$ 曲线比 $S_1$ 更平缓,且一些情况下政府是不收费提供准公共产品的,所以 $S_2$ 曲线与横轴的交点数值不为零,此时该产品的消费数量为 $Q_2$,价格为 $P_2$。相比之下 $Q_2>Q_1$,$P_2<P_1$,即由政府采取收费的方式提供具有非竞争性与非排他性的准公共产品时,消费者可以用更低的价格享用更多的该产品,提高了社会福利;并且政府可以免费或低价为一些有需求但没有消费能力的人提供该产品,从而促进社会公平与和谐,提高社会效率。

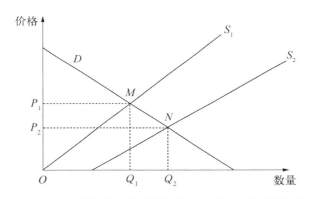

**图 2-2 具有非竞争性与非排他性的准公共产品需求供给模型**

依托准公共产品理论而产生的非税收入有政府性基金收入、行政事业性收费收入、国有资源(资产)有偿使用收入。因此,与非税收入一样,准公共物品种类不同,采用政府收费的方式和强度也应有所区别。对于排他性强而竞争性弱的准公共物品,主要是行政事业性收费,而属于自然垄断的准公共物品,应主要由使用费来提供;对于竞争性较强而排他性较弱的公共资源,存在排除成本的问题,一般可采用颁发许可证并收取使用费的方式。当然,还有学者对外部性物品的收费方式做了区分,外部性物品包括正外部性物品和负外部性物品,认为对正外部性物品可采用政府补贴的筹资方式,而对负外部性物品应征收惩罚性收费。此种分类只是初步和粗糙的,准公共物品提供方式的多样性同时也决定了其筹资的复杂性。

## 二、负外部性矫正理论

外部性是指生产或消费将无法补偿的成本强加给其他主体,或提供无须偿还的受益给其他主体。一般来说,对外部性的理解是某一经济主体对他人或者社会造成某种非市场化的影响。在市场经济条件下,如果一个经济实体包括生产者和消费者,其经济活动使得他人和社会得到益处或遭受损失,但该经济主体并没有因此得到相应的报酬或给予他人和社会相应的补偿,这种现象就称为外部效应。

外部效应一般又分为正外部效应和负外部效应。如果参与经济活动的个人、企业和组织给其以外的人带来收益而未获补偿,这种现象是正外部效应。如某项科技成果转化为实际的生产力,使得大多数社会群体都受益,这种经济主体所带来的效应就是一种正外部效应。反之,如果该主体的经济活动给其以外的人带来损失而未受惩罚,这种现象是负外部效应。如某个造纸厂为了自己的私利,隐瞒其未采取有效措施降低污染物排放的事实,从而污染水源造成了生态的不平衡,损害了其他人的利益,这个经济主体所带来的就是一种负外部效应。同时,由于效应的不确定性,其中在消费过程中受损失的一方很难向另一方索取赔偿,这样会在一定程度上促使负外部效应的实施者继续从事该项消费活动,不仅不利于市场的有序竞争,反而会因为市场的不公平打击受损消费者的积极性。

由于负外部效应的责任主体、受损方和具体损失程度都不易确定,会刺激产生负外部效应的主体不断进行此类活动,从而恶化负外部效应,导致市场失灵。从现实状况来看,任何微观主体发生的行为必然会对其他主体带来负外部效应,比如厂商开展的生产经营活动必然会对环境造成一定污染,同时也会对周边居民健康带来影响等。因为负外部效应带来的损害以及损害大小难以确定,对于受害者而言也很难进行索赔,最终的结果必然导致一系列的负外部效应持续扩大,将会给社会带来巨大的有害影响[①]。

矫正负外部效应的方式主要有征税和收费。在征税不可行或无法实施时,政府即可依据行政强制措施通过收费或罚没收入的形式,促使生产者减少负外部效应的产生。如对于严重的环境污染,各国大多向排污企业收取排污费或污

---

① 詹红梅:《非税收入管理中存在的问题及对策》,载《审计月刊》2009年第9期。

染防治基金,对某些违法违规行为可采取罚款、罚金等上缴罚没收入的手段,通过非税收入的征收来减少此类行为和现象的发生。从权利角度对非税收入进行考察,私人财产权是分析非税收入的逻辑起点,因为所有的非税收入或明或暗地表现为国家财政行为对私人财产的侵夺,遵照公法上的债权债务关系换取准公共物品或者是对负外部性行为进行惩戒[1]。

### 三、受益负担理论

政府在进行社会管理的过程中,行政主体应当就其特定事务实施过程中所发生的支出向受益的社会群体收取费用以弥补其成本。其主要有两种形式:一是行政主体在向特定相对人提供了某项私人产品性质很强的产品或服务时,根据受益原则和公平原则,向相对人收取一定的费用,如政府提供的自来水、天然气等;二是与行政主体的某类特定职能相联系的附带性收费,如常见的注册登记费、许可证费等均属于此类收费行为,此时行政主体履行的职能是行政许可和注册登记,收费是为了避免"免费相送"造成显失公平。

### 四、政府信誉理论

政府信誉是各级国家机关在经济社会管理和服务活动中能够履行契约而取得的信任,是社会组织、民众对政府行政行为所产生的信誉和形象的一种主观评价或价值判断[2]。某些非税收入如彩票公益金、以政府名义接受的捐赠等,即是凭借政府信誉获取的。这些资金对于扶贫帮困、支持国家基础教育、基础建设和公益事业等发挥了积极作用,也是国家对社会资源的一种再分配,是实现社会分配正义的重要途径。从本源上讲,政府信誉源于全体公民,其应用到对经济、社会公共事务的管理之中,都是为了维护公共秩序、增进公众利益、实现特定的经济社会目标。国家利用政府信誉筹集资金,支持经济社会公共事业发展的具体方式包括税收、发行国债、征收基金、发行彩票、接受捐赠等。由于完全依赖税收这种强制性手段难以解决专项事业发展的巨大资金缺口,而发行国债又将面临还本付息的较高成本,所以政府以国家信誉作为保障,通过设立发展建设专项基

---

[1] 夏正林:《论规范分析方法与法学研究方法》,载《法律方法与法律思维(第7辑)》,第200—206页。

[2] 王乔:《政府非税收入与经济增长关系研究》,科学出版社2012年版,第16页。

金、发行彩票、接受捐赠等方式取得的非税收入，既可以有效解决经济社会和公益事业发展的资金缺口，也可以调节社会分配促进公平正义。

### 五、国有资源（资产）有偿使用理论

国有资产根据其所有权或使用权的不同，可以分为三大类，即行政事业性国有资产、经营性国有资产和资源性国有资产。行政事业性国有资产是由行政事业单位占有、使用的，在法律上确认为国家所有、能以货币计量的各种经济资源的总和。行政事业单位在使用这些国有资产为社会提供公共服务时，对于准公共产品的提供会耗费一定的资源，这些资源的部分使用成本理应由享受到准公共产品益处的社会成员来负担，这些费用也是地方政府非税收入的重要一环。经营性国有资产是所有权归属于国家但经营权属于收益单位的，如能源、通信、石油等领域。作为国有企业的重要投资者之一，国家以投资者资格获得这部分国有资产的投资收益，非税收入的构成部分之一来源于国有资产的投资收益。资源性国有资产是指国家的自然资源资产，如土地、矿产、海域等，这些国有资源使用权属于国家，但可以由企业进行开发利用。这是国家为了提高资源的利用效率而有偿提供的，政府因此取得矿产开发使用费、土地承包费、土地出让金等收益。国家所有的资源与资产作为经济社会发展的物质基础，对其实行合理的有偿使用产生的收入可作为政府财政收入的重要补充，各个国家普遍遵循"谁使用、谁付费"制度。国有资源（资产）不可能无偿地交给个人或者企业去使用，也不可能以所有者的身份经营或管理如此多的国有资产，以收费、投资收益和开发使用费等形式获取国有资源（资产）最有效开发和利用是最佳选择，这也是政府非税收入存在的重要原因之一。

以此理论为依据，不难发现各国都存在不同形式的非税收入，同时也反映出非税收入具有不稳定、弹性较大的特征。因此，成熟的市场经济国家非税收入在整个政府收入中占比较低，并且采取严格的制度规范非税收入的管理。之所以提出用"非税收入"来逐步取代"预算外收入"，其根本原因是为了实现"综合预算管理"的目标，减少预算软约束，规范政府收入体系，它是我国财政改革中提出的新理念[①]。

---

① 高伟华：《我国政府非税收入研究：理论与实证》，载《山西财政税务专科学校学报》2010年第3期。

综上分析，政府非税收入取得的理论依据及其所对应的主要形式如表2-1所示。

表2-1 政府非税收入取得的理论依据及其对应的主要形式

| | 非税收入的理论依据 | 非税收入的主要形式 | 权力依据 |
|---|---|---|---|
| 政府非税收入 | 准公共产品理论 | 行政事业性收费<br>政府性基金 | 国家权力 |
| | 负外部性矫正理论 | 罚没收入 | |
| | 受益负担理论 | 使用费和某些规费<br>证件性收费 | |
| | 国有资源（资产）有偿使用理论 | 国有资产有偿使用收入<br>国有资源有偿使用收入<br>国有资本经营收入 | 国家产权 |
| | 政府信誉理论 | 彩票公益金<br>以政府名义接受的捐赠收入 | 政府信誉 |

## 第三节　政府非税收入存续的合法性分析

如前所述，非税收入是除税收收入、社会保险基金收入、债务收入以外的财政收入的集合体，每一类具体的非税收入都是这个集合体的一部分。法治社会中的任何公权力的行使都必须事先获得合法性，否则无法获得社会公众的认可。税收和非税收入权力作为国家财政权的核心内容，其合法性不但直接影响着国家政治权力和政治制度的合法性，而且也直接影响着国家财政制度的合法性和财政职能的实现[①]。非税收入取得除了要具有理论上的正当性之外，还要在其实际运行中具有合法性，即在非税收入立项、征缴、使用和监督等方面符合法治精神和法律规范，才能取得实质上和形式上的合法性。

---

① 许多奇：《非税收入的合法性探讨》，载《法学》2013年第4期。

## 一、非税收入存续的实质合法性

政府非税收入行为要获取实质合法性,就必须符合财政法领域内最重要、最具代表性的价值观念,毫无疑问,民主性是财税法律中最值得维护和弘扬的信念和价值①。在公共财政领域,以宪法学的视角观之,公共财政在本性上就是一种民主财政②。非税收入作为政府财政收入的重要组成部分,是政府参与国民收入分配和再分配的一种形式。非税收入的民主性应该体现在决策与执行两个方面。

1. 非税收入立项的民主参与

非税收入同税收收入一样,是公民的金钱给付义务,而政治权力主体与社会公众之间达成的价值认同才是当代政治合法性的实质基础。公众参与非税收入最核心的决策过程,是一个国家民主性的表现方式,也是非税收入行为合法性的核心。我国《宪法》第二条规定:"中华人民共和国的一切权力属于人民",这是财政民主最直接的法律依据,也是宪法人民主权理论在财政法制领域的具体体现。民主最本质的内涵在于人民对于公共事务拥有话语权和决定权,以此判断可以确定我国在基本制度上属于民主制度,但在具体民主的行使方式和落实方面,与民主制度的要求仍存在较大差距。由于非税收入种类繁多、形式多样,目前我国法律尚未明确规定公众参与非税收入立项决策的具体程序。而且实践中非税收入立项决策部门繁杂且管理分散,在制定程序中难以充分听取民意。就地方非税收入来说,现行地方收费主体主要有地方财政部门、交通部门、国土管理部门、工商部门、卫生监督部门以及公安、司法、检查、城建、环保及教育等管理部门,每个部门都有收费名目,每个收费名目的制定均缺乏公众的参与。因此,非税收入法律法规及相关政策的制定过程中的民主性还需要进一步加强。

2. 非税收入管理的民主监督

作为公共财政的非税收入来源于社会公众,对其支配和使用的权力又在政府,国家与社会的分离使得政府与公众的关系既对立又统一。两者相互独立不可避免地造成了一种财政风险,那就是公共权力被滥用、非税收入被违法征收与不当使用的风险。解决这一矛盾的可行之道在于建立一种对非税收入的征收、

---

① 张怡:《财税法学》,法律出版社 2019 年版,第 67 页。
② 周刚志:《论公共财政与宪政国家》,北京大学出版社 2005 年版,第 134 页。

管理、使用进行民主监督的机制①。尽管我国宪法规定国家的一切权力属于人民,但是由于实践中人民难以直接行使某项具体权力,于是便由国家代表人民行使,因此从某种程度上说宪法即社会契约的一种具体形式,也就衍生出的公法上代理关系②,这种代理关系就决定了国家的代理权应受人民的监督并向人民负责。现代社会,国家的管理权一般由政府代为行使,政府为了保障国家的正常运转就必须享有行政权,非税收入的征收就需要依赖行政权来实现。而在所有国家权力中,行政权力是最桀骜不驯的,因为它是唯一不需要借助程序就能行使的权力,所以它有极大的随意性和广阔的空间③。从法治发展的历史经验来看,权力越是高度集中,对其控制就越是困难,因此对行政权的监督是民主监督的核心内容。

除了对财税方面的基本制度制定法律以外,预算制度也是财政制度的重要组成部分,目的在于对政府财政行为进行规范化管理和民主化监督。我国宪法关于人民代表大会的财政决定权也体现在预算审批上,如《宪法》第六十二条规定了全国人民代表大会"审查和批准国家的预算和预算执行情况的报告",第六十七条进一步规定全国人民代表大会常务委员会"在全国人民代表大会闭会期间,审查和批准国民经济和社会发展计划、国家预算在执行过程中所必须作的部分调整方案"。宪法关于财政民主的这些原则性规定,在《预算法》中作出了具体性细化规定,如《预算法》第四条第二款规定:"政府的全部收入和支出都应当纳入预算。"目前,我国预算体系由一般公共预算、政府性基金预算、国有资本经营预算和社会保险基金预算组成,其中纳入政府性基金预算和国有资本经营预算管理的属于政府非税收入,一般公共预算有一部分来自政府非税收入中的行政事业收费和国有资源(资产)有偿使用收入,可见非税收入的相关预算在整个预算体系中占据了非常重要的地位。

## 二、非税收入存续的形式合法性

财政法定既是财政法的基本原则,也是财政法的核心理念,它要求财政基本事项由法律加以规定,实质上是作为现代法治主义在财政领域的具体表现,深深

---

① 许多奇:《非税收入的合法性探讨》,载《法学》2013年第4期。
② 何宇霏、华国庆:《非税收入合法性浅析》,载《长春理工大学学报(社会科学版)》2015年第8期。
③ 徐显明:《论"法治"构成要件——兼及法治的某些原则及观念》,载《法学研究》1996年第3期。

植根于近现代国家发展的历史进程之中。财政权法治化兴起于封建国家到民主国家的变迁过程中,最初表现为税收法定,进而扩展到预算法定,最终发展为财政法定①。合法性的核心问题是公众对政府的一种心理上的认同和自愿服从。

长期以来,我国一直使用预算外资金的概念,非税收入游离于预算之外,以预算外资金的形式存在于政府收入的序列中②。非税收入的取得从行为性质上看是一种行政行为或者准行政行为,对其权力的基本约束依然属于行政法的行政控权范畴。因此,对于非税收入合法性而言,法律制度建设显得至关重要。由于非税收入来源的复杂性,使得非税收入的法定性相较于税收法定性而言,同样也呈现出复杂性的特征,不能简单地套用税收法定原则来规划政府非税收入法治化的进程。

如前所述,政府非税收入涉及12项内容,其中最主要涉及行政事业性收费、政府性基金和国有资产(资源)有偿使用。我国自2004年财政部下达《关于加强政府非税收入管理的通知》(财综〔2004〕53号)之后,将非税收入逐步纳入规范化管理的轨道。2016年财政部发布《政府非税收入管理办法》(财税〔2016〕33号),对非税收入的基本内涵、设立权限、征收程序等作出了明确的规定,成为非税收入管理的基本规范。这种规范在不同的收入项目中进一步细化,如2010年财政部《关于按预算外资金管理的收入纳入预算管理的通知》(财预〔2010〕88号)的出台,预算外收入逐步被纳入统一预算管理体系中,并在《预算法》中得以确认。同年财政部还发布了《政府性基金暂行办法》(财综〔2010〕80号)和《全国政府性基金目录清单》,对政府性基金设立、开征、管理程序作出了基本规定。此后,我国逐步建立并完善了非税收入的目录清单制度,行政事业性收费和政府性基金只能来源于目录清单之内,有效地遏制了各地自建"小金库"的空间。如2014年10月财政部公布的《全国性及中央部门和单位行政事业性收费目录清单》《全国性及中央部门和单位涉企行政事业性收费目录清单》;2016年财政部发布的《中央企业国有资本收益收取管理办法》(财资〔2016〕32号),对中央企业国有资本收益收取的规范管理作出系统规定;2018年国家发改委和财政部联合发布的《行政事业性收费标准管理办法》(发改价格规〔2018〕988号),对行政事业性收费的收费标准、确立原则、程序和权限作出了明确规定,等等。

---

① 刘剑文:《论财政法定原则——一种权力法治化的现代探索》,载《法学家》2014年第4期。
② 贾康、刘军民:《非税收入规范化管理研究》,载《税务研究》2005年第4期。

同时，各地也陆续出台了一些微观层面的非税收入管理办法与政策，如湖南、广西、甘肃、内蒙古、云南、浙江、青海、新疆、江苏等省和自治区，通过地方立法机关制定了相关的地方法规，而海南、湖北、辽宁、安徽、河南、山东等省则通过地方政府制定了有关地方规章。

　　随着《预算法》及一系列法规、部门规章的颁布，我国非税收入规范化管理已取得显著进步。然而，从《立法法》和法治原则的视角检讨非税收入管理的现实，我国非税收入法治化仍存在诸多亟须完善之处。

# 第三章
# 地方政府非税收入的实证分析

随着我国政府职能的不断调整和财政体制改革的不断深化,政府非税收入从规模到结构甚至性质都发生了重大变化。就其规模而言,总体上出现了快速增长的趋势;就其结构而言,项目数量由少变多,各个项目在非税收入中的构成比例也不断发生变化;就其性质而言,历经了预算内收入和预算外收入性质并存、完全属于预算内收入性质的发展过程。目前,政府非税收入纳入一般公共预算、政府性基金预算和国有资本经营预算三本预算中进行管理,是各级政府财政的重要资金来源。其中,一般公共预算主要包括专项收入、行政事业性收费收入、罚没收入、国有资本经营收入、国有资源(资本)有偿使用收入等;政府性基金预算和国有资本经营预算中除转移性收入外均为政府非税收入。

## 第一节 地方政府非税收入的规模分析

20世纪70年代末我国实施改革开放以来,随着经济社会的快速发展,政府非税收入快速增长,成为各级政府财力的重要来源。非税收入规模是一定时期内非税收入的总量,适当的非税收入规模对一个国家或地区社会事业的发展和政府职能的履行有着重要作用。

### 一、非税收入规模的总体情况

长期以来,我国的非税收入是作为预算外资金进行管理的,因而非税收入管理应追溯到预算外资金。1999年,财政部等五部门联合下发通知,政府开始重视非税收入的管理,将其规范管理的同时逐步纳入预算管理,直至2011年全面取消预算外资金,至此非税收入全部纳入全口径预算。即 2011 年起,我国政府财政收入全部纳入预算内进行管理,在国家统计局《中国统计年鉴》的数据库中以税收收入和非税收入科目统计。但在此之前部分收入是按照预算外资金进行管理的,尚未完全转换成非税收入这一科目进行统计。

为了与国家对非税收入管理口径相统一,本书在分析非税收入发展趋势时,将我国非税收入的发展分成两大阶段,即以 2011 年为分界点,2011 年以前还是使用预算外资金和转换后的非税收入两个概念,2011 年以后包括 2011 年使用非税收入这一概念,为能够更清晰呈现除税收之外的收入对政府财力的影响,表 3-1 中 2011 年前的非税收入的数据,是通过对预算内财政收入、税收收入和预算外资金数据的转化而形成的。

**表 3-1 1950—2021 年全国一般公共预算收入汇总**

(单位:亿元)

| 年份 | 财政收入 | 税收收入 | 预算内非税收入 | 预算外非税收入 | 非税收入 | 预算内非税收入占比(%) | 预算外非税收入占比(%) | 非税收入占比(%) |
|---|---|---|---|---|---|---|---|---|
| 1950 | 62.17 | 48.98 | — | — | — | — | — | — |
| 1951 | 124.96 | 81.13 | — | — | — | — | — | — |
| 1952 | 173.94 | 97.69 | 76.25 | 13.62 | 89.88 | 43.83 | 7.83 | 51.67 |
| 1953 | 213.24 | 119.69 | 93.55 | 8.91 | 102.46 | 43.87 | 4.18 | 48.05 |
| 1954 | 245.17 | 132.18 | 112.99 | 14.23 | 127.22 | 46.09 | 5.80 | 51.89 |
| 1955 | 249.27 | 127.45 | 121.82 | 17.02 | 138.84 | 48.87 | 6.83 | 55.70 |
| 1956 | 280.19 | 140.88 | 139.31 | 21.42 | 160.73 | 49.72 | 7.64 | 57.36 |
| 1957 | 303.20 | 154.89 | 148.31 | 26.33 | 174.64 | 48.91 | 8.68 | 57.60 |
| 1958 | 379.62 | 187.36 | 192.26 | 55.99 | 248.25 | 50.65 | 14.75 | 65.39 |
| 1959 | 487.12 | 204.71 | 282.41 | 96.55 | 378.96 | 57.98 | 19.82 | 77.80 |
| 1960 | 572.29 | 203.65 | 368.64 | 117.78 | 486.42 | 64.41 | 20.58 | 85.00 |
| 1961 | 356.06 | 158.76 | 197.30 | 57.40 | 254.70 | 55.41 | 16.12 | 71.53 |

续 表

| 年份 | 财政收入 | 税收收入 | 预算内非税收入 | 预算外非税收入 | 非税收入 | 预算内非税收入占比(%) | 预算外非税收入占比(%) | 非税收入占比(%) |
|---|---|---|---|---|---|---|---|---|
| 1962 | 313.55 | 162.07 | 151.48 | 63.63 | 215.11 | 48.31 | 20.29 | 68.60 |
| 1963 | 342.25 | 164.31 | 177.94 | 51.85 | 229.79 | 51.99 | 15.15 | 67.14 |
| 1964 | 399.54 | 182.00 | 217.54 | 65.86 | 283.40 | 54.45 | 16.48 | 70.93 |
| 1965 | 473.32 | 204.30 | 269.02 | 75.56 | 344.58 | 56.84 | 15.96 | 72.80 |
| 1966 | 558.71 | 221.96 | 336.75 | 81.13 | 417.88 | 60.27 | 14.52 | 74.79 |
| 1967 | 419.36 | 196.63 | 222.73 | 83.61 | 306.34 | 53.11 | 19.94 | 73.05 |
| 1968 | 361.25 | 191.56 | 169.69 | 77.44 | 247.13 | 46.97 | 21.44 | 68.41 |
| 1969 | 526.76 | 235.44 | 291.32 | 87.42 | 378.74 | 55.30 | 16.60 | 71.90 |
| 1970 | 662.90 | 281.20 | 381.70 | 100.94 | 482.64 | 57.58 | 15.23 | 72.81 |
| 1971 | 744.73 | 312.56 | 432.17 | 118.56 | 550.73 | 58.03 | 15.92 | 73.95 |
| 1972 | 766.56 | 317.02 | 449.54 | 134.24 | 583.78 | 58.64 | 17.51 | 76.16 |
| 1973 | 809.67 | 348.95 | 460.72 | 191.29 | 652.01 | 56.90 | 23.63 | 80.53 |
| 1974 | 783.14 | 360.40 | 422.74 | 219.72 | 642.46 | 53.98 | 28.06 | 82.04 |
| 1975 | 815.61 | 402.77 | 412.84 | 251.48 | 664.32 | 50.62 | 30.83 | 81.45 |
| 1976 | 776.58 | 407.96 | 368.62 | 275.32 | 643.94 | 47.47 | 35.45 | 82.92 |
| 1977 | 874.46 | 468.27 | 406.19 | 311.31 | 717.50 | 46.45 | 35.60 | 82.05 |
| 1978 | 1 132.26 | 519.28 | 612.98 | 347.11 | 960.09 | 54.14 | 30.66 | 84.79 |
| 1979 | 1 146.38 | 537.82 | 608.56 | 452.85 | 1 061.41 | 53.09 | 39.50 | 92.59 |
| 1980 | 1 159.93 | 571.70 | 588.23 | 557.40 | 1 145.63 | 50.71 | 48.05 | 98.77 |
| 1981 | 1 175.79 | 629.89 | 545.90 | 601.07 | 1 146.97 | 46.43 | 51.12 | 97.55 |
| 1982 | 1 212.33 | 700.02 | 512.31 | 802.74 | 1 315.05 | 42.26 | 66.21 | 108.47 |
| 1983 | 1 366.95 | 775.59 | 611.36 | 967.68 | 1 579.04 | 44.72 | 70.79 | 115.52 |

续　表

| 年份 | 财政收入 | 税收收入 | 预算内非税收入 | 预算外非税收入 | 非税收入 | 预算内非税收入占比(%) | 预算外非税收入占比(%) | 非税收入占比(%) |
|---|---|---|---|---|---|---|---|---|
| 1984 | 1 642.86 | 947.35 | 695.51 | 1 188.48 | 1 883.99 | 42.34 | 72.34 | 114.68 |
| 1985 | 2 004.82 | 2 040.79 | −35.97 | 1 530.03 | 1 494.06 | −1.8 | 76.32 | 74.52 |
| 1986 | 2 122.01 | 2 090.73 | 31.28 | 1 737.31 | 1 768.59 | 1.47 | 81.87 | 83.35 |
| 1987 | 2 199.35 | 2 140.36 | 58.99 | 2 028.80 | 2 087.79 | 2.68 | 92.25 | 94.93 |
| 1988 | 2 357.24 | 2 390.47 | −33.23 | 2 360.77 | 2 327.54 | −1.41 | 100.15 | 98.74 |
| 1989 | 2 664.90 | 2 727.40 | −62.50 | 2 658.83 | 2 596.33 | −2.34 | 99.77 | 97.43 |
| 1990 | 2 937.10 | 2 821.86 | 115.24 | 2 708.64 | 2 823.88 | 3.88 | 92.22 | 96.15 |
| 1991 | 3 149.48 | 2 990.17 | 159.31 | 3 243.30 | 3 402.61 | 5.06 | 102.98 | 108.04 |
| 1992 | 3 483.37 | 3 296.91 | 186.46 | 3 854.92 | 4 041.38 | 5.35 | 110.67 | 116.02 |
| 1993 | 4 348.95 | 4 255.30 | 93.65 | 1 432.54 | 1 526.19 | 2.15 | 32.94 | 35.09 |
| 1994 | 5 218.10 | 5 126.88 | 91.22 | 1 862.53 | 1 953.75 | 1.75 | 35.69 | 37.44 |
| 1995 | 6 242.20 | 6 038.04 | 204.16 | 2 406.50 | 2 610.66 | 3.27 | 38.55 | 41.82 |
| 1996 | 7 407.99 | 6 909.82 | 498.17 | 3 893.34 | 4 391.51 | 6.72 | 52.56 | 59.28 |
| 1997 | 8 651.14 | 8 234.04 | 417.10 | 2 826.00 | 3 243.10 | 4.82 | 32.67 | 37.49 |
| 1998 | 9 875.95 | 9 262.80 | 613.15 | 3 082.29 | 3 695.44 | 6.21 | 31.21 | 37.42 |
| 1999 | 11 444.08 | 10 682.58 | 761.50 | 3 385.17 | 4 146.67 | 6.65 | 29.58 | 36.23 |
| 2000 | 13 395.23 | 12 581.51 | 813.72 | 3 826.43 | 4 640.15 | 6.07 | 28.57 | 34.64 |
| 2001 | 16 386.04 | 15 301.38 | 1 084.66 | 4 300.00 | 5 384.66 | 6.62 | 26.24 | 32.86 |
| 2002 | 18 903.64 | 17 636.45 | 1 267.19 | 4 479.00 | 5 746.19 | 6.70 | 23.69 | 30.40 |
| 2003 | 21 715.25 | 20 017.31 | 1 697.94 | 4 566.80 | 6 264.74 | 7.82 | 21.03 | 28.85 |
| 2004 | 26 396.47 | 24 165.68 | 2 230.79 | 4 699.18 | 6 929.97 | 8.45 | 17.80 | 26.25 |
| 2005 | 31 649.29 | 28 778.54 | 2 870.75 | 5 544.16 | 8 414.91 | 9.07 | 17.52 | 26.59 |

续 表

| 年份 | 财政收入 | 税收收入 | 预算内非税收入 | 预算外非税收入 | 非税收入 | 预算内非税收入占比(%) | 预算外非税收入占比(%) | 非税收入占比(%) |
|---|---|---|---|---|---|---|---|---|
| 2006 | 38 760.20 | 34 804.35 | 3 955.85 | 6 407.88 | 10 363.73 | 10.21 | 16.53 | 26.74 |
| 2007 | 51 321.78 | 45 621.97 | 5 699.81 | 6 820.32 | 12 520.13 | 11.11 | 13.29 | 24.40 |
| 2008 | 61 330.35 | 54 223.79 | 7 106.56 | 6 617.25 | 13 723.81 | 11.59 | 10.79 | 22.38 |
| 2009 | 68 518.30 | 59 521.59 | 8 996.71 | 6 414.65 | 15 411.36 | 13.13 | 9.36 | 22.49 |
| 2010 | 83 101.51 | 73 210.79 | 9 890.72 | 5 794.42 | 15 685.14 | 11.90 | 6.97 | 18.87 |
| 2011 | 103 874.43 | 89 738.39 | 14 136.04 | — | 14 136.04 | — | — | 13.61 |
| 2012 | 117 253.52 | 100 614.28 | 16 639.24 | — | 16 639.24 | — | — | 14.19 |
| 2013 | 129 209.64 | 110 530.70 | 18 678.94 | — | 18 678.94 | — | — | 14.46 |
| 2014 | 140 370.03 | 119 175.31 | 21 194.72 | — | 21 194.72 | — | — | 15.10 |
| 2015 | 152 269.23 | 124 922.20 | 27 347.03 | — | 27 347.03 | — | — | 17.96 |
| 2016 | 159 604.97 | 130 360.73 | 29 244.24 | — | 29 244.24 | — | — | 18.32 |
| 2017 | 172 592.77 | 144 369.87 | 28 222.90 | — | 28 222.90 | — | — | 16.35 |
| 2018 | 183 359.84 | 156 402.86 | 26 956.98 | — | 26 956.98 | — | — | 14.70 |
| 2019 | 190 390.08 | 158 000.46 | 32 389.62 | — | 32 389.62 | — | — | 17.01 |
| 2020 | 182 913.88 | 154 312.29 | 28 601.59 | — | 28 601.59 | — | — | 15.64 |
| 2021 | 202 554.64 | 172 735.67 | 29 818.97 | — | 29 818.97 | — | — | 14.72 |

数据来源：1950—2022年《中国统计年鉴》①。

新中国成立初期，我国实行"统收统支"的财政制度，非税收入规模小、数量少，由财政部门统一管理，只有少量税收附加以及专项事业收入在预算外核算。

---

① （1）2011年起非税收入全部纳入预算内进行管理。2011年前，非税收入＝财政收入＋预算外资金－税收收入；预算内非税收入＝财政收入－税收收入；预算外非税收入＝预算外资金。2011年以后非税收入由《中国统计年鉴》直接统计。（2）因统计口径原因，本表格较后期财政收入采用全国一般公共预算的数据。

一些有收入的事业单位,将收入全部上缴财政,支出由预算统筹安排。对于零星收入则通常按"冲抵支出"处理。随后实行"统一领导、分级管理"的财政管理体制,适当扩大地方财力,企业管理有了专项基金。分析表 3-1 可以看出我国政府非税收入的发展趋势。新中国成立初期,我国经济发展缓慢且计划性强,政府预算外资金项目很少,资金规模也不大。但在历经下放财权的几次调整后,预算外资金规模逐渐缓慢增加。1978 年改革开放以来,在放权让利思想的指导下,中央政府进一步扩大了地方政府和企业的自主权,逐步调整了中央与地方、国家与企业之间的关系,我国经济实现了飞速发展,市场开始在经济中发挥重要的作用。

就绝对规模而言,改革开放以来,我国政府非税收入呈明显攀升态势。从表 3-1 中的统计数据可以看出,预算外非税收入从 1978 年的 347.11 亿元一路增长到 2010 年的 5 794.42 亿元,增长了 16.69 倍。再看转换后的非税收入,从 1978 年的 960.09 亿元增长到 2010 年的 15 685.14 亿元,增长了 16.34 倍。可以说,这一时期预算外非税收入急剧扩张。预算外非税收入的项目和规模不断扩大,1992 年的预算外非税收入甚至超过国家财政收入,全国财政收入 3 483.37 亿元,预算外非税收入为 3 854.92 亿元,这一年的税收收入为 3 296.91 亿元,转换后的非税收入为 4 041.38 亿元,非税收入是税收收入的 1.23 倍。

2011 年以前,我国非税收入实行预算内和预算外的"双轨制"管理模式。从非税收入占财政收入比重的总趋势看,呈先上升后稳定的趋势。非税收入相当于财政收入的比重,从 1952 年的 51.67% 一路上升到 1992 年的 116.02%,1992 年之后非税收入增速呈波动下降趋势。其中,1980 年前预算内非税收入总量大于预算外非税收入,1980 年至 2006 年预算外非税收入总量明显大于预算内非税收入。1992 年之后,非税收入增速呈波动下降趋势,特别是随着非税收入管理的日趋规范,政府非税收入增速波动进一步趋缓。2011 年以后,预算外资金全部纳入预算内体制进行管理,我国非税收入进入新的阶段。这一阶段非税收入平稳增长,但在国家"营改增"和减税降费政策全面实施的背景下,非税收入呈现波动上扬的态势。

## 二、非税收入规模变化的分析

1. 非税收入整体快速增长

随着经济体制改革的不断深化,预算外非税收入有了很大增长。但是由于管理制度不健全,在资金的管理和使用方面出现了违规乱收费、化预算内收入为预算外收入、乱上计划外项目等问题。从表3-1可以看到,预算外非税收入在1982年、1986年、1989年、1992年多次波动,上涨速度很快,分别为802.74亿元、1 737.31亿元、2 658.83亿元、3 854.92亿元,相当于同年财政收入的66.21%、81.87%、99.77%和110.67%。如果转化为非税收入,分别相当于同年财政收入的108.47%、83.35%、97.43%和116.02%。

为加强对预算外资金的管理,1986年国务院颁布的《关于加强预算外资金管理的通知》(国发〔1986〕44号)中明确提出"对于事业、行政单位管理的预算外资金,原则上采取由财政部门专户储存、计划管理、财政审批、银行监督的方式"。同时,于1987年、1990年、1993年和1996年多次发文,要求针对乱收费、乱罚款、各种摊派及预算外资金问题进行清理整顿。特别是1996年国务院发布的《关于加强预算外资金管理的决定》(国发〔1996〕39号),重新界定预算外资金为财政性资金的性质,将其所有权、使用权重新收回政府。同时,要求预算外资金统一纳入财政专户,不进入国家金库,由财政部门监督管理。但是这一时期,财政部门无法完全控制预算外资金的分配使用,基本是全额返还给单位。该阶段内政府开始重视对政府性基金的规范管理,1996年财政部根据国务院《关于加强预算外资金管理的决定》,将金额较大的车辆购置附加费、三峡工程建设基金、铁路建设基金等13项政府性基金(收费),以政府性基金预算的形式纳入政府预算管理。自此,预算外非税收入增速有所减缓,但仍在高位上运行,2007年预算外非税收入高达6 820.32亿元。

2. 地方非税收入逐年增长

地方政府非税收入同样呈逐年增长的发展趋势。由表3-2中30年的数据分析可知,一方面,从1991年到2010年地方政府预算外非税收入和非税收入与地方财政收入增长成正比,财政收入从1991年的2 211.23亿元增长到2010年的40 613.04亿元,预算外非税收入从1991年的1 862.20亿元增长到2010年的5 395.11亿元,非税收入从1991年的1 863.81亿元增加到2010年的13 306.66亿元,预算外非税收入增长了2.90倍,非税收入增长了7.14倍。1991年的预算外非税收入相当于财政收入的84.22%,非税收入相当于财政收入的84.29%。由此可见,非税收入的增长势头十分迅猛,扮演着与税收齐肩的主体性财政收入角色,远远不止其该有的"拾遗补漏以弥补税收"的功能。而且由于非税收入在使用支出上绝大部分都是专款专用,可用的财力增长空间十分有限,加上部分非税收入项目不具有可持续性,属于一次性收入,会对地方财政收入的稳定性产生影响,进而可能会影响到每年的财政预算规划。

另一方面,预算外非税收入和非税收入比重呈现先递减后上扬的态势。1992年与财政收入相比,占比达到历史最高,预算外非税收入相当于财政收入的85.76%,非税收入相当于财政收入的88.18%,一直到2004年非税收入都相当于财政收入的五成以上。随后非税收入占财政收入的比重逐年下降,到2011年只占到地方财政收入的21.77%。从规模上看,1992年地方政府预算外非税收入为2 147.19亿元,非税收入为2 207.79亿元,其中纳入公共财政预算管理收入的非税收入为60.60亿元,占非税收入总量的2.74%,预算外资金占非税收入总量的97.26%。但到2010年预算外非税收入占非税收入总量40.54%,而纳入预算管理的非税收入已到达59.46%,我国的非税收入管理进入规范化管理阶段。

2011年后,我国将所有非税收入均纳入预算管理范围,旨在通过预算管理实现非税收入的合理增长。但非税收入扩张的势头并未遏制,只是上涨速度有所减缓,占财政收入的比重相对减少,2013年降到财政收入的21.91%。但是随着"营改增"政策的实施,地方财政固定税收减少,非税收入又有所反弹,2020年占比达到25.44%。

表3-2 1991—2021年地方一般公共预算收入与预算外资金及占比

(单位:亿元)

| 年份 | 财政收入 | 税收收入 | 预算内非税收入 | 预算外非税收入 | 非税收入 | 预算外非税收入占比(%) | 非税收入占比(%) |
|---|---|---|---|---|---|---|---|
| 1991 | 2 211.23 | 2 209.62 | 1.61 | 1 862.20 | 1 863.81 | 84.22 | 84.29 |
| 1992 | 2 503.86 | 2 443.26 | 60.6 | 2 147.19 | 2 207.79 | 85.76 | 88.18 |
| 1993 | 3 391.44 | 3 371.31 | 20.13 | 1 186.64 | 1 206.77 | 34.99 | 35.58 |
| 1994 | 2 311.60 | 2 294.91 | 16.69 | 1 579.21 | 1 595.90 | 68.32 | 69.04 |
| 1995 | 2 985.58 | 2 832.77 | 152.81 | 2 088.93 | 2 241.74 | 69.97 | 75.09 |
| 1996 | 3 746.92 | 3 448.99 | 297.93 | 2 945.68 | 3 243.61 | 78.62 | 86.57 |

续 表

| 年份 | 财政收入 | 税收收入 | 预算内非税收入 | 预算外非税收入 | 非税收入 | 预算外非税收入占比（%） | 非税收入占比（%） |
|---|---|---|---|---|---|---|---|
| 1997 | 4 424.22 | 4 002.04 | 422.18 | 2 680.92 | 3 103.10 | 60.6 | 70.14 |
| 1998 | 4 983.95 | 4 438.45 | 545.5 | 2 918.14 | 3 463.64 | 58.55 | 69.50 |
| 1999 | 5 594.87 | 4 934.93 | 659.94 | 3 154.72 | 3 814.66 | 56.39 | 68.18 |
| 2000 | 6 406.06 | 5 688.86 | 717.2 | 3 578.79 | 4 295.99 | 55.87 | 67.06 |
| 2001 | 7 803.30 | 6 962.76 | 840.54 | 3 953.00 | 4 793.54 | 50.66 | 61.43 |
| 2002 | 8 515.00 | 7 406.16 | 1 108.84 | 4 039.00 | 5 147.84 | 47.43 | 60.46 |
| 2003 | 9 849.98 | 8 413.27 | 1 436.71 | 4 187.43 | 5 624.14 | 42.51 | 57.10 |
| 2004 | 11 893.37 | 9 999.59 | 1 893.78 | 4 348.49 | 6 242.27 | 36.56 | 52.49 |
| 2005 | 15 100.76 | 12 726.73 | 2 374.03 | 5 141.58 | 7 515.61 | 34.05 | 49.77 |
| 2006 | 18 303.58 | 15 233.58 | 3 070.00 | 5 940.77 | 9 010.77 | 32.46 | 49.23 |
| 2007 | 23 572.62 | 19 252.12 | 4 320.50 | 6 289.95 | 10 610.45 | 26.68 | 45.01 |
| 2008 | 28 649.79 | 23 255.11 | 5 394.68 | 6 125.16 | 11 519.84 | 21.38 | 40.21 |
| 2009 | 32 602.59 | 26 157.44 | 6 445.15 | 6 062.64 | 12 507.79 | 18.57 | 38.36 |
| 2010 | 40 613.04 | 32 701.49 | 7 911.55 | 5 395.11 | 13 306.66 | 13.28 | 32.76 |
| 2011 | 52 547.11 | 41 106.74 | — | — | 11 440.37 | — | 21.77 |
| 2012 | 61 078.29 | 47 319.08 | — | — | 13 759.21 | — | 22.53 |
| 2013 | 69 011.16 | 53 890.88 | — | — | 15 120.28 | — | 21.91 |
| 2014 | 75 876.58 | 59 139.91 | — | — | 16 736.67 | — | 22.06 |
| 2015 | 83 002.04 | 62 661.93 | — | — | 20 340.11 | — | 24.51 |
| 2016 | 87 239.35 | 64 691.69 | — | — | 22 547.66 | — | 25.85 |
| 2017 | 91 469.41 | 68 672.72 | — | — | 22 796.69 | — | 24.92 |

续 表

| 年份 | 财政收入 | 税收收入 | 预算内非税收入 | 预算外非税收入 | 非税收入 | 预算外非税收入占比(%) | 非税收入占比(%) |
|---|---|---|---|---|---|---|---|
| 2018 | 97 903.38 | 75 954.79 | — | — | 21 948.59 | — | 22.42 |
| 2019 | 101 080.61 | 76 980.13 | — | — | 24 100.48 | — | 23.84 |
| 2020 | 100 143.16 | 74 668.06 | — | — | 25 475.10 | — | 25.44 |
| 2021 | 111 084.23 | 83 789.27 | — | — | 27 294.96 | — | 24.57 |

数据来源：1991—2022年《中国统计年鉴》《中国财政年鉴》。

3. 中央与地方非税收入情况比较

对非税收入的分析还需要从中央与地方的视角来观察，即考察中央与地方对非税收入的支配情况。从表3-3看，非税收入绝大部分为地方政府所掌握。分析2007—2021年统计数据，地方政府所掌握的一般公共预算非税收入就占总规模而言均超过70%，即使最低年份的2009年地方政府一般公共预算非税收入也占到非税收入总量的71.64%。2021年全国非税收入29 818.97亿元，其中中央非税收入2 524.01亿元、地方非税收入27 294.96亿元，地方政府非税收入占非税收入总量高达91.54%，表3-4反映的是一般公共预算、政府性基金预算和国有资本经营预算三本预算中非税收入的合计，数据同样表明非税收入占地方财政收入比重一半以上，处于绝对优势地位。结合表3-1和表3-2数据，可以看到，税收收入占财政收入的比重与非税收入占财政收入的比重此消彼长，在一定程度上说明地方政府试图通过非税收入的方式来调节自身财政收入的变化，以此规避政府财政收入的波动。

表3-3 2007—2021年一般公共预算非税收入及地方非税收入占比

（单位：亿元）

| 年份 | 国家非税收入 | 中央非税收入 | 地方非税收入 | 地方占比(%) |
|---|---|---|---|---|
| 2007 | 5 699.81 | 1 379.31 | 4 320.50 | 75.80 |
| 2008 | 7 106.56 | 1 711.88 | 5 394.68 | 75.91 |

续 表

| 年份 | 国家非税收入 | 中央非税收入 | 地方非税收入 | 地方占比(%) |
|---|---|---|---|---|
| 2009 | 8 996.71 | 2 551.56 | 6 445.15 | 71.64 |
| 2010 | 9 890.72 | 1 979.17 | 7 911.55 | 79.99 |
| 2011 | 14 136.04 | 2 695.67 | 11 440.37 | 80.93 |
| 2012 | 16 639.24 | 2 880.03 | 13 759.21 | 82.69 |
| 2013 | 18 678.94 | 3 558.66 | 15 120.28 | 80.95 |
| 2014 | 21 194.72 | 4 458.05 | 16 736.67 | 78.97 |
| 2015 | 27 347.03 | 7 006.92 | 20 340.11 | 74.38 |
| 2016 | 29 244.24 | 6 696.58 | 22 547.66 | 77.10 |
| 2017 | 28 222.90 | 5 426.21 | 22 796.69 | 80.77 |
| 2018 | 26 956.98 | 5 008.39 | 21 948.59 | 81.42 |
| 2019 | 32 389.62 | 8 289.14 | 24 100.48 | 74.41 |
| 2020 | 28 601.59 | 3 126.49 | 25 475.10 | 89.07 |
| 2021 | 29 818.97 | 2 524.01 | 27 294.96 | 91.54 |

数据来源：2008—2022年《中国统计年鉴》。

表3-4 2011—2021年中央和地方政府非税收入构成①

（单位：亿元）

| 年份 | 财政收入合计 | 中央财政收入 | 地方财政收入 | 非税收入合计 | 中央非税收入 | 地方非税收入 | 中央非税收入占中央财政收入比重(%) | 地方非税收入占地方财政收入比重(%) |
|---|---|---|---|---|---|---|---|---|
| 2011 | 145 999.11 | 55 218.27 | 90 780.84 | 56 260.69 | 6 586.59 | 49 674.10 | 11.94 | 54.72 |
| 2012 | 156 343.37 | 60 459.50 | 95 883.87 | 55 729.09 | 7 164.30 | 48 564.79 | 11.85 | 50.65 |

① 财政收入＝税收收入＋非税收入。目前,我国政府非税收入分别纳入一般公共预算、政府性基金预算和国有资本经营预算三本预算中进行管理,表中的非税收入是三本预算数据的合计。

续 表

| 年份 | 财政收入合计 | 中央财政收入 | 地方财政收入 | 非税收入合计 | 中央非税收入 | 地方非税收入 | 中央非税收入占中央财政收入比重(%) | 地方非税收入占地方财政收入比重(%) |
|---|---|---|---|---|---|---|---|---|
| 2013 | 183 099.61 | 65 488.45 | 117 611.16 | 72 568.91 | 8 848.63 | 63 720.28 | 13.51 | 54.18 |
| 2014 | 196 486.85 | 70 001.87 | 126 484.98 | 77 311.54 | 9 966.47 | 67 345.07 | 14.24 | 53.24 |
| 2015 | 197 159.53 | 74 992.13 | 122 167.40 | 72 237.33 | 12 731.86 | 59 505.47 | 16.98 | 48.71 |
| 2016 | 208 825.43 | 77 973.87 | 130 851.56 | 78 464.70 | 12 304.83 | 66 159.87 | 15.78 | 50.56 |
| 2017 | 236 633.95 | 86 192.40 | 150 441.55 | 92 264.08 | 10 495.25 | 81 768.83 | 12.18 | 54.35 |
| 2018 | 261 664.29 | 90 814.42 | 170 849.87 | 105 261.43 | 10 366.35 | 94 895.08 | 11.41 | 55.54 |
| 2019 | 278 866.25 | 94 985.02 | 183 881.23 | 120 865.79 | 13 964.69 | 106 901.10 | 14.70 | 58.14 |
| 2020 | 281 179.69 | 88 117.95 | 193 061.74 | 126 867.40 | 8 473.72 | 118 393.68 | 9.62 | 61.32 |
| 2021 | 305 749.24 | 97 565.26 | 208 183.98 | 133 013.57 | 8 618.86 | 124 394.71 | 8.83 | 59.75 |

数据来源：2009—2022年财政部《全国财政预决算表》。

**4. 非税收入对地方财政收入的影响**

政府非税收入弥补了地方经济发展中财政预算的不足。随着社会经济不断发展，政府所承担的责任愈来愈重，所需财政资金不断增加，在税收收入不足的情况下政府往往依靠非税收入来平衡收支，导致非税收入在地方政府财政收入中的比例也越来越大。通过表3-5数据比较可知，我国地方政府非税收入的情况区域特征明显，与经济发展水平存在相关性的。东部地区经济相对更发达，本级财政收入更多依靠相对稳定的税收收入，非税收入占地方财政收入的比重，与中西部地区相比会更小一些；中西部地区在传统发展模式下，经济发展更依赖于资源性要素。相比而言，中西部地区政府财政收入中税收收入占比较小，非税收入成为弥补财力不足的主要选择，对地方财政收入的影响也就更大，说明中西部地区更倚重于非税收入来保持正常财政支出。

地方一般公共预算收入中的非税收入呈现出以下两个特点：一是地方非税

收入规模扩大趋势快于全国。各省(直辖市、自治区)非税收入在地方一般公共预算收入的占比均提高了5—10个百分点,明显高于全国。二是经济欠发达地区的非税收入占比明显高于经济发达地区[①]。以2017年地方政府非税收入占比为例,上海作为经济发达的省市代表,非税收入占财政收入的11.69%;湖北和宁夏作为中西部经济欠发达地区,非税收入占财政收入的比重远远高于经济发达地区,分别为30.81%和35.27%。非税收入在地方财政收入更具复杂性,由于地方政府税收收入在权限上有诸多限制,获取财政收入的空间有限,因而地方政府往往通过挖掘非税收入去弥补日益增长的公共支出的不足。即使上海这样的经济发达地区,从表3-5中也可以看出,2007—2021年非税收入在财政收入中的占比逐年增加,2007年和2021年非税收入占财政收入的比重分别为6.05%和14.99%,14年间增长了2.48倍。因此,对于地方政府非税收入的规范治理,既要防止"一刀切"式的税费改革,又要尽量避免造成地方政府财政压力过大,导致地方政府缩减地方公共物品和服务的供给,进而对地区经济增长造成负面影响。

表3-5 2007—2021年东中西部三地一般公共预算非税收入与非税收入占比

(单位:亿元)

| 年份 | 上海 | | | 湖北 | | | 宁夏 | | |
| --- | --- | --- | --- | --- | --- | --- | --- | --- | --- |
| | 非税收入 | 一般公共预算非税收入 | 非税收入占比(%) | 非税收入 | 一般公共预算非税收入 | 非税收入占比(%) | 非税收入 | 一般公共预算非税收入 | 非税收入占比(%) |
| 2007 | 127.15 | 2 102.63 | 6.05 | 156.38 | 590.36 | 26.49 | 21.24 | 80.03 | 26.54 |
| 2008 | 158.91 | 2 382.34 | 6.67 | 173.64 | 710.85 | 24.43 | 17.27 | 95.01 | 18.18 |
| 2009 | 171.85 | 2 540.30 | 6.76 | 198.81 | 814.87 | 24.40 | 20.84 | 111.58 | 18.68 |
| 2010 | 156.78 | 2 873.58 | 5.46 | 233.27 | 1 011.23 | 23.07 | 26.77 | 153.55 | 17.43 |
| 2011 | 257.11 | 3 429.83 | 7.50 | 459.80 | 1 526.91 | 30.11 | 42.85 | 219.98 | 19.48 |
| 2012 | 316.92 | 3 743.71 | 8.47 | 498.61 | 1 823.05 | 27.35 | 56.94 | 263.96 | 21.57 |
| 2013 | 312.35 | 4 109.51 | 7.60 | 586.37 | 2 191.22 | 26.76 | 70.85 | 308.34 | 22.98 |

---

① 成都市税务局非税收入课题组:《非税收入管理研究与探索——基于部分非税项目划转税务部门的思考》,载《公共经济与政策研究》2021年。

续 表

| 年份 | 上海 | | | 湖北 | | | 宁夏 | | |
|---|---|---|---|---|---|---|---|---|---|
| | 非税收入 | 一般公共预算非税收入 | 非税收入占比（%） | 非税收入 | 一般公共预算非税收入 | 非税收入占比（%） | 非税收入 | 一般公共预算非税收入 | 非税收入占比（%） |
| 2014 | 366.50 | 4 585.55 | 7.99 | 710.37 | 2 566.90 | 27.67 | 89.54 | 339.86 | 26.35 |
| 2015 | 661.34 | 5 519.50 | 11.98 | 919.03 | 3 005.53 | 30.58 | 117.13 | 373.45 | 31.36 |
| 2016 | 780.23 | 6 406.13 | 12.18 | 979.13 | 3 102.06 | 31.56 | 141.10 | 387.66 | 36.40 |
| 2017 | 776.75 | 6 642.26 | 11.69 | 1 000.84 | 3 248.44 | 30.81 | 147.29 | 417.59 | 35.27 |
| 2018 | 823.11 | 7 108.15 | 11.58 | 843.56 | 3 307.08 | 25.51 | 138.22 | 436.52 | 31.66 |
| 2019 | 948.81 | 7 165.10 | 13.24 | 857.75 | 3 388.57 | 25.31 | 156.08 | 423.58 | 36.85 |
| 2020 | 1 204.42 | 7 046.30 | 17.09 | 588.09 | 2 511.54 | 23.42 | 155.57 | 419.44 | 37.09 |
| 2021 | 1 165.06 | 7 771.80 | 14.99 | 723.65 | 3 283.30 | 22.04 | 159.28 | 460.01 | 34.63 |

数据来源：2007—2022年《中国统计年鉴》《上海统计年鉴》《湖北统计年鉴》《宁夏统计年鉴》。

## 第二节 地方政府非税收入的结构分析

从结构上看，政府非税收入并非收取得越多越好，而是应当按照政府管理及服务的边界与范围，确定一个合理的结构。这个结构主要取决于国家的宏观经济结构及政府层级职能的差异性，并具有明显的时空相对性，随着经济社会发展、民众收入提高及国家财力的增强，它的结构组成与具体类型也会随之改变[①]。

### 一、非税收入结构的总体情况

目前，我国政府非税收入分别纳入一般公共预算、政府性基金预算和国有资本经营预算三本预算中进行管理，从非税收入的构成看，各本预算中的非税收入

---

① 朱云飞：《边界与结构规范：我国非税收入管理改革研究》，载《山西财政税务专科学校学报》2010年第1期。

在全部收入中所占比重差异较大。表3-6反映的是全国非税收入的构成情况，2011—2021年的统计数据显示，一般公共预算中非税收入占全部非税收入的比重在22%—38%；政府性基金预算中非税收入占全部非税收入的比重在58%—74%；国有资本经营预算中非税收入占全部非税收入的比重在1%—4%。可以看到，一般公共预算和政府性基金预算非税收入在全部非税收入中占绝对主体地位，且此消彼长。2014年以前，政府性基金预算中非税收入在全部非税收入中的占比在70%左右，2015年这一占比下降到58.60%，2020年又回归到73.69%。一般公共预算中的非税收入与政府性基金预算中的非税收入情况刚好相反。国有资本经营预算中的非税收入规模、占比和增速均较小，对非税收入整体影响较小。

表3-6　2011—2021年全国非税收入构成及占比

（单位：亿元）

| 年份 | 非税收入合计 | 一般公共预算 | | 政府性基金预算 | | 国有资本经营预算 | |
|---|---|---|---|---|---|---|---|
| | | 总量 | 占比(%) | 总量 | 占比(%) | 总量 | 占比(%) |
| 2011 | 56 260.69 | 14 136.04 | 25.13 | 41 359.63 | 73.51 | 765.02 | 1.36 |
| 2012 | 55 729.09 | 16 639.24 | 29.86 | 37 517.01 | 67.32 | 1 572.84 | 2.82 |
| 2013 | 72 568.91 | 18 678.94 | 25.74 | 52 238.61 | 71.98 | 1 651.36 | 2.28 |
| 2014 | 77 311.54 | 21 194.72 | 27.41 | 54 093.38 | 69.97 | 2 023.44 | 2.62 |
| 2015 | 72 237.33 | 27 347.03 | 37.86 | 42 330.14 | 58.60 | 2 560.16 | 3.54 |
| 2016 | 78 464.70 | 29 244.24 | 37.27 | 46 618.62 | 59.41 | 2 601.84 | 3.32 |
| 2017 | 92 264.08 | 28 222.90 | 30.59 | 61 462.49 | 66.62 | 2 578.69 | 2.79 |
| 2018 | 105 261.43 | 26 956.98 | 25.61 | 75 404.50 | 71.64 | 2 899.95 | 2.75 |
| 2019 | 120 865.79 | 32 389.62 | 26.80 | 84 515.75 | 69.92 | 3 960.42 | 3.28 |
| 2020 | 126 867.40 | 28 601.59 | 22.55 | 93 491.26 | 73.69 | 4 774.55 | 3.76 |
| 2021 | 133 013.57 | 29 818.97 | 22.42 | 98 024.17 | 73.69 | 5 170.43 | 3.89 |

数据来源：2010—2022年《中国统计年鉴》《全国政府性基金收入决算表》《全国国有资本经营收入决算表》。

比较东西部地区政府非税收入的构成,可以发现地区之间存在着一定的差异。以宁夏回族自治区和上海市为例(表3-7),可以看出地方政府非税收入在财政收入中的占比,经济欠发达地区的宁夏明显高于经济发达地区的上海。比较2015—2021年期间的统计数据,上海的非税收入在财政收入中的占比分别为38.8%、36.2%、32.8%、32.8%、36.2%、43.8%和43.6%,同期宁夏的非税收入的占比分别为50.8%、52.7%、49.0%、47.6%、51.1%、54.6%和50.5%,平均高出上海约13个百分点。表3-8和表3-9中2015—2021年的统计数据显示,宁夏一般公共预算中的非税收入占全部非税收入的比重在43%—57%之间,政府性基金预算中的非税收入的比重在41%—56%之间,国有资本经营预算中的非税收入的比重在0.3%—2%之间;上海市一般公共预算收入中的非税收入在全部非税收入中的占比基本保持在25%左右,政府性基金预算中的非税收入占70%左右,国有资本经营预算中的非税收入的比重在4%左右。两地相比,非税收入均集中在一般公共预算和政府性基金预算中,宁夏两类非税收入相对平均,总体上一般公共预算非税收入略高于政府性基金预算非税收入;上海的政府性基金预算非税收入则明显高于一般公共预算非税收入。

表3-7 2015—2021年上海和宁夏非税收入与财政收入及占比

(单位:亿元)

| 年份 | 上海 | | | 宁夏 | | |
| --- | --- | --- | --- | --- | --- | --- |
| | 财政收入 | 非税收入 | 占比(%) | 财政收入 | 非税收入 | 占比(%) |
| 2015 | 7 942.0 | 3 083.8 | 38.8 | 520.9 | 264.6 | 50.8 |
| 2016 | 8 814.6 | 3 188.7 | 36.2 | 520.9 | 274.4 | 52.7 |
| 2017 | 8 723.0 | 2 857.5 | 32.8 | 530.5 | 260.2 | 49.0 |
| 2018 | 9 351.7 | 3 066.6 | 32.8 | 569.2 | 270.9 | 47.6 |
| 2019 | 9 749.8 | 3 533.5 | 36.2 | 546.9 | 279.4 | 51.1 |
| 2020 | 10 388.0 | 4 546.1 | 43.8 | 581.7 | 317.8 | 54.6 |
| 2021 | 11 715.9 | 5 109.2 | 43.6 | 608.0 | 307.2 | 50.5 |

数据来源:2015—2022年上海市财政局财政数据、《宁夏统计年鉴》。

表 3－8  2015—2021 年宁夏回族自治区非税收入构成及占比

(单位：亿元)

| 年份 | 非税收入合计 | 一般公共预算非税收入 | | 政府性基金预算非税收入 | | 国有资本经营收入 | |
|---|---|---|---|---|---|---|---|
| | | 总量 | 占比(%) | 总量 | 占比(%) | 总量 | 占比(%) |
| 2015 | 264.57 | 116.40 | 43.99 | 147.20 | 55.64 | 0.97 | 0.37 |
| 2016 | 274.35 | 141.10 | 51.43 | 128.90 | 46.98 | 4.35 | 1.59 |
| 2017 | 260.24 | 147.29 | 56.60 | 108.60 | 41.73 | 4.35 | 1.67 |
| 2018 | 270.94 | 146.22 | 53.97 | 121.27 | 44.76 | 3.45 | 1.27 |
| 2019 | 279.44 | 156.08 | 55.85 | 118.68 | 42.47 | 4.68 | 1.68 |
| 2020 | 317.84 | 155.57 | 48.95 | 159.82 | 50.28 | 2.45 | 0.77 |
| 2021 | 306.82 | 159.28 | 51.91 | 145.70 | 47.49 | 1.84 | 0.60 |

数据来源：2015—2022 年《宁夏统计年鉴》。

表 3－9  2015—2021 年上海市非税收入构成及占比

(单位：亿元)

| 年份 | 非税收入合计 | 一般公共预算非税收入 | | 政府性基金预算非税收入 | | 国有资本经营预算非税收入 | |
|---|---|---|---|---|---|---|---|
| | | 总量 | 占比(%) | 总量 | 占比(%) | 总量 | 占比(%) |
| 2015 | 3 083.8 | 661.3 | 21.4 | 2 312.2 | 75.0 | 110.3 | 3.6 |
| 2016 | 3 188.7 | 780.2 | 24.5 | 2 295.0 | 72.0 | 113.5 | 3.5 |
| 2017 | 2 857.5 | 776.8 | 27.2 | 1 960.6 | 68.6 | 120.1 | 4.2 |
| 2018 | 3 066.6 | 823.1 | 26.9 | 2 095.4 | 68.3 | 148.1 | 4.8 |
| 2019 | 3 533.5 | 948.8 | 26.9 | 2 418.1 | 68.4 | 166.6 | 4.7 |
| 2020 | 4 546.1 | 1 204.4 | 26.5 | 3 175.0 | 69.8 | 166.7 | 3.7 |
| 2021 | 5 109.2 | 1 165.1 | 22.8 | 3 769.0 | 73.8 | 175.1 | 3.4 |

数据来源：2015—2022 年上海市财政局、统计局财政数据。

## 二、非税收入结构变化的分析

1. 一般公共预算中的非税收入

一般公共预算非税收入项目包括专项收入、行政事业收费收入、罚没收入、国有资本经营收入、国有资源(资产)有偿使用收入和其他收入。2014年之前,国有资本经营收入和国有资源(资产)有偿使用收入未单独统计,其他收入规模最大、增速最快,专项收入和行政事业性收费收入在非税收入中占据重要地位。2013年专项收入和行政事业性收费收入分别占非税收入的18.89%和25.57%,合计44.46%;地方专项收入和行政事业性收费收入分别占地方非税收入的20.65%和29.74%,合计50.39%。2014年之后,其他收入明显下降,国有资本经营收入和国有资源(资产)有偿使用收入大幅上升。随着行政事业收费清理力度的不断加大,一大批行政事业性收费项目逐渐退出,行政事业性收费规模逐年下降,从表3-10中可以看到,2007年全国行政事业性收费收入占非税收入的33.29%,地方行政事业性收费收入占地方非税收入的35.73%;2013年,这一比重分别下降到25.57%和29.74%;2017年,又下降到16.81%和18.89%;2021年,降低至13.94%和13.64%。政府非税收入逐渐形成以国有资源(资产)有偿使用收入、国有资本经营收入和专项收入为主,行政事业性收费收入、罚没收入和其他收入均衡发展的局面。

表 3-10 2007—2021 年中央和地方一般公共预算非税收入项目

(单位:亿元)

| 年份 | 地区 | 总计 | 专项收入 | 行政事业性收费收入 | 罚没收入 | 国有资本经营收入 | 国有资源(资产)有偿使用收入 | 其他收入 |
|---|---|---|---|---|---|---|---|---|
| 2007 | 中央 | 1 379.31 | 153.69 | 353.66 | 28.25 | — | — | 843.71 |
|  | 地方 | 4 320.50 | 1 088.16 | 1 543.69 | 812.01 | — | — | 876.64 |
|  | 合计 | 5 699.81 | 1 241.85 | 1 897.35 | 840.26 | — | — | 1 720.35 |
| 2008 | 中央 | 1 711.88 | 200.65 | 372.88 | 31.72 | — | — | 1 106.63 |
|  | 地方 | 5 394.68 | 1 353.45 | 1 761.98 | 866.68 | — | — | 1 412.57 |
|  | 合计 | 7 106.56 | 1 554.10 | 2 134.86 | 898.40 | — | — | 2 519.20 |

续　表

| 年份 | 地区 | 总计 | 专项收入 | 行政事业性收费收入 | 罚没收入 | 国有资本经营收入 | 国有资源（资产）有偿使用收入 | 其他收入 |
|---|---|---|---|---|---|---|---|---|
| 2009 | 中央 | 2 551.56 | 223.71 | 359.54 | 35.25 | — | — | 1 933.06 |
|  | 地方 | 6 445.15 | 1 413.28 | 1 957.50 | 938.61 | — | — | 2 135.76 |
|  | 合计 | 8 996.71 | 1 636.99 | 2 317.04 | 973.86 |  |  | 4 068.82 |
| 2010 | 中央 | 1 979.17 | 298.03 | 396.02 | 31.79 | — | — | 1 253.33 |
|  | 地方 | 7 911.55 | 1 742.71 | 2 600.37 | 1 042.85 | — | — | 2 525.62 |
|  | 合计 | 9 890.72 | 2 040.74 | 2 996.39 | 1 074.64 |  |  | 3 778.95 |
| 2011 | 中央 | 2 695.67 | 361.40 | 404.02 | 38.76 | — | — | 1 891.49 |
|  | 地方 | 11 440.37 | 2 695.01 | 3 635.36 | 1 262.63 | — | — | 3 847.37 |
|  | 合计 | 14 136.04 | 3 056.41 | 4 039.38 | 1 301.39 |  |  | 5 738.86 |
| 2012 | 中央 | 2 880.03 | 412.67 | 377.20 | 40.35 | — | — | 2 049.81 |
|  | 地方 | 13 759.21 | 2 819.96 | 4 202.34 | 1 519.46 | — | — | 5 217.45 |
|  | 合计 | 16 639.24 | 3 232.63 | 4 579.54 | 1 559.81 |  |  | 7 267.26 |
| 2013 | 中央 | 3 558.66 | 406.39 | 278.48 | 45.43 | — | — | 2 828.36 |
|  | 地方 | 15 120.28 | 3 122.22 | 4 497.35 | 1 613.34 | — | — | 5 887.37 |
|  | 合计 | 18 678.94 | 3 528.61 | 4 775.83 | 1 658.77 |  |  | 8 715.73 |
| 2014 | 中央 | 4 458.05 | 406.59 | 365.63 | 88.93 | 2 029.99 | 179.12 | 1 387.79 |
|  | 地方 | 16 736.67 | 3 304.76 | 4 840.37 | 1 632.89 | 1 146.34 | 4 187.65 | 1 624.66 |
|  | 合计 | 21 194.72 | 3 711.35 | 5 206.00 | 1 721.82 | 3 176.33 | 4 366.77 | 3 012.45 |
| 2015 | 中央 | 7 006.92 | 574.72 | 460.94 | 113.96 | 5 389.45 | 243.15 | 224.70 |
|  | 地方 | 20 340.11 | 6 410.36 | 4 412.08 | 1 762.90 | 690.76 | 5 220.74 | 1 843.27 |
|  | 合计 | 27 347.03 | 6 985.08 | 4 873.02 | 1 876.86 | 6 080.21 | 5 463.89 | 2 067.97 |

续 表

| 年份 | 地区 | 总计 | 专项收入 | 行政事业性收费收入 | 罚没收入 | 国有资本经营收入 | 国有资源（资产）有偿使用收入 | 其他收入 |
|---|---|---|---|---|---|---|---|---|
| 2016 | 中央 | 6 696.58 | 722.38 | 479.51 | 66.83 | 5 037.76 | 274.27 | 115.83 |
| | 地方 | 22 547.66 | 6 186.88 | 4 416.50 | 1 851.51 | 857.65 | 6 652.43 | 2 582.69 |
| | 合计 | 29 244.24 | 6 909.26 | 4 896.01 | 1 918.34 | 5 895.41 | 6 926.70 | 2 698.52 |
| 2017 | 中央 | 5 426.21 | 508.55 | 440.07 | 232.04 | 3 624.10 | 532.31 | 89.14 |
| | 地方 | 22 796.69 | 6 520.16 | 4 305.20 | 2 162.10 | 567.06 | 6 922.29 | 2 319.88 |
| | 合计 | 28 222.90 | 7 028.71 | 4 745.27 | 2 394.14 | 4 191.16 | 7 454.60 | 2 409.02 |
| 2018 | 中央 | 5 008.39 | 325.94 | 404.56 | 167.00 | 3 217.94 | 789.11 | 103.84 |
| | 地方 | 21 948.59 | 7 197.44 | 3 520.89 | 2 492.18 | 356.26 | 6 286.87 | 2 094.95 |
| | 合计 | 26 956.98 | 7 523.38 | 3 925.45 | 2 659.18 | 3 574.20 | 7 075.98 | 2 198.79 |
| 2019 | 中央 | 8 289.14 | 284.23 | 404.69 | 132.78 | 6 659.03 | 717.00 | 91.41 |
| | 地方 | 24 100.48 | 6 849.93 | 3 483.38 | 2 929.31 | 1 061.49 | 7 344.01 | 2 432.36 |
| | 合计 | 32 389.62 | 7 134.16 | 3 888.07 | 3 062.09 | 7 720.52 | 8 061.01 | 2 523.77 |
| 2020 | 中央 | 3 126.49 | 196.28 | 419.22 | 144.81 | 972.89 | 1 282.39 | 110.90 |
| | 地方 | 25 475.10 | 6 927.08 | 3 419.43 | 2 969.06 | 966.06 | 8 651.94 | 2 541.53 |
| | 合计 | 28 601.59 | 7 123.36 | 3 838.65 | 3 113.87 | 1 938.95 | 9 934.33 | 2 652.43 |
| 2021 | 中央 | 2 524.01 | 463.93 | 430.98 | 280.13 | 235.16 | 873.19 | 240.62 |
| | 地方 | 27 294.96 | 7 654.15 | 3 724.35 | 3 431.82 | 753.16 | 9 207.76 | 2 523.72 |
| | 合计 | 29 818.97 | 8 118.08 | 4 155.33 | 3 711.95 | 988.32 | 10 080.95 | 2 764.34 |

数据来源：2008—2022年《中国统计年鉴》。

表3-11和表3-12反映的是近年来宁夏和上海一般公共预算非税收入的基本情况，两地一般公共预算非税收入结构变化与全国非税收入发展态势基本吻合，专项收入和国有资源（资产）有偿使用收入在非税收入中的比重较高。以

2020 年为例,宁夏专项收入 33.57 亿元,占一般公共预算非税收入的 21.55%,国有资源(资产)有偿使用收入为 74.33 亿元,占一般公共预算非税收入的 47.78%,两项相加占 69.33%;上海专项收入 505.0 亿元,占一般公共预算非税收入的 41.9%,国有资源(资产)有偿使用收入为 399.4 亿元,占一般公共预算非税收入的 33.2%,两项相加占 75.1%。从统计数据也可以看出两地一般公共预算非税收入构成上的差异,上海专项收入明显高于宁夏,2020 年上海专项收入高出宁夏专项收入 20.4 个百分点;而宁夏国有资源(资产)有偿使用收入高于上海,2020 年宁夏国有资源(资产)有偿使用收入高出上海 14.6 个百分点。

表 3-11 2008—2021 年宁夏回族自治区一般公共预算非税收入结构

(单位:亿元)

| 年份 | 非税收入 | 专项收入 | 行政事业性收费收入 | 罚没收入 | 国有资本经营收入 | 国有资源(资产)有偿使用收入 | 其他收入 |
| --- | --- | --- | --- | --- | --- | --- | --- |
| 2008 | 17.26 | 6.59 | 4.73 | 3.04 | 0.81 | 1.40 | 0.69 |
| 2009 | 20.84 | 6.70 | 6.20 | 3.43 | 0.75 | 2.55 | 1.21 |
| 2010 | 26.77 | 8.92 | 9.44 | 4.16 | 0.57 | 2.71 | 0.97 |
| 2011 | 42.85 | 11.55 | 16.55 | 5.33 | 1.01 | 6.31 | 2.10 |
| 2012 | 56.94 | 12.42 | 18.70 | 5.47 | 6.36 | 9.25 | 4.74 |
| 2013 | 70.85 | 18.80 | 21.35 | 6.92 | 7.86 | 11.88 | 4.04 |
| 2014 | 89.54 | 22.07 | 21.87 | 7.71 | 0.67 | 32.07 | 5.15 |
| 2015 | 117.13 | 37.58 | 19.02 | 8.79 | 3.12 | 44.96 | 3.66 |
| 2016 | 141.10 | 33.05 | 20.91 | 8.52 | 1.36 | 63.62 | 13.64 |
| 2017 | 147.29 | 31.66 | 18.56 | 8.63 | 14.31 | 61.14 | 12.99 |
| 2018 | 138.22 | 40.68 | 21.31 | 9.88 | 3.36 | 43.78 | 19.21 |
| 2019 | 156.08 | 36.03 | 18.01 | 9.13 | 2.92 | 65.05 | 24.94 |
| 2020 | 155.57 | 33.53 | 16.36 | 14.07 | 2.94 | 74.33 | 14.34 |
| 2021 | 159.28 | 37.10 | 24.31 | 17.51 | 2.44 | 58.11 | 19.81 |

数据来源:2008—2022 年《宁夏统计年鉴》。

表 3-12　2015—2021 年上海市一般公共预算非税收入结构

（单位：亿元）

| 年份 | 非税收入 | 专项收入 | 行政事业性收费收入 | 国有资源(资产)有偿使用收入① | 政府住房基金收入 | 其他收入② |
|---|---|---|---|---|---|---|
| 2015 | 661.3 | 324.9 | 127.4 | 163.3 | — | 45.7 |
| 2016 | 780.2 | 377.6 | 128.4 | 217.0 | 1.4 | 55.8 |
| 2017 | 776.8 | 344.3 | 100.8 | 234.2 | 1.7 | 95.8 |
| 2018 | 823.1 | 437.3 | 71.6 | 229.0 | 1.6 | 83.6 |
| 2019 | 948.8 | 418.5 | 71.6 | 306.7 | 1.6 | 150.6 |
| 2020 | 1 204.4 | 505.0 | 67.0 | 399.4 | 1.5 | 231.5 |
| 2021 | 1 165.1 | 524.2 | 80.4 | 438.2 | 1.8 | 120.5 |

数据来源：2015—2022 年《上海市一般公共预算收入决算情况表》。

专项收入是各部门依法征收的具有特定用途的收入，具有"专款专用"的性质，是一般公共预算中非税收入的重要组成部分。从表 3-10 中可知，2007—2021 年专项收入占地方非税收入比重保持在 20% 以上，2010 年为 22.03%、2016 年为 28.55%、2020 年为 27.19%。全部专项收入主要以地方专项收入为主，占全部专项收入比重的 80% 以上，2020 年更是达到 97.24%。地方专项收入波动性较大，对专项收入的增幅波动产生了较大影响。

分析表 3-10 中 2007—2021 年行政事业性收费的数据，可以看到其规模呈先增后降的趋势，总量从 2007 年的 1 897.35 亿元最高增长至 2014 年的 5 206 亿元，然后逐年下降到 2020 年的 3 838.65 亿元。在一般公共预算非税收入中行政事业性收费的比重呈逐年下降态势，从 2007 年的 33.29%、2011 年的 28.58%、2016 年的 16.74%，到 2020 年降到 13.42%，反映出多年来行政事业性收费项目的清理工作和一系列普惠性"减税降费"措施成效明显。同时，也要看到在全部行政事业性收费中地方居于主体地位，占行政事业性收费的 90%，说明地方财

---

① 国有资源(资产)有偿使用收入主要包括新增建设用地土地有偿使用费收入、水资源费收入、新增机动车额度拍卖收入、利息收入、非经营性国有资产收入等。

② 其他收入主要包括主管部门集中收入、国内捐赠收入、罚没收入等。

政收入对行政事业性收入的依赖。

罚没收入是相关部门针对相关违规行为、违法案件取得的收入,具有不确定性,费基相对较窄,因此罚没收入在一般公共预算非税收入中的规模小占比低增长缓,而且来自地方的始终占绝大部分,其占比长期到达90%以上。

自2014年国家统计局首次公布国有资本经营收入以来,到2021年的统计数据显示,国有资本经营收入增长趋势波动较大,2019年国家为减轻企业负担实施大规模"减税降费"政策,为缓解由此带来的财政收支平衡的压力,中央和地方多渠道盘活国有资本,经营收入大幅增加至7 720.52亿元,而2020年因新冠肺炎疫情影响,国有资本经营收入跌至1 938.95亿元,2021年更是跌至988.32亿元。同时,表3-10数据也表明,国有资本经营收入主要来自中央,除2014年占比63.91%、2020年占比50.18%、2021年占比23.79%外,比重基本保持在85%以上,2018年甚至超过90%。

国有资源(资产)有偿使用收入总量和占比则一路"飙升",从2014年的4 366.77亿元增长到2021年10 080.95亿元。国有资源(资产)有偿使用收入是事业单位等通过出租、转让国有资源(资产)等方式取得的收入,国有资源的处置逐渐市场化、国有资产的流失情况改善均能提高此项有偿使用收入,因此在一般公共预算非税收入中的比重呈波动走向,2014年的占比为20.60%,2017年上升为26.41%,2019年降至24.89%,2020年又增至34.73%。在国有资源(资产)有偿使用非税收入中地方所占比重,除2018年占比为88.85%和2020年占比为87.09%外,其他年份均超过90%,在国有资源(资产)有偿使用收入中具有绝对优势。

其他非税收入在一般公共预算项目几经调整中,其内容也在不断发生变化。2014年以后,其他收入在一般公共预算非税收入中地方的比重不断增加,从2014年的53.93%上升到2020年的95.82%,2021年小幅回落至91.30%。

2. 政府性基金预算中的非税收入

政府性基金预算收入项目繁多、变动频繁,每年都有新增或停征免征项目。由于政府性基金项目的设立不需要经过正式立法,政府部门可通过行政通知或条例的方式设立,而一般的政府性基金项目设置更是只要报备上级政府部门即可,因此地方政府对此拥有相当大的自主权,市级政府比省级政府拥有更大的灵活性。近年来,随着地方政府性基金预算收入逐步公开化、透明化,以及国家实施一系列"减税降费"政策,目前不合理的项目已经逐渐退出。

在政府性基金预算非税收入中,呈现出国有土地使用权出让金一支独大的特征。从表3-13中数据分析可以看出,土地出让金在政府性基金预算非税收入中比重达到74%—88%,在非税收入中也占42%—65%。2020年我国土地出让金收入达82 158.99亿元,分别占政府性基金收入的87.88%和非税收入的64.76%,是政府性基金预算非税收入在非税收入中占比高、非税收入在地方财政占比高的重要因素。由图3-1可知,国有土地使用权出让金收入占地方财政总收入的比重从2015年的17.22%上升至2019年的37.33%,上升20.11个百分点。地方政府国有土地使用权出让金收入的不断增长,一定程度上弥补了"减税降费"下地方财政收入"亏空"的缺口,但也反映出地方对土地财政的过度依赖[①]。

表3-13 2011—2021年全国政府性基金预算非税收入相关项目及占比

(单位:亿元)

| 年份 | 非税收入 | 政府性基金收入 | 土地出让金 | 土地出让金占政府性基金收入的比重(%) | 土地出让金占非税收入的比重(%) |
|---|---|---|---|---|---|
| 2011 | 56 260.69 | 41 359.63 | 33 166.24 | 80.19 | 58.95 |
| 2012 | 55 729.09 | 37 517.01 | 28 892.30 | 77.01 | 51.84 |
| 2013 | 72 568.91 | 52 238.61 | 39 142.03 | 74.93 | 53.94 |
| 2014 | 77 311.54 | 54 093.38 | 40 479.69 | 74.83 | 52.36 |
| 2015 | 72 237.33 | 42 330.14 | 30 783.80 | 72.72 | 42.61 |
| 2016 | 78 464.70 | 46 618.62 | 35 639.69 | 76.45 | 45.42 |
| 2017 | 92 264.08 | 61 462.49 | 49 997.07 | 81.35 | 54.19 |
| 2018 | 105 261.43 | 75 404.50 | 62 910.55 | 83.43 | 59.77 |
| 2019 | 120 865.79 | 84 515.75 | 70 679.31 | 83.63 | 58.48 |
| 2020 | 126 867.40 | 93 491.26 | 82 158.99 | 87.88 | 64.76 |
| 2021 | 133 013.57 | 98 024.17 | 84 977.85 | 86.69 | 63.89 |

数据来源:2008—2022年《中国统计年鉴》《中央和地方预算执行情况的报告》。

---

① 雷正:《减税降费的财政效应及对策建议》,载《财会研究》2021年第4期。

图 3-1 地方国有土地使用权出让金收入比重(%)

进一步分析不同地区对土地财政的依赖程度,以宁夏和上海为例(表3-14),2020年两地国有土地使用权出让收入分别占政府性基金收入的77.7%和94.0%,占全部非税收入分别为38.85%和65.63%,而在全部财政收入的比重是21.06%和29.98%。尽管上海国有土地使用权出让收入在政府性基金收入中的比重要高于宁夏,甚至在全部非税收入中的比重也高于宁夏,但如果将其放在财政收入的分析视角下,可以看出两者之间的差距明显缩小,而填补差距的正是上海的税收收入,这也从侧面反映了经济发达地区对非税收入的依赖程度要低于经济欠发达地区。

表 3-14 2015—2021 年宁夏和上海国有土地使用权出让收入及比重

(单位:亿元)

| 年份 | 宁 夏 | | | 上 海 | | |
|---|---|---|---|---|---|---|
| | 政府性基金收入 | 国有土地使用权出让收入 | 占比(%) | 政府性基金收入 | 国有土地使用权出让收入 | 占比(%) |
| 2015 | 147.2 | 96.8 | 65.8 | 2 312.2 | 2 105.8 | 91.1 |
| 2016 | 128.9 | 78.1 | 60.6 | 2 295.0 | 2 085.6 | 90.9 |
| 2017 | 108.6 | 67.6 | 62.2 | 1 960.6 | 1 782.6 | 90.9 |
| 2018 | 121.3 | 82.4 | 67.9 | 2 095.4 | 1 927.7 | 92.0 |

续 表

| 年份 | 宁夏 | | | 上海 | | |
|---|---|---|---|---|---|---|
| | 政府性基金收入 | 国有土地使用权出让收入 | 占比(%) | 政府性基金收入 | 国有土地使用权出让收入 | 占比(%) |
| 2019 | 118.7 | 82.6 | 69.6 | 2 418.1 | 2 248.5 | 93.0 |
| 2020 | 159.8 | 124.2 | 77.7 | 3 175.0 | 2 983.5 | 94.0 |
| 2021 | 145.7 | 127.8 | 87.7 | 3 769.0 | 3 527.5 | 93.6 |

数据来源：2015—2021宁夏回族自治区、上海市政府性基金收入执行情况表。

3. 国有资本经营预算中的非税收入

国有资本经营预算中的非税收入反映的是各级政府及其所属部门和机构履行出资人职责的企业（即一级企业）上缴的国有资本收益。2020年全国国有资本经营预算收入4 774.55亿元，同比增长了20.20%。2021年全国国有资本经营预算收入5 179.55亿元，增长8.5%。从历年一般公共预算收入来看，国有资本经营预算收入规模呈增长趋势，尽管在整个非税收入中的占比不大但波动幅度较大。地方国有资本经营收入规模较小，受国企管理和改革影响，从2009年开始占比一直下降，从2012年开始收入规模也逐年下降，2018年收入仅356.26亿元，2019年回升至1 061.49亿元，2020年下降至966.06亿元，2021下降至753.16亿元。

# 第四章
# 地方政府非税收入管理存在的问题及生成机理

近年来,由于我国地方政府非税收入的快速增长,已超出了对非税收入弥补财力不足、发挥"拾遗补缺"功能的财政资金定位。很多地方政府的非税收入在财政性资金中所占比重过大,一些地方的政府收入体系中非税收入甚至超过了税收收入,不仅动摇了税收收入应有的主体地位,而且还削弱了财政的宏观调控能力,成为名副其实的"第二财政"。而财政不仅是一个经济范畴,更是一个政治范畴,事关治国安邦、强国富民。亚当·斯密在《国富论》中称财政为"庶政之母"。宋代苏辙在《上皇帝书》中说:"财者,为国之命而万事之本。国之所以存亡,事之所以成败,常必由之。"我国封建时代的当政者就十分重视财政的作用,战国时期的商鞅变法、北宋的王安石变法、明代的张居正改革等,都把财政改革作为一项主要内容,各个朝代的更替,往往与财政的强弱有密切关系。历史经验告诉人们,雄厚的财政实力和正确的财政政策,对一个国家的发展繁荣和长治久安具有十分重大的意义[①]。在我国,财政通常是指国家为了满足社会的公共需要而组织收入、安排支出的各种活动和制度。"财"是指政府的财政收支活动,包括财政收入从何而来,预期收入能够达到多少,安排的支出规模有多大,收支之间在规模和结构上的匹配度如何,是指财政的运行规律,并以此形成财政理论体系;"政"是指政府财政收支的管理,包括获取手段、比例结构、分配情况和相关权力制衡等内容,是指财政的职能和体制机制建设,并以此形成财政制度和财政政策[②]。国家作为社会的人格化代表,在共同体生活的地域中垄断了合法的强制力,因而能够克服共同需要满足中面临的种种困难:一是通过强制手段获得收

---

① 江泽民:《关于财政税收工作问题》,载《求实》2000年第8期。
② 闫坤、张鹏:《新中国70年财政学的演进与发展》,载《财经问题研究》2020年第1期。

入以克服公共产品一旦提供任何人均可免费享用而出现的"搭便车"问题;二是通过制度安排支出提供公共产品以克服私人主体因面临收费困难而不愿提供的问题①。因此,一个国家施行怎样的财政管理体制,将对各级政府和财政职能的有效履行、调节各级和各地政府及其财政之间的平衡关系、促进社会公平和提高财政效率产生深刻的影响。

## 第一节 地方政府非税收入管理存在的问题

当前,我国地方政府非税收入管理具有规模偏大和管理规范化程度不高两个明显特点。特别是随着非税收入的急速膨胀,非税收入管理制度中的一些弊端逐渐暴露出来,不仅加剧企业和个人负担,分散了国家财力,也使得国民收入分配秩序持续恶化。相比税收收入管理而言,非税收入来源复杂、种类繁多、名称各异、管理方式多样,因此非税收入规范化管理所面临的问题更加复杂。地方政府非税收入管理中存在的问题,必须引起高度重视并予以解决。

### 一、项目繁多,征收主体分散

1994 年分税制改革以后,形成了"中国式的财政分权"模式。在当前的财政分权框架下,由于地方政府财力和事权不匹配,收入和支出两个维度的变化并未正向展开,财政收入方面高度集权,而财政支出方面则高度分权。中央与地方的财政收支分权情况极不匹配,呈现出"收入向上集权、支出向下分权"的背离状态,并且这种不匹配程度有进一步扩大的趋势。因此,地方政府在实施基础设施建设、提供公共服务和财政人员供养上捉襟见肘。

为调动地方积极性,中央政府将大部分收费权下放到地方,地方政府的非税收入项目持续扩张,形成了一个庞杂的体系。从大的类型来看,非税收入包括行政事业性收费收入、政府性基金收入、罚没收入、国有资源(资产)有偿使用收入、国有资本收益、彩票公益金收入、特许经营收入、中央银行收入、以政府名义接受的捐赠收入、主管部门集中收入、政府收入的利息收入和其他非税收入等共 12

---

① 张怡:《财政法学》,法律出版社 2019 年版,第 1 页。

项收入。行政事业性收费包括高等学校学费、高等学校住宿费、居民身份证工本费、机动车号牌工本费、殡葬费、土地复垦费等；政府性基金包括城市基础设施配套费、水利建设基金、农网还贷资金、教育费附加、文化事业建设费、国家电影事业发展专项资金、地方水库移民扶持基金、残疾人就业保障金、森林植被恢复费、国有土地使用权出让金、国有土地收益基金等；国有资本经营收入包括烟草企业利润收入、电力企业利润收入、房地产企业利润收入、机关社团所属企业利润收入等。我国非税收入12大类中，中央层面有92项，各省设立的行政事业收费共有360项、520小项[①]。目前，非税收入尚未形成统一的管理体制，征收部门不明确且各行其是，全国到底有多少收费部门，存在多少类收费项目，理论界、实务界的统计口径不尽相同。非税收入征收主体不明确主要表现在非税收入由各执收单位自行征收，交通、政法、人事、劳动、教育、城建、农业、海洋等部门都有收费项目。这种多方征收、多头管理的格局，肢解了财政管理职能，分散了非税收入征收力量[②]。

由于非税收入征管的机构设置还处于探索之中，职责权限不清，体制机制不同，管理水平不一，加之地方政府财权事权不匹配等诸多原因，综合造成非税收入管理规范化程度不理想。非税收入的征收权、减征权、免征权、缓征权理应由财政部门依法统一行使，但是由于财政部门的缺位和执收单位的越位并存，部分执收单位在非税收入征收环节私自对资金进行减征、免征、缓征，尤其个别非税项目应收而未尽收，应罚而未罚，使非税收入征收缺乏严肃性。如国有土地出让收入管理，有些部门为招商引资随意减免除该非税收入；在对非税收入上缴国库前进行先征后返；通过以法律法规允许的底线改变用地及调整地价等方式抵扣部分土地出让收入或各项规费，等等。这些做法造成部分国有资产（资源）有偿使用收入流失，非税收入未严格按照相关规定及时足额缴入财政，体外循环现象时有发生，受财力限制财政综合预算推进不到位，使得本来属于政府统筹安排的财政资金无法发挥其应有的平衡财政的作用。非税收入项目繁多，费制复杂，征收模式各异，通常是政策"一费一规"、管理"一费一策"，给非税收入管理带来了极大挑战。

---

① 贾博：《非税收入划转与国家治理》，载《税务研究》2019年第6期。
② 郭艳：《我国政府非税收入管理存在的问题及对策研究》，载《科学社会主义》2014年第5期。

## 二、规模失范,组成结构失衡

从 2008 年到 2020 年,我国政府非税收入从 22 742.91 亿元增长到 126 868.15 亿元,总体规模翻了 5.58 倍,财政收入从 76 966.70 亿元增长到 278 866.10 亿元,整体翻了 3.62 倍[①]。自非税收入 2007 年被纳入统计以后,几乎每年我国非税收入的增速都超过财政收入和税收收入的增速。以 2019 年的数据为例,全国一般公共预算收入为 190 390.08 亿元,税收收入为 158 000.46 亿元,相较上年增速分别为 3.83%和 1.02%,而非税收入为 32 389.62 亿元,相较上年增速为 20.15%。尽管 2016 年以来,我国全面落实"减税降费"政策,2017 年和 2018 年的非税收入总量出现下降态势,降幅分别为 3.49%和 4.49%。但 2019 年非税收入急剧反弹,即使与下降前的 2016 年相比,增幅依然达到了 10.76%。

从规模上看,这种趋势在地方政府财政收入中表现得更为突出,如第三章中的统计数据分析,地方非税收入与地方财政收入成正比增长,地方非税收入自 2008 年以来总量一直处于上升态势,2008 年总量为 18 505.40 亿元,2020 年增长到 118 394.47 亿元,多年来在地方政府财政收入中占比基本都达到 50%以上[②]。根据第三章中 2011—2021 年 11 年间的统计数据,地方非税收入是我国非税收入的主体,占全部非税收入的比重平均达到 81.09%,年平均占地方财政收入的 54.65%,而中央非税收入平均只占本级财政收入的 12.82%。我国政府非税收入管理分设在三本预算中,即一般公共预算、政府性基金预算和国有资本经营预算,在三本预算中政府性基金预算的非税收入所占比重最高,其次为一般公共预算的非税收入,国有资本经营预算的非税收入占比最低。

以 2020 年为例,全国非税收入 126 867.40 亿元。一般公共预算非税收入 28 601.59,占全部非税收入的 22.55%。按收入项目划分,一般公共预算收入中的行政事业性收费收入为 3 838.65 亿元,占全国非税收入的 3.03%;国有资本经营收入为 1 938.95 亿元,占 1.53%;国有资源(资产)有偿使用收入为 9 934.33 亿元,占 7.83%;专项收入(包括排污费、水资源费、矿产资源补偿费、教育费附加、探

---

① 国家税务总局社会保险费司(非税收入司)编:《非税收入知识读本》,中国税务出版社 2021 年版,第 25 页。
② 国家税务总局社会保险费司(非税收入司)编:《非税收入知识读本》,中国税务出版社 2021 年版,第 25 页。

矿权采矿权使用费及价款等)为 7 123.36 亿元,占 5.61%;罚没收入为 3 113.87 亿元,占 2.45%;其他非税收入为 2 652.43 亿元,占 2.09%。政府性基金预算非税收入为 93 491.26 亿元,占非税收入的 73.69%。国有资本经营预算非税收入为 4 774.55 亿元,占非税收入的 3.76%。2014 年以前,政府性基金预算非税收入在全部非税收入中占比在 70%左右,2014 年,为了进一步规范政府性基金预算管理,财政部采取政策调整,将政府性基金预算中应统筹使用的资金列入一般公共预算,使得 2015 年政府性基金预算非税收入在全部非税收入中的占比下降到 58.60%,之后又逐年回升至 2020 年的 73.69%,其中国有土地使用权出让金收入在政府性基金预算非税收入中占 87.88%,在整个非税收入中的占比为 64.76%。

从结构上看,在收入类别上位居前列的为国有土地使用权出让金收入(占 64.76%)、国有资源(资产)有偿使用收入(占 7.83%)、专项收入(占 5.61%)、行政事业性收费收入(占 3.03%)、罚没收入(占 2.45%)。从历年统计数据来看,地方政府国有土地使用权出让金收入不断增长,一定程度上弥补了"减税降费"背景下地方财政支出的缺口,同时也暴露出地方土地财政所面临的严峻形势。

按收入级次划分,2020 年一般公共预算中央非税收入为 3 126.49 亿元,占 10.93%;地方非税收入 25 475.10 亿元,占 89.07%。尽管地方政府在非税收入中占比较高属于正常现象,但很多地方政府的税收收入与非税收入在结构上明显失衡,甚至不少省份的非税收入已超过本级税收收入,非税收入与税收收入的比值严重偏高,而且越是基层政府、财政困难的政府表现越明显。地方政府非税收入增速和占比与地区的经济发达程度成负相关,经济越是发达的地区,财政收入中非税收入比重越低,以一般公共预算非税收入为例,如表 3-5 所示,2021 年上海市非税收入占比为 14.99%,湖北省非税收入占比为 22.04%,宁夏回族自治区非税收入占比为 34.63%。相对于税收而言,地方政府在非税收入的征缴和管理方面拥有较大的控制权,在面临财政压力的情况下,易于通过增加非税收入获取更多财政资金[①]。

政府非税收入分散在三本预算中,纳入统筹力度不同,实际削弱了地方政府的可支配财力。虽然非税收入在地方政府财政收入体系中占有重要地位,总量上也长期持续增长,但是纵观各类非税收入,真正被纳入一般公共预算,用于地

---

① 谷成、潘小雨:《减税与财政收入结构——基于非税收入变动趋势的考察》,载《财政研究》2020 年第 6 期。

方政府各类普遍性开支的只有大多数行政事业性收费和罚没收入,而大量的政府性基金收入、国有资源(资产)有偿使用收入只能专款专用,有其特定的用途,不能进入一般公共预算统一开支统筹使用。因此,地方政府的宏观调控能力并未因当地非税收入的增加而获得同步强化,反而有可能被弱化。

### 三、制度缺位,约束机制乏力

一是法律定位不清晰。在法律上缺乏对财政分配主体地位的明确规定。计划经济体制下,财政作为国民经济收入的总枢纽居主体地位,这一点在法律制度上非常明确。而在向社会主义市场经济的过渡中,财政分配的法律地位并没有明确界定,在《预算法》中也未就财政分配的主体地位作出明确规定,这就使得财政对政府非税收入规模的控制缺乏法律依据。同时在现行的财政分权体制下,我国的税收立法权高度集中于中央,收费立项权则是由中央与地方分享。由于地方政府没有相应独立的税收立法权,当地方税收和中央转移支付难以保障地方行政部门的行政经费、难以满足地方政府的投资资金时,地方政府、地方行政部门便倾向于采取收费的形式来作为融资渠道[①]。特别是随着财政体制改革的深入,越发以事权的大小确定各级政府、各行政部门的财权,这也使得各级政府机构总是试图通过多种渠道筹集资金落实财权进而扩展自己的权力。

二是管理制度不健全。政府非税收入管理从立项、定标、征收、票据管理和资金使用等各个环节缺乏一套覆盖全国的统一、规范、系统的法律法规,行政事业性收费和罚没收入虽然有一些地方性法规和规章,但是法律级次较低、不易协调,实际贯彻执行难以得到充分保障,使得非税收入无章可循或有章难循。在非税收入征管和使用中存在较大的随意性,缺乏健全的监督机制,造成各地政府的管理模式和管理办法不尽相同,非税收入管理难以规范,对违规行为难以约束。

三是监督管理不规范。预算管理是监督非税收入是否规范的重要机制,目前对非税收入预算管理还存在一些制度上的滞后性。如在非税收入预算编制方面缺乏指导性的法律法规,现行预算管理制度未对此部分作出明确规定;收费和罚没收入从立项到征收、使用,没有一套完整的法制规范,整个过程被置于社会监督之外;部分国有资源(资产)由于所有者主体缺位,开发权、使用权、特许经营

---

① 郭艳:《我国政府非税收入管理存在的问题及对策研究》,载《科学社会主义》2014年第5期。

权没有明确的管理办法,收入游离于财政监管之外;彩票公益金没有统一的专业化监管机构,难以保证用于规定的社会公益项目;政府职能部门间的非税收入分配机制不完善,在非税收入预算下达实施过程中,预算管理机构与执收部门在提成补助及额度上有博弈空间,影响预算执行效率;非税收入预算编制分设在不同编制中,没有形成统一完整的非收入预算管理制度,等等。

## 第二节 地方政府非税收入管理问题的生成机理

财政体制是国家通过规定各级政权管理财政收支的权限和各企事业单位在财务管理上的权限,据以处理国家各级政权之间、国家与企事业之间的财政分配关系的管理制度①。新中国成立以来,我国的财政体制改革大致经历了三个阶段:一是新中国成立后的前三十年的"统收统支",这一阶段实行高度集中的国家建设型财政管理体制,中央集中绝大部分财政收入,一切支出皆由中央拨付,"集中财力办大事"是这一阶段的主要特征;二是改革开放前十五年的"分灶吃饭",这一阶段主要是根据隶属关系,划分中央和地方财政的收支范围并据此核定收支指标,地方以收定支自求平衡;三是1994年后的"分税制"财政体系,这一阶段的主要特征是按照统一规范的基本原则,划分中央与地方的收支范围,建立并逐步完善中央对地方财政转移支付制度。

### 一、财政制度从集权到分权的历史演变

新中国成立70年来,伴随各个时期经济形势的发展变化,我国的财政管理体制也适时调整以顺应时代的需求。从1949年到1994年实行分税制,其变化轨迹可描述为由中央集权型"统收统支"体制—行政性分权型"财政包干"体制—与国际惯例接轨的分权型"分税制"和公共财政体制②。

1. 集中制阶段:以"统收统支"为特征(1949—1978)

新中国成立初期,我国处于战后国民经济恢复时期,需要大量财政资金解决所面临的巩固政权和稳定经济两大问题。由此,在财政体制上事权和财权大部

---

① 冯玉、宋莹雪:《现行财政体制下转移支付制度初探》,载《黑龙江科技信息》2011年第33期。
② 陈岐山、张清华、赵尊华:《我国财政管理体制的变迁与原则》,载《经济纵横》2004年第10期。

分集中于中央,形成了鲜明的"统收统支"特征。地方财政收入集中于中央政府,各地方政府预算支出要预先向中央报告,需编制年度概算后由中央批准拨付,实行高度集中的预算管理体制。

(1)国民经济恢复时期(1949—1952)。

新中国成立初期,国家推行重工业优先发展的赶超战略,为避免地方政府财权过大造成资金分散,影响国民经济快速恢复和长足发展,需要实行高度集中和统一的财政管理体制。1950年1月,中央人民政府政务院发布了《全国税政实施要则》《关于统一全国税收政策的决定》和《全国各级税务机关暂行组织规程》等法规章程,明确规定了新中国税政建设方面的有关重大原则问题,初步形成了全国统一的税收制度。同年2月,中财委在全国财政会议上强调"1950年财经工作要集中一切财力、物力做目前必须做的事"。同年3月,政务院先后发布了《关于统一国家财政经济工作的决定》《关于统一管理1950年度财政收支的决定》等重要文件,建立起高度集中的"统收统支"的财政管理体制。一方面,国家一切收支项目、收支办法、收支范围和标准均由中央统一制定;另一方面,国家将全国财力绝大部分集中在中央,地方只拥有部分地方税收收入和一些零星收入,各级政府的开支由中央统一核拨,对地方财政实行"收支两条线"管理。

1951年,全国财政经济情况开始好转,考虑到高度集中的财政管理体制使地方财政机动性较弱、不能因地制宜和灵活地运用资金等问题,同年3月,政务院颁发了《关于1951年度财政收支系统划分的决定》,对预算体制问题作了新的规定,即将全国财政分为中央、大区和省三级预算。中央级预算为中央预算,大行政区及以下预算为地方预算,国家预算收入划分为中央预算收入、地方预算收入以及中央和地方比例分成收入。国家预算支出按照企事业和行政隶属的关系及业务范围,划分为中央预算支出和地方预算支出。地方预算收支每年由中央核定一次,其支出先以地方财政收入抵补,收入不抵支出之数由比例解留收入弥补,分成比例一年一变,这就是这一时期推行的"收支两条线"模式[①]。国家财政在保证中央领导的前提下,充分调动地方积极性,实行"统一领导,分级管理"体制,但在不同时期采用的具体管理方法有所差异。国家通过推出统一财经工作、平衡财政收支、稳定物价等一系列政策措施,为国民经济的恢复、政权的巩固以

---

① 徐江琴:《1980年:"分灶吃饭"拉开财政体制改革序幕》,载《财政监督》2008年第1期。

及各方面的治理工作提供了有力的保证,从而有效地促进了国民经济的迅速恢复和财政经济状况的根本好转①。

(2)第一个五年计划时期(1953—1957)。

从1953年起,在国民经济全面恢复的基础上,我国实施了第一个五年计划,开始转入大规模有计划的经济建设。根据党的过渡时期总路线和总任务的要求,作为整个计划经济体制的重要组成部分,财政担负起了为工业化筹集资金和促进社会主义改造的双重任务。一方面,以筹集社会主义工业化建设资金为重点,通过改进和加强财政收支管理,开辟和扩大财源,增加资金积累,保证了"一五"计划的顺利完成;另一方面,伴随着对农业、手工业和资本主义工商业的社会主义改造进程,逐步建立了对不同所有制和不同区域实施不同财税政策的财政制度体系。

1953年我国开始实施"收入分类分成",将财政收入分为中央固定收入、地方固定收入、固定比例分成收入以及中央调剂收入。但是,由于作为主要财源的公粮和城市税收均由中央统一调用,中央财政仍然处于优势地位,这一办法延续至1957年②。根据当时的客观情况和毛泽东同志"关于在巩固中央统一领导的前提下,扩大一点地方权力,让地方办更多的事情,这对我们建设社会主义国家比较有利"的指示精神③,中央决定把一大批中央企业下放地方管理。1957年11月,国务院发布《关于改进财政管理体制的规定》,指出财政管理改革的意义是"为了划定中央和地方财政收支的范围,确定地方财政的收入来源,使地方有一定数量的机动财力来安排自己特殊的支出,进一步发挥组织收入、节约支出的积极性,以推动建设事业的发展"④。因此,财政管理体制进行了以"以收定支"为目标的改革,并且下放税收管理权限,中央财政占据绝对主导的情况开始发生变化。这个体制的总的精神是:根据新情况明确划定地方财政的收支范围,进一步扩大地方财政的管理权限,并且在保证国家重点建设的前提下,增加地方的机动财力。

"一五"计划时期,我国财政收入总额达到1 318.53亿元,有力地保障了各项

---

① 高培勇:《论国家治理能力现代化框架下的财政基础理论建设》,载《中国社会科学》2014年第12期。
② 马海涛、任强:《新中国70年财政发展的路径与经验》,载《中国财政》2020年第1期。
③ 毛泽东:《毛泽东著作选读(下册)》,人民出版社1985年版,第729页。
④ 财政部综合计划司:《中华人民共和国财政史料(第1辑)》,中国财政经济出版社1982年版,第102—103页。

建设计划和居民生活改善的需求。其中,国有经济、公私合营经济和集体经济创造的财政收入总额达到1 098.07亿元,占整个财政收入总额的83.3%,处于绝对的支配地位。在中央与地方的财力划分上,中央明显占据优势地位,这既匹配国有经济的产权归属,也满足社会主义建设投资的基本要求①。

(3)"大跃进"和五年调整时期(1958—1965)。

"一五"计划各项指标和"三大改造"任务全面完成后,从1958年开始,我国进入第二个五年计划时期,国家的经济体制有了较大改革。先是配合"大跃进"实施对地方和企业的放权,一定程度上改变了"一五"时期过度集权的体制格局。但是,这一时期在经济工作上发生了"高指标""瞎指挥"和"浮夸风",从而带来了财政的"假结余、真赤字"问题,而且过多地扩大了地方的财权,相对地缩小了中央财政的机动力量,不利于国家有计划地发展经济和建设事业。

针对1958年财政管理体制执行中存在的问题,国务院于1958年9月通过了《关于进一步改进财政管理体制和改进银行信贷管理体制的几项规定》,决定从1959年起,实行"收支下放、计划包干、地区调剂、总额分成、一年一变"的财政管理体制,简称"总额分成、一年一变"。为克服"大跃进"时期"左"的干扰,国家实行"调整、巩固、充实、提高"八字方针对经济进行调整,经济管理权集中于中央、中央派出的各大区局和省(市)三级,实际上主要集中于中央和中央局。与此相适应,财政管理也实行集中方式,强调"全国一盘棋""上下一本账",要求各级财政预算安排必须逐级落实,坚持做到"当年收支平衡,略有结余""不打赤字预算"等,整顿预算外资金。由于加强了财政集中统一管理,有力地保证了国民经济三年调整任务的顺利完成。随着对国民经济形势认识的逐步深入,经济调整措施也更具针对性。1962年4月,中共中央、国务院作出《关于严格控制财政管理的决定》,对财政工作作了更加严格的规定。在此文件的指导下,经济调整工作有效推进,国民经济出现了好转,我国从1963年开始逐步放松调整初期中央财权过度集中的问题,但这种调整不是对原财政体制简单的回归,而是继承基础上的扬弃②。

"大跃进"和五年调整时期,我国财政收入状况总体保持平稳。1957年,我国财政收入为303.20亿元;而到了1960年,我国财政收入上升到572.29亿元,

---

① 闫坤、张鹏:《新中国70年财政学的演进与发展》,载《财经问题研究》2020年第1期。
② 姜长青:《新中国财政体制70年变迁研究》,载《理论学刊》2019年第5期。

年均增速达到23.58%,但财政收支矛盾突出①。

(4)"文化大革命"时期(1966—1977)。

"文化大革命"将国家经济社会生活带入混乱状态,财税体制在这一时期变动频繁,也使国家财政工作面临困局。"文化大革命"刚开始时,实行收支挂钩、总额分成的办法。到了1968年,有的省、自治区甚至出现正常经费都无法保障的情况,只能采用收入全部上缴国家、支出全部由中央拨付的中央和地方"收支两条线"的办法。1969年党的九大召开后,政治局面相对稳定,开始实行"收支挂钩、总额分成"的办法,规定收入的分成比例,按中央批准下达的收支指标计算。1970年,国务院提出《第四个五年计划纲要》,对经济体制进行改革。国家财政实行中央、省、县三级管理,中央对各省、直辖市、自治区实行"定收定支、总额分成"的办法。1971年,中央实行了经济管理权限下放的政策,一些重要企业也下放到地方,财政体制改变为"定收定支、收支包干、保证上交(或差额补贴)、结余留用、一年一定"的办法。1972年,中央财政对包干体制作了局部修改,规定中央对各省、直辖市、自治区仍继续实行包干办法,但各直辖市对地、市、县不宜层层包干,可以采取收入分成办法或其他办法。1973年,中央对华北、东北地区和江苏省在保持"收支包干"办法的基础上,试行"收入按固定比例留成,超收另定分成比例,支出按指标包干"的财政管理体制②。1974年,开始在全国普遍推行这一管理体制。该管理体制在当时财政收入不稳定的情况下,对保证地方必不可少的支出发挥了好的作用。但该体制不利于调动地方增收节支和平衡预算的积极性,不能体现地方一级财政的权责关系。为了解决这些问题,1976年我国再次实行"定收定支、收支挂钩、总额分成、一年一变"的财政管理体制,但1974年体制中给地方固定数额机动财力的办法予以保留。

1976年推行的这种体制实际上就是1959—1970年实行的"总额分成、一年一变"体制。这不过是一种临时过渡办法,目的是为了在困境中勉强维持过日子③。总体而言,在"统收统支"财政体制下,政府间财政关系变化频繁,财政

---

① 闫坤、张鹏:《新中国70年财政学的演进与发展》,载《财经问题研究》2020年第1期。
② 收入固定比例留成是指我国于1974—1975年实行的预算管理体制。即留给地方财政固定收入作为机动财力,地方支出按指标由中央预算拨给,包干使用。这一体制是"文化大革命"后期国民经济遭受重大损失,国家财政收入发生困难时采取的临时措施。根据1973年在华北、东北地区和江苏省试行的情况,1974年财政部提出在全国推行这种新体制。
③ 西永禄、岳铜铃:《我国财政管理体制演变概览》,载《财税与会计》1994年第6期。

管理体制的集权与分权程度的不断调整,使得财政收入的增速的变动幅度超过GDP的变动幅度[①](图4-1)。

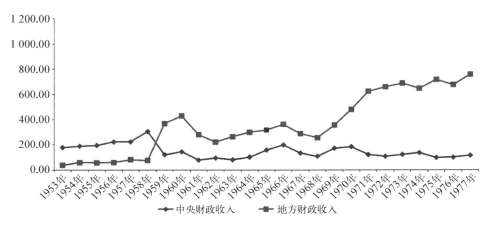

图4-1 1953—1977年我国中央与地方财政收入(亿元)

数据来源:历年《中国统计年鉴》。

2. 包干制阶段:以财政包干为特征(1978—1994)

1978年党的十一届三中全会以后,中国进入改革开放的新时期。为了缓解中央财政赤字压力,调动地方政府增收节支的积极性,财政体制由过去"吃大锅饭"改为"分灶吃饭",即实施财政包干制。各项财政支出不再由中央归口下达,中央逐渐向地方放权,地方政府的财权与事权进一步扩大。

(1)"划分收支、分级包干"制(1978—1984)。1978年以前,我国财政体制虽经多次变动,但都是以高度集中为主要特征。1979年,作为解决传统体制"管得过多,统得过死"问题的突破口,财政体制改革以"分灶吃饭"来扩大地方政府的经济资源支配能力。这次财政体制改革的基本精神是:在巩固中央统一领导和统一计划,确保中央必不可少的开支的前提下,明确各级财政的权力和责任,做到权责结合,各司其职,各负其责,充分发挥中央和地方两个积极性。根据这一精神,国务院决定从1980年起实行"划分收支、分级包干"的财政管理体制,即通常所说的"分灶吃饭"的财政管理体制,并根据各地区的不同情况实行四种不同

---

① 张凯强:《财政收入70年:走向科学和规范》,载《中国财政》2020年第5期。

的办法①,1980年2月,国务院下发《关于实行"划分收支、分级包干"财政管理体制的暂行规定》(国发〔1980〕33号),该规定指出:"实行'划分收支、分级包干'的改革措施是一次国家财政管理体制的重大变革。"1983—1984年,国家对财政包干体制进行了调整,将地方固定收入与调剂分成收入加在一起,与支出基数比较,计算出总额分成比例,实行比例包干。同时,中央财政向地方财政的借款也相应调整列入地方包干基数,调整了地方财政分成比例或减少了中央财政对地方的定额补助数额,一定程度上减轻了中央财政的压力。1984年10月颁布的《中共中央关于经济体制改革的决定》,系统阐述了经济体制改革问题,为全面经济体制改革开辟新道路奠定了政策基础。

(2)"划分税种、核定收支、分级包干"制(1985—1987)。从1985年起,根据第二步利改税已经推行的状况,在总结"分灶吃饭"体制经验的基础上,国家对该体制进行了调整。1985年3月,国务院发布《关于实行"划分税种、核定收支、分级包干"财政管理体制的规定的通知》,除了广东、福建两省继续实行"财政大包干制"外,其余各省、自治区和直辖市均实行"划分税种、核定收支、分级包干"体制。税收收入逐渐取代企业上缴利润成为财政收入的主要形式,财政分配的基础发生变化,为此"划分收支、分灶吃饭"相应改为"划分税种、核定收支、分级包干",即将财政收入划分为中央固定收入、地方固定收入和中央与地方共享收入,而在支出划分上则基本维持原有的体制格局。

(3)地方财政包干制(1988—1993)。1986年以后,我国财政收入出现了一个新的情况,一些经济发展比较快、收入上解比例大的地区财政收入出现了滑坡现象。这些地区认为实行"总额分成"办法是"鞭打快牛",收入多的地区留成比例小上解比例大,而收入少的地区留成比例大上解比例小,于是就发生了"藏富于民""藏富于企业"的对策使财政收入出现滑坡。为了遏制财政收入滑坡,调动

---

① 第一种,四川、陕西、甘肃、河南、湖北、湖南、安徽、江西、山东、山西、河北、辽宁、黑龙江、吉林、浙江等15个省实行"划分收支、分级包干"的办法。第二种,对广东、福建两省实行"大包干"的特殊办法,对广东省实行"划分收支、定额上缴"的办法,而对福建省实行"划分收支、定额补助"的办法。第三种,对江苏省继续实行1979年起试行的"固定比例包干"的办法,根据江苏省历史上对地方预算支出占收入的比例,确定一个留用或上缴的比例,一定四年不变。第四种,内蒙古、新疆、西藏、宁夏、广西5个自治区和云南、青海、贵州少数民族比较多的三个省实行"划分收支、补助递增包干"的办法,保留原来对自治地区的特殊照顾,并作两条改进:一条是对这些地区也采取包干的办法,参照上述第一种办法划分收支范围,确定中央补助的数额,并由一年一定改为一定五年不变;另一条是地方收入增长的部分全部留给地方,中央对自治区的补助数额每年递增10%。

地方组织财政收入的积极性①,1988年7月,国务院发布《关于地方实行财政包干办法的决定》,明确从1988年起与国有企业普遍推行承包经营责任制相呼应,我国开始实行多种形式的地方财政包干办法,包括"收入递增包干""总额分成""总额分成加增长分成""上解递增包干""定额上解"和"定额补助"等六种财政包干形式,到1992年除部分地区成为分税制试点外,财政包干制具体形式已经调整为五类②,这一体制一直实行到1993年。上述改革举措不但涉及中央同地方的关系,而且重点已被放到改进国家与企业的财政关系上。

这一时期,我国财政体制的总体原则是地方政府在中央统一领导下各负其责自求平衡,发挥了地方政府的能动性和积极性。如图4-2所示,地方财政收入在这期间一直大于中央财政收入。中央释放给地方的税收征管权力,增加了地方政府在经济发展方面的积极性和灵活性,但是一定程度上加剧了区域经济的封锁保护,降低了财政汲取的能力,使得财政收入的增长速度落后于GDP的增速,造成中央财政收入集中不足的难题③。

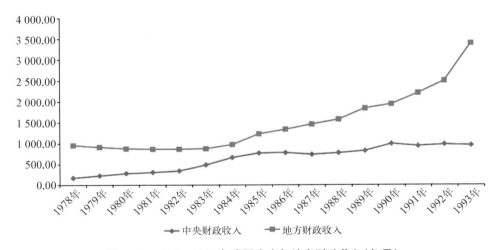

图4-2 1978—1993年我国中央与地方财政收入(亿元)

数据来源:历年《中国统计年鉴》。

---

① 宋新中:《新中国成立五十年来财政管理体制的改革与发展》,载《预算管理与会计》1999年第9期。
② 即固定比例留成:山西、安徽;固定比例增长分成:河南、河北、北京、哈尔滨、江苏、宁波;定额上解:上海、黑龙江、山东;定额递增上解:广东(含广州)、湖南;定额补助:内蒙古、新疆、西藏、贵州、云南、青海、广西、宁夏、海南、甘肃、陕西(含西安)、吉林、福建、江西。
③ 张凯强:《财政收入70年:走向科学和规范》,载《中国财政》2020年第5期。

3."分税制"时期：以分级分税为特征(1994年至今)

财政包干的管理制度极大地调动了地方政府的积极性,促进了经济社会快速发展。随着改革的不断深入,中央和地方政府及地方政府间的利益冲突逐渐显现,主要表现在以下几个方面：一是中央财政收入占全国财政收入比重较低,宏观调控能力受到抑制；二是地方政府重复建设严重,不利于资源优化；三是中央与地方政府的关系受到人为因素影响较多；四是中央和地方利益界限不清晰①。特别是在地方与地方和地方与中央的博弈下,财政收入占GDP的比重和中央财政收入占全国财政收入的比重均下降,中央的权威受到严重的挑战。中央对地方的各类包干体制"包死了"中央财政,如1984年中央一般公共预算非税收入占国家一般公共预算非税收入的比重为40.51%,到1993年仅占22.02%②。"大包干"调动了地方政府积极性,但是弱化了税收的调节功能,而且影响全国统一市场的形成,特别是中央财政收入的下降弱化了其宏观调控能力。1987年10月召开的党的十三大提出,要"在合理划分中央和地方财政收支范围的前提下实行分税制"。但是,在"包"字占改革主导思想的当时,没有条件具体实施③。1990年,中央"八五"计划建议提出有计划地实施分税制,财政部经过缜密研究和测算,于1990年设计了分税制财政体制试点改革初步方案,形成了"分税包干"的体制改革方案。

1992年邓小平南方谈话之后,我国开始探索市场经济的发展模式。党的十四大确立了以社会主义市场经济体制为改革目标模式,逐步建立了社会主义市场经济体制的基本框架,随后进入市场经济体制的全面建设和完善时期。1992年6月,财政部颁布的《关于实行"分税制"财政体制试点办法》(财地〔1992〕63号)明确提出：为了进一步推进改革,经国务院同意,在"八五"期间,中央对部分地区实行"分税制"财政体制试点。选择在浙江、辽宁、新疆、天津、沈阳、大连、青岛、武汉、重庆等9个地方进行分税制试点。这次改革也被称为"分税包干制",由于没有在税制改革基础上进行,并不是真正意义上的分税制。这些尝试为1994年税制与分税制改革彻底取代包干制提供了有益的实践经验④。

1993年11月召开的党的十四届三中全会提出一揽子改革方案,启动以分

---

① 陈永波：《我国财政转移支付制度的评价及改革设想》,载《北京金融评论》2014年第2期。
② 甘家武、张琦、舒求仆、李坤：《财政事权和支出责任划分改革研究：兼论分税制财政体制改革》,载《云南财经大学学报》2019年第4期。
③ 刘仲藜：《分税制化解中央财政危机》,载《中国经济周刊》2019年第18期。
④ 楼继伟：《40年重大财税改革的回顾》,载《财政研究》2019年第2期。

税制为主要内容的财税改革,分税制改革是财税改革的核心内容。在中共中央《关于建立社会主义市场经济体制若干问题的决定》中,明确财税改革的重点之一就是把现行地方财政包干制改为在合理划分为中央与地方事权基础上的分税制,建立中央税收和地方税收体系。从1992年试点到1994年在全国全面推广,分税制改革意味着否定原来的"分灶吃饭"的财税体制,重新划定中央政府和地方政府之间的事权和财权[1]。

所谓分税制[2]是指国家首先明确划分中央和地方政府的事权,根据财权与事权相匹配的原则,按照税种属性来划分各级政府的财政收支的范围,同时分级独立地进行收支预算编制,并以转移支付作为辅助手段的一种财政管理体制。分税制的主要内容是分事权(划分中央和地方的财政支出范围)、分税收(划分中央与地方的收入范围)、分管理(分设中央和地方两套税务机构)。也就是在划分事权的基础上,划分中央与地方的财政支出范围;按税种划分收入,明确中央与地方各自的收入范围;分设中央和地方两套税务机构;建立中央对地方的税收返还制度。分税制的基本划分原则为:中央税收收入在全国的财政收入中占总领地位,并将维护国家利益的、涉及全国性资源配置的、有利于实现国家实施宏观调控的税种划归于中央;与当前社会经济发展有直接或密切联系的税种划为中央与地方共享税;除此之外将那些较为分散的或者比较适合地方征管的税种划为地方税。在税种划分的基础上,又建立了税收返还以及转移支付制度来保障地方的利益。随着经济社会的不断发展变化,促使我国在分税制的框架之内,先后实施了所得税税收收入分享改革、营业税改增值税、个别税种在中央与地方间共享比例的调整以及成品油税费改革等,这一系列改革方案的调整完善了政府间的收入划分,形成了较为稳定的税收收入划分格局,建立起稳定的财政收入增长机制,使得中央和地方间的税收分配关系得到规范化,奠定了我国目前财政管理体制基本框架。

我国的分税制主要具有以下三个特点:

第一,以税种的归属为基础划分中央与地方的收入范围。按照税源大小划分税权,税源分散、收入零星、涉及面广的税种划为地方税,税源大而集中的税种

---

[1] 刘仲藜:《分税制化解中央财政危机》,载《中国经济周刊》2019年第18期。
[2] 狭义的分税制财政体制改革仅包括中央和地方的财政收支划分问题;从广义上理解,分税制改革是理顺各级政府间的财政分配关系,包括分税制和转移支付等。本书中的分税制指的是广义的分税制。

划为中央税,一般而言,不可能把大税种划为地方税。但是,由于地方税不仅对法人(公司、企业)征收,而且更多的是对个人征收,所以税源分散在千千万万个纳税人手中;又由于地方税征收范围小,税源不集中,所以收入零星;由于地方税税种小而多,所以涉及面广,几乎涉及所有单位和个人①。

第二,成立中央和地方两套税务机构实行分别征税。分设国家税务局和地方税务局,分别负责组织中央政府和地方政府的税收收入,保证分税制的落实,确保相关税收收入及时足额入库。部分税种的征收管理权归地方,地方政府对地方税可以因地制宜、因时制宜地决定开征、停征、减征税、免税,确定税率和征收范围,这是地方税的主要特点。由于赋予地方以较大的机动权限,从而既能合理照顾地方利益、调动地方的积极性,又不至于影响全国性的商品流通和市场物价。由于地方税一般均属于对财产(不动产)、对行为和部分所得以及不涉及全面性商品流通的经济交易课征,所以即使各地执行不一致,也不影响全局②。

第三,实行税收返还和转移支付制度。为保证税收大省发展企业的积极性和照顾既得利益的分配格局,分税制规定了税收返还办法。将原属地方支柱财源的"两税"(增值税和消费税)按实施分税制后地方净上划中央实行基数返还,保证地方既得利益。在分税制运行两年后,中央财政又进一步推行"过渡期转移支付办法",即中央财政从收入增量中拿出部分资金,选取对地方财政收支影响较为直接的客观性与政策性因素,并考虑各地的收入努力程度,确定转移支付补助额,重点用于解决地方财政运行中的主要矛盾与突出问题,适度向少数民族地区倾斜。税收返还和转移支付制度旨在调节地区间的财力分配,一方面要保证发达地区组织税收的积极性,另一方面要将部分收入转移至不发达地区,以实现财政制度的地区均等化目标③。

在社会主义市场经济条件下,财力完全集中于中央或过多地分散于地方,都不能适应社会经济发展的需要。实践证明,在保证中央财政需要的同时,给地方一定规模的财力和适当的财政支配权,方能调动地方政府发展经济的积极性和主动性。因此,实行分税制,建立中央与地方相对独立的分级财政,为地方政府发展地方经济、加强文化建设提供资金保证,就成为我国财政管理体制改革的必

---

① 蔡劲松:《挑战与机遇——传达分税制改革的财政之声》,载《中国财经报》2011年7月5日。
② 蔡劲松:《挑战与机遇——传达分税制改革的财政之声》,载《中国财经报》2011年7月5日。
③ 周飞舟:《分税制十年:制度及其影响》,载《中国社会科学》2006年第6期。

然方向。我国分税制改革打破了传统的财政包干模式,调动了中央和地方"两个积极性",使得财政收入持续快速增长,中央财政收入占全国财政收入的比重稳步提高,取得了比较显著的成效。

表4-1总结了我国在不同阶段财政管理体制的基本特征。

表4-1 新中国成立以来我国财政管理体制的基本特征

| 财政管理体制 | 实行时间 | 基 本 特 征 | 财政收支集权度 |
| --- | --- | --- | --- |
| 统收统支 | 1950年 | 高度集中、统收统支 | 集中财力、平衡收支、收入分权、支出分权度不断调整 |
| | 1951—1957年 | 划分收支、分级管理 | |
| | 1958年 | 以收定支、五年不变 | |
| | 1959—1970年 | 收支下放、计划包干、地区调剂、总额分成、一年一变 | |
| | 1971—1973年 | 定支定收、收支包干、保证上缴(或差额补贴)、结余留用、一年一定 | |
| | 1974—1975年 | 收入按固定比例留成,超收另定分成比例,支出按指标包干 | |
| | 1976—1979年 | 定收定支、收支挂钩、总额分成、一年一变、部分省(市)试行"收支挂钩、增收分成" | |
| 分灶吃饭 | 1980—1984年 | 划分收支、分级包干 | 收入分权、支出分权 |
| | 1985—1987年 | 划分税种、核定收支、分级包干 | |
| | 1988—1993年 | 财政包干 | |
| 分税制 | 1994年至今 | 划分中央地方事权及收支范围、成立中央和地方两套税务机构、建立并逐步完善中央对地方财政转移支付 | 收入集权、支出分权 |
| | 2003年 | 财政"省管县"和"乡财县管"改革试点 | |

分析表4-2中中央和地方一般公共预算收入所占比重,可以清晰地看出地方财政收入占比有两次大的波动,对应着我国财政体制改革的三个阶段,即"统

收统支""分灶吃饭"和"分税制",体现了财政体制由集权到分权的发展规律。在这三个阶段中所采取的一系列措施都是为了解决地方财政激励和财政平衡的问题,但就我国"一切为了发展"的指导方针而言,财政体制的每次改革更多的是为了满足社会经济实际发展的要求。透过财政体制的演变,无疑可以发现政府间财政关系的变化实际上围绕着集权与分权这条主线展开,呈现出从高度集权到适度分权的发展趋势。总而言之,新中国成立以来,我国中央政府与地方政府间的财政关系发生过多次变动,经历了集权—分权—再集权的循环发展过程。1958年开始了首次向地方的分权,包括向地方政府下放计划权力、下放企业管辖权、下放物资分配权和劳动管理权、下放财政和税收权以增加地方的收入、下放投资和信贷的审批权[①]。截至1978年经济体制改革,我国中央与地方的财政关系已历经多次变动,由新中国成立初期中央集权并实行垂直管理的财政体制,逐渐改变为中央集权与地方分权相结合的财政体制。1978年改革开放以来,我国财政分权的广度和深度都在持续。财政分权体制演变至今,如果用地方政府支出在总财政支出中的相对比重衡量,我国已经成为一个高度分权的国家,甚至可能在世界上也名列前茅[②]。

表4-2　1953—2021年中央和地方一般公共预算收入及比重

| 年份 | 绝对数(亿元) | | | 比重(%) | |
| --- | --- | --- | --- | --- | --- |
| | 全国 | 中央 | 地方 | 中央 | 地方 |
| 1953 | 213.24 | 177.02 | 36.22 | 83.00 | 17.00 |
| 1954 | 245.17 | 187.72 | 57.45 | 76.60 | 23.40 |
| 1955 | 249.27 | 193.44 | 55.83 | 77.60 | 22.40 |
| 1956 | 280.19 | 222.10 | 58.09 | 79.30 | 20.70 |
| 1957 | 303.20 | 222.94 | 80.26 | 73.50 | 26.50 |
| 1958 | 379.62 | 305.26 | 74.36 | 80.40 | 19.60 |

---

① 马金华、刘锐、薛迪:《央地财政关系未来走向》,载《新理财(政府理财)》2017年第11期。
② 管汉晖:《秦汉以来我国中央与地方的财政关系——财政分权的历史渊源回溯》,载《经济科学》2017年第4期。

续 表

| 年份 | 绝对数(亿元) | | | 比重(%) | |
|---|---|---|---|---|---|
| | 全 国 | 中 央 | 地 方 | 中 央 | 地 方 |
| 1959 | 487.12 | 118.78 | 368.34 | 24.40 | 75.60 |
| 1960 | 572.29 | 142.80 | 429.49 | 25.00 | 75.00 |
| 1961 | 356.06 | 76.65 | 279.41 | 21.50 | 78.50 |
| 1962 | 313.55 | 93.07 | 220.48 | 29.70 | 70.30 |
| 1963 | 342.25 | 78.92 | 263.33 | 23.10 | 76.90 |
| 1964 | 399.54 | 100.81 | 298.73 | 25.20 | 74.80 |
| 1965 | 473.32 | 156.07 | 317.25 | 33.00 | 67.00 |
| 1966 | 558.71 | 196.49 | 362.22 | 35.20 | 64.80 |
| 1967 | 419.36 | 132.44 | 286.92 | 31.60 | 68.40 |
| 1968 | 361.25 | 107.11 | 254.14 | 29.60 | 70.40 |
| 1969 | 526.76 | 171.10 | 355.66 | 32.50 | 67.50 |
| 1970 | 662.90 | 182.95 | 479.95 | 27.60 | 72.40 |
| 1971 | 744.73 | 119.36 | 625.37 | 16.00 | 84.00 |
| 1972 | 766.56 | 105.81 | 660.75 | 13.80 | 86.20 |
| 1973 | 809.67 | 119.86 | 689.81 | 14.80 | 85.20 |
| 1974 | 783.14 | 134.77 | 648.37 | 17.20 | 82.80 |
| 1975 | 815.61 | 96.63 | 718.98 | 11.80 | 88.20 |
| 1976 | 776.58 | 98.91 | 677.67 | 12.70 | 87.30 |
| 1977 | 874.46 | 113.85 | 760.61 | 13.00 | 87.00 |
| 1978 | 1 132.26 | 175.77 | 956.49 | 15.50 | 84.50 |
| 1979 | 1 146.38 | 231.34 | 915.04 | 20.20 | 79.80 |

续　表

| 年份 | 绝对数（亿元） | | | 比重（%） | |
|---|---|---|---|---|---|
| | 全　国 | 中　央 | 地　方 | 中　央 | 地　方 |
| 1980 | 1 159.93 | 284.45 | 875.48 | 24.50 | 75.50 |
| 1981 | 1 175.79 | 311.07 | 864.72 | 26.50 | 73.50 |
| 1982 | 1 212.33 | 346.84 | 865.49 | 28.60 | 71.40 |
| 1983 | 1 366.95 | 490.01 | 876.94 | 35.80 | 64.20 |
| 1984 | 1 642.86 | 665.47 | 977.39 | 40.50 | 59.50 |
| 1985 | 2 004.82 | 769.63 | 1 235.19 | 38.40 | 66.20 |
| 1986 | 2 122.01 | 778.42 | 1 343.59 | 36.70 | 63.30 |
| 1987 | 2 199.35 | 736.29 | 1 463.06 | 33.50 | 66.50 |
| 1988 | 2 357.24 | 774.76 | 1 582.48 | 32.90 | 67.10 |
| 1989 | 2 664.90 | 822.52 | 1 842.38 | 30.90 | 69.10 |
| 1990 | 2 937.10 | 992.42 | 1 944.68 | 33.80 | 66.20 |
| 1991 | 3 149.48 | 938.25 | 2 211.23 | 29.80 | 70.20 |
| 1992 | 3 483.37 | 979.51 | 2 503.86 | 28.10 | 71.90 |
| 1993 | 4 348.95 | 957.51 | 3 391.44 | 22.00 | 78.00 |
| 1994 | 5 218.10 | 2 906.50 | 2 311.60 | 55.70 | 44.30 |
| 1995 | 6 242.20 | 3 256.62 | 2 985.58 | 52.20 | 47.80 |
| 1996 | 7 407.99 | 3 661.07 | 3 746.92 | 49.40 | 50.60 |
| 1997 | 8 651.14 | 4 226.92 | 4 424.22 | 48.90 | 51.10 |
| 1998 | 9 875.95 | 4 892.00 | 4 983.95 | 49.50 | 50.50 |
| 1999 | 11 444.08 | 5 849.21 | 5 594.87 | 51.10 | 48.90 |
| 2000 | 13 395.23 | 6 989.17 | 6 406.06 | 52.20 | 47.80 |

续 表

| 年份 | 绝对数(亿元) | | | 比重(%) | |
|---|---|---|---|---|---|
| | 全 国 | 中 央 | 地 方 | 中 央 | 地 方 |
| 2001 | 16 386.04 | 8 582.74 | 7 803.30 | 52.40 | 47.60 |
| 2002 | 18 903.64 | 10 388.64 | 8 515.00 | 55.00 | 45.00 |
| 2003 | 21 715.25 | 11 865.27 | 9 849.98 | 54.60 | 45.40 |
| 2004 | 26 396.47 | 14 503.10 | 11 893.37 | 54.90 | 45.10 |
| 2005 | 31 649.29 | 16 548.53 | 15 100.76 | 52.30 | 47.70 |
| 2006 | 38 760.20 | 20 456.62 | 18 303.58 | 52.80 | 47.20 |
| 2007 | 51 321.78 | 27 749.16 | 23 572.62 | 54.10 | 45.90 |
| 2008 | 61 330.35 | 32 680.56 | 28 649.79 | 53.30 | 46.70 |
| 2009 | 68 518.30 | 35 915.71 | 32 602.59 | 52.40 | 47.60 |
| 2010 | 83 101.51 | 42 488.47 | 40 613.04 | 51.10 | 48.90 |
| 2011 | 103 874.43 | 51 327.32 | 52 547.11 | 49.41 | 50.59 |
| 2012 | 117 253.52 | 56 175.23 | 61 078.29 | 47.91 | 52.09 |
| 2013 | 129 209.64 | 60 198.48 | 69 011.16 | 46.59 | 53.41 |
| 2014 | 140 370.03 | 64 493.45 | 75 876.58 | 45.95 | 54.05 |
| 2015 | 152 269.23 | 69 267.19 | 83 002.04 | 45.49 | 54.51 |
| 2016 | 159 604.97 | 72 365.62 | 87 239.35 | 45.34 | 64.66 |
| 2017 | 172 592.77 | 81 123.36 | 91 469.41 | 47.00 | 53.00 |
| 2018 | 183 359.84 | 85 456.46 | 97 903.38 | 46.61 | 53.39 |
| 2019 | 190 390.08 | 89 309.47 | 101 080.61 | 46.91 | 53.09 |
| 2020 | 182 913.88 | 82 770.72 | 100 143.16 | 45.25 | 54.75 |
| 2021 | 202 554.64 | 91 470.41 | 111 084.23 | 45.16 | 54.84 |

数据来源:1953—2022年《中国统计年鉴》。

## 二、分税制下中央与地方间的财政关系

如前所述,新中国成立以来我国不断地在财政体制方面进行改革,以此不断地调整和规范中央与地方之间的财政关系,其中1994年实施的分税制影响最为深远。分税制是在合理划分各级政府事权范围的基础上,按税收来划分各级政府的收入,并通过转移支付制度衡平地方间财政差异的一种财政管理体制,是世界上主要市场经济国家普遍采取的一种财政管理体制模式。

我国分税制改革是一项渐进式的改革,兼顾了中央和地方"两个积极性",既突出了中央财政的利益,也考虑到各级地方财政的实际情况,是在不影响地方"既得利益"的前提下进行的"增量调整"。原属于地方支柱财源的"两税"划为中央收入或共享收入后,在体制上采取税收返还和转移支付的形式确保地方利益,形成了中央和地方财政之间财力分配的新格局。分税制是通过对不同层级的政府事权范围进行合理划分之后,据此对税收相关事务中的税种及税收管理权限在中央和地方政府之间进行合理划分,并以此来进行各级政府之间税收收入分配的制度。在中央与地方分配关系上采取了"中央拿大头"的方案,实际上是一种中央基本集中、地方适度分权的思想。在我国,由于国家治理体系中政府体系由中央政府和地方政府构成,中央与地方之间的关系反映的是国家整体发展与区域发展之间的复杂关系,直接影响到我国在政治、经济和社会方面的发展与进步。而中央与地方之间的利益关系作为中央与地方关系的核心内容,直接决定着中央与地方关系的基本格局。

1. 中央与地方财政关系的基本格局

分税制改革是适应社会主义市场经济的需要而产生的,这一改革的主要目的在于改善政府之间的财政关系,从而进一步实现财政关系的规范化和科学化。分税制其实就是按照税种来分配中央与地方政府收入来源,其本质就是通过分权、分税与分管这三个方面来理顺中央与地方之间的财权与事权关系[1]。所以,分税制实质上就是按照公平和效率的原则,在科学合理地划分事权、明确中央和地方税收管辖权的基础上,依据各种税收本身的特征和税源大小、征管难易程度,划分和建立中央与地方两个税收体系,分别征收按税种划分的中央税、地方

---

[1] 张流柱:《浅论我国现行分税制》,载《湖南经济管理干部学院学报》2004年第1期。

税和共享税,实行分级管理,分别发挥各自税收对宏观与微观经济的调节作用。同时,为减少推行分税制改革的阻力,保障地方"既得利益",实行了"税收返还"和转移支付制度[1]。

由于财政体制是国家通过规定各级政权管理财政收支的权限和各企事业单位在财务管理上的权限,据以处理国家各级政权之间、国家与企事业之间的财政分配关系的管理制度,因此分税制财政管理体制作为一项财政权力的配置机制,其"精髓在于集权与分权的关系"[2],这就决定了构建分税制时应当包含以下几个方面的内容:

(1) 中央与地方事权和支出责任划分。

所谓事权,是指我国各个层级的政府在自己的地位与职能允许的范围内应该享有的一些管理权力[3]。事权的本质就是政府提供哪些公共产品,事权划分就是这些公共产品分别由哪一级政府来提供。支出责任划分是指公共产品供给的钱从哪儿来。理论上,事权划分与支出责任划分的对应结构可以有两种选择:一是哪级政府承担什么事权,就由本级政府足额负担支出;二是某一级政府承担的事权由各级政府共同出资保证。进一步说,所谓事权与支出责任相适应并不是说哪一层级政府承担了什么事权,钱就一定完全来自该层级政府[4]。

只要存在国家,就必然会存在某种形式的政府治理权力的纵向分权,若地方政府的存在是合理且必要的,那么事实上中央和地方政府之间的分权关系就已经不是一个要不要的问题,而只是一个如何分的问题[5]。分税制财政管理体制要解决的第一个问题,就是中央政府与地方政府之间的事权范围,以明晰政府之间的职责。如表4-3所示,分税制改革后,在财政事权和支出责任划分方面,中

---

[1] 分税制改革实施初期,中央税、共享税以及地方税的立法权集中在中央,以保证中央政令统一,维护全国统一市场和企业平等竞争。税收实行分级征管,中央税和共享税由中央税务机构负责征收,共享税中地方分享的部分,由中央税务机构直接划入地方财政,地方税由地方税务机构负责征收。"税收返还"是分税制改革得以顺利实施的关键性配套政策,中央财政对地方税收返还数额,以1993年为基期年核定。按照1993年地方实际收入以及税制改革后中央和地方收入的划分情况,合理确定1993年中央从地方净上划的收入数额,并以此作为中央对地方税收返还基数,保证1993年地方既得财力。1994年以后,税收返还额在1993年基数上逐年递增,递增率按全国增值税和消费税增长率的1:0.3系数确定,即全国增值税和消费税每增长1%,中央财政对地方的税收返还递增0.3%(国发〔1994〕47号,国务院决定:中央政府对地方政府的税收返还额的递增率改为按本地区增值税和消费税增长率的1:0.3系数确定)。
[2] 付志宇:《分税制之魂:集权与分权》,载《财政监督》2014年第6期。
[3] 高亚军:《中国地方税研究》,中国社会科学出版社2012年版,第47页。
[4] 白景明:《进一步理顺政府间收入划分需要破解三大难题》,载《税务研究》2015年第4期。
[5] 苏力:《当代中国的中央与地方分权——重读毛泽东〈论十大关系〉第五节》,载《中国社会科学》2004年第2期。

央与地方财政事权和支出责任划分基本沿袭了改革前的格局，除国防、外交、重大基本建设外，主要按照隶属关系确定支出范围。随着公共财政体制的确立和不断完善，基本养老保险、义务教育、医疗卫生等领域中央与地方财政事权和支出责任划分的改革方案相继出台，采取"一事一议"的方式，划定支出责任，并主要根据各地区财政状况实行不同补助比例，东部地区多自行承担，中西部地区中央补助较多①。

表4-3　中央与地方财政事权划分②

| | |
|---|---|
| 中央财政事权 | 国防、外交、国家安全、出入境管理、国防公路、国界河湖治理、全国性重大传染病防治、全国性大通道、全国性战略性自然资源使用和保护等基本公共服务 |
| 地方财政事权 | 社会治安、市政交通、农村公路、城乡社区事务等受益范围地域性强、信息较为复杂且主要与当地居民密切相关的基本公共服务 |
| 中央和地方共同财政事权 | 义务教育、高等教育、科技研发、公共文化、基本养老保险、基本医疗和公共卫生、城乡居民基本医疗保险、就业、粮食安全、跨省（自治区、直辖市）重大基础设施项目建设和环境保护与治理等体现中央战略意图、跨省（自治区、直辖市）且具有地域管理信息优势的基本公共服务 |

（2）中央与地方收入划分。

所谓财权是指各级政府获得自身合理财政收入的一种权力。在财权划分方面，分税制主要是将国家的税收收入按照税种划分为中央税、地方税、中央和地方共享税三大类。如表4-4所示，在收入划分方面，分税制改革将关税、进口环节增值税和消费税、国内消费税等维护国家权益、实施宏观调控所必需的税种划为中央税；将国内增值税、企业所得税等同经济发展直接相关的主要税种划为中央与地方共享税，其中企业所得税按企业隶属关系划分；将营业税、契税等适合地方征管的税种划为地方税，并充实地方税税种，增加地方税收收入。总结起来就是属于维护国家权益、实施宏观调控的税种属于中央；与经济发展直接相关的主要税种由中央与地方分享；适合地方征管的税种归地方。

---

① 刘昆：《我国的中央和地方财政关系——十三届全国人大常委会专题讲座第十八讲》，载《预算管理与会计》2020年第9期。

② 参见《国务院关于推进中央与地方财政事权和支出责任划分改革的指导意见》（国发〔2016〕49号）。

表4-4 中央和地方税收收入划分

| 划　　分 | 项　　目 |
| --- | --- |
| 中央固定税收收入 | 关税,海关代征消费税和增值税,消费税,证券交易印花税,铁道部门、各银行总行、各保险公司总公司等集中缴纳的收入(包括营业税、利润和城市维护建设税),未纳入共享范围的中央企业所得税、中央企业上缴的利润等 |
| 地方固定税收收入 | 营业税(不含铁道部门、各银行总行、各保险公司总公司集中交纳的营业税),地方企业上缴利润,城镇土地使用税,城市维护建设税(不含铁道部门、各银行总行、各保险公司总公司集中交纳的部分),房产税,车船使用税,印花税(不含证券交易印花税),耕地占用税,契税,遗产和赠与税,烟叶税,土地增值税,国有土地有偿使用收入等 |
| 中央与地方共享税收收入 | 增值税2016年5月之前中央分享75%、地方分享25%,2016年5月1日全面"营改增"之后中央分享50%、地方分享50%;纳入共享范围的企业所得税和个人所得税中央分享60%、地方分享40%;资源税按不同的资源品种划分,海洋石油资源税为中央收入,其余资源税为地方收入;证券交易印花税中央分享97%、地方(上海、深圳)分享3%等 |

从图4-3可以看出,自1994年分税制改革以来,财政体制仍然不断调整,大体上可以分为两个小阶段:在1994—2012年中央财政收入是大于地方财政收入的,中央的财权逐渐回归;而从2013年起,地方财政收入超越中央财政收入,体现了中央对地方事权财权相匹配进行的调整。

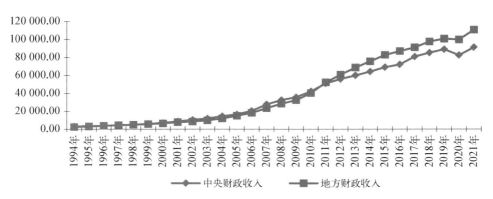

图4-3 1994—2021年我国中央与地方一般公共预算收入(亿元)

数据来源:1994—2022年《中国统计年鉴》。

(3)中央对地方转移支付。

财政转移支付制度是由于中央和地方财政之间的纵向不平衡和各区域之间的横向不平衡而产生和发展的,是国家为了实现区域间各项社会经济事业的协调发展而采取的财政政策[①]。中央和地方收支划分后,为解决财力分布纵向和横向不均衡问题,我国逐步建立了较为规范的转移支付制度。

我国财政转移支付由一般性转移支付、专项转移支付和税收返还组成,不同形式的转移支付功能定位有所不同。一般性转移支付由均衡性转移支付、民族地区转移支付等项目组成,用于弥补财政实力薄弱地区的财政缺口,地方政府可统筹安排使用,这类转移支付主要目的是均衡地区间财力差距,实现地区间基本公共服务的均等化。专项转移支付也可称为"有目的"的转移支付,这类转移支付要服从专款专用的原则,重点用于"三农"、教育、医疗卫生、社会保障和就业等领域,以实现特定的宏观政策及事业发展目标,或对中央委托地方事务、中央地方共同事务按其相应资金进行补偿,地方政府必须按规定用途使用。税收返还是中央所征税款对地方政府的返还,实际上是一种税收优惠形式。这部分资金的计算采用基数法,体现的是"多征多返、少征少返"的分配原则,维护的是经济发达地区的既得利益,并未起到均衡地区间财力以及促进公共服务均等化的作用。尽管税收返还并不是返还给每一位纳税个体,但其具有整体的返还特性,符合中央"取之于民,用之于民"的税收指导方针。

建立转移支付制度是确保分税制改革成功的重要措施。由于自然、历史、基础条件等原因,导致我国区域经济发展不平衡。中央通过分税制集中的财力,加大对落后地区的转移支付,推进基本公共服务能力均等化,能够缓解区域经济社会发展的不均衡,是实现国家长治久安的重要基础。经国务院批准,1995年我国开始实施旨在均衡地区间财力差异的过渡期转移支付,中央财政从收入增量中拿出一部分资金,以"标准收入"低于"标准支出"的差距确定转移支付的基础,同时适当考虑各地的收入努力程度,逐步调整地区利益分配格局。除了对各地区按统一因素、统一公式计算转移支付外,还针对少数民族地区的财力状况,建立对少数民族地区的政策性转移支付,资金分配以因素法为主,并与各地上划增值税增量适度挂钩,以解决少数民族地区面临的矛盾和问题。此后,转移支付制

---

① 张东晔:《民族自治地方财政转移支付制度的优越性》,载《吉林广播电视大学学报》2012年第6期。

度又作了进一步改进,减少了财政资源分配的随意性,使之向规范、公平、有效和透明的方向不断推进。

总体而言,分税制改革取得了巨大成效:一是国家财政实力稳步增强。1994—2021年,全国一般公共预算收入由5 218.10亿元增加到202 554.64亿元,27年间全国财政收入增长了39倍,实现了经济快速发展与政府财力增强的良性循环,为现阶段应对经济下行压力、实施大规模减税降费创造了条件。二是缓解了"分灶吃饭"体制下中央权威下降的问题。分税制改革扭转了中央收入比重逐步下滑的局面,中央收入比重明显提高。就一般公共预算收入而言,1993年中央财政收入占全国财政收入的比重低于30%,分税制改革后一度提高到55.7%,经过多次分配格局调整,目前中央财政收入占比为45%左右,基本保持在合理区间(见图4-4),为充分发挥我国集中力量办大事的社会主义制度优势提供了有力保障[1]。三是分税制改革对于调整地方竞争秩序和调动地方积极性也产生重大影响,提高了地方政府服务企业的积极性,实现了活力与秩序的相对统一。

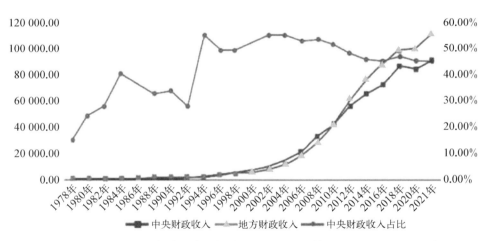

**图4-4 1978—2021年我国中央与地方一般公共预算收入(亿元)及占比(%)**

数据来源:2009—2022《中国统计年鉴》。

2. 中央与地方财政关系的变动与调整

"利益的分配是法律、政治安排与制度设计的核心依据,中央与地方关系的

---

[1] 刘昆:《我国的中央和地方财政关系——十三届全国人大常委会专题讲座第十八讲》,载《预算管理与会计》2020年第9期。

核心就是处理两者在财政收入与分配之间的关系。"①我国中央与地方间财政关系的探索和实践始终围绕发挥中央与地方"两个积极性"展开,即根据不同时期政治和经济形势以及工作重点确立和调整中央与地方之间的关系,使财政体制能够适应社会经济发展的需要。分税制改革奠定了我国分级财政体制的基本框架,但是由于种种原因,改革之初确定的各项目标并未完全实现。分税制改革主要对收入划分进行了调整,中央和地方的支出划分基本维持不变,由此产生的地方政府支出缺口和财政困难随着经济的发展而逐步显现出来。因此,中央一直密切关注着中央与地方关系形势的发展,不断出台相关政策和规定进行后续改革,以推动分税制的持续进行。

(1) 转移支付制度改革。

财政转移支付制度是现代市场经济处理中央与地方政府财政关系的基本方式之一,在很大程度上决定着一个国家经济发展与财政体制的效率与公平。财政转移支付制度主要用于平衡中央与地方政府之间、地方政府与地方政府之间的财政收支不平衡和发展差距。财政不平衡一般包括财政收支纵向不平衡和横向不平衡两种。所谓财政收支纵向不平衡是指不同层级政府间的财权及财政收入与承担的事权所需要的支出不相等;财政收支横向不平衡是指各地区政府间财政收入与支出方面的不平衡。

我国在计划经济时代实行"统收统支"财政体制,地方政府收入全额上缴,支出由上级全额保障。1994年分税制改革提高了中央的财力水平和宏观调控能力,但地方政府的利益受到损失,中央与地方政府的利益冲突加剧。为调整中央和地方政府的利益关系,中央对地方政府实施了财政转移支付制度。因此,我国的财政转移支付制度是在实行分税制的基础上,为了缓解政府间纵向与横向财政失衡现象,更好地促进财政均衡而逐步建立和完善的,其本质就是对我国公共财政资源所进行的一种有效的再分配,是一套符合我国特色的财政制度,对我们国家中央与地方之间财政关系的调整起着至关重要的作用②。

随着中央财政收入占全国财政收入比重的逐渐提高,为缓解财政集权对地方财政造成的压力,调整地区间的财力差距,财政转移支付资金也表现出了快速

---

① 马骁、唐清利:《遵从·背离·弥合——我国中央与地方财政关系的重构》,法律出版社2014年版,第79页。
② 郭庆旺、吕冰洋:《中国分税制:问题与改革》,中国人民大学出版社2014版,第136页。

增长的趋势,由 1995 年的 2 375.9 亿元增长到 2017 年的 65 051.78 亿元。中央向地方提供的转移支付资金中,除了税收返还之外①,按照中央是否指定该项资金的使用范围,可以将其划分为一般性转移支付和专项转移支付两种方式。1995 年,一般性转移支付为 133.2 亿元,占转移支付总量的 5.6%;专项转移支付为 375.3 亿元,占转移支付总量的 15.8%;税收返还为 1 867.4 亿元,占转移支付总量的 78.6%②。2018 年,中央对地方转移支付总金额是 69 680.66 亿元,其中一般性转移支付为 38 722.06 亿元,占转移支付总量的 55.57%;专项转移支付为 22 927.09 亿元,占转移支付总量的 32.90%;税收返还为 8 031.51 亿元,占转移支付总量的 11.53%。转移支付的三种资金的数额发生了很大变化,其中一般性转移支付资金和专项转移支付资金占总资金的比例发生了极大的变化,税收返还的主体方式逐渐被一般转移支付和专项转移支付所取代。为了能够更好地适应经济发展的需要,理顺中央与地方之间的财政关系,我国对财政转移支付制度又进行了多次变革和调整,制度结构更加趋于完善,资金的使用效益也得到了明显的提升。

在分税制实施初期,中央财政可用于财政转移支付的财力有限,在调整各地既得利益时也面临很大阻力,同时在转移支付的制度设计方面,还面临数据的完整性和测算方法的科学性等技术问题。因此,1995 年财政部首先颁布了《过渡期转移支付办法(1995)》,在建立规范化转移支付制度方面迈出了第一步,为以后建立一般性转移支付奠定了基础。之后,围绕着转移支付制度规范问题,对该过渡期办法进行修改完善,数易其稿后于 2000 年颁布了《过渡期财政转移支付办法(1999)》,规定在前述办法实施的基础上,"采用相对规范的方法,进行有限的转移支付,逐步向规范化的转移支付制度靠拢",特别是在技术方法、资金分配方式等方面都具备了规范转移支付制度的基本特征③。

为进一步规范中央和地方政府之间的分配关系,建立合理的分配机制,防止重复建设,减缓地区间财力差距的扩大,国务院颁布《所得税收入分享改革方案》

---

① 税收返还是我国转移支付中一种特殊转移支付形式,它是将地方所产生的增值税、消费税、所得税等上缴中央税收收入中的一部分返还给地方。税收返还以维护地方既得利益的基数法进行分配,虽然在名义上是中央财政收入,但实际上地方财政对这部分资金具有最终决定权。税收返还是分税制改革背景下,中央政府为保证改革顺利进行所采取的一种调整中央与地方之间税收利益的做法。
② 黄萍:《我国财政转移支付制度存在的问题和对策分析》,载《改革与发展》2019 年第 1 期。
③ 本刊记者:《逐步完善过渡期转移支付制度——财政部地方司姜永华访谈》,载《中国财政》1998 年第 5 期。

(国发〔2001〕37号),决定从2002年1月1日起实施所得税收入分享改革,中央财政收入大幅度增加,并确定将中央因改革增加的收入全部作为转移支付资金来源,实行统一分配,为建立一般性转移支付制度创造了条件[①]。同年,财政部将过渡期转移支付改为一般性转移支付,原一般性转移支付改为财力性转移支付。明确一般性转移支付要以"缩小地区间财力差距,实现基本公共服务均等化"为长期目标;以"缓解落后地区财政困难,维持政府机构运转"为短期目标。

2001年以来,财政部先后发布了一系列有关转移支付的具体管理办法,如2003年颁布的《一般性转移支付地方标准收入测算说明》《关于革命老区转移支付有关问题的通知》《农村税费改革中央对地方转移支付暂行办法》等;2004年颁布的《关于下达民族地区转移支付资金的通知》;2005年颁布的《关于下达一般性转移支付数额的通知》。2009年,我国在财政体制框架内重新界定了税收返还与转移支付,税收返还独立于转移支付,财力性转移支付更名为一般性转移支付,原来的一般性转移支付更名为均衡性转移支付,一般性转移支付的功能转变为逐步实现基本公共服务均等化。2014年,中央将义务教育补助及农村综合改革等列入均衡性转移支付,推动实现基本公共服务均等化。

随着市场经济的不断深入发展,我国财政转移支付制度越来越显示出其不足之处,主要表现在:一是来自不同口径不同名目的财政转移支付之间的目标不统一、标准不合理、政策功能相互冲突等现象较普遍,因此其政策目标的实现难以保证;二是财政转移支付的决策与支付缺乏明确的程序规范,致使支付对象、资金数额、支付时间、支付方式等方面都带有随意性和人为因素;三是财政转移支付违规违法行为责任的认定和处罚缺少全面、明确的规定,影响了财政转移支付制度的权威性[②]。这些问题的存在不仅影响了中央宏观调控的效果,同时也加剧了区域间的收入差距,与理顺政府间纵向利益关系、协调横向财政关系的初衷相背离,转移支付制度改革的任务迫在眉睫。

为了解决这些问题,使我国转移支付制度越来越向着规范化与科学化的方向发展,党的十八届三中全会通过的《中共中央关于全面深化改革若干重大问题的决定》和中央政治局会议审议通过的《深化财税体制改革总体方案》明确提出

---

① 王东辉:《关于完善我国均衡性转移支付制度的建议》,载《研究与探索》2010年第2期。
② 刘小川:《我国财政转移支付制度法治构架的重塑与创新——新预算法视角的分析》,载《中国财政》2015年第1期。

了完善转移支付制度的总体要求,新修订的《预算法》对完善转移支付制度也作出了明确规定。2014年12月,国务院发布的《关于改革和完善中央对地方转移支付制度的意见》(国发〔2014〕71号)提出了改革和完善转移支付制度的基本思路和具体措施,主要体现在五个方面:一是明确转移支付的设立目标。围绕建立现代财政制度,以推进地区间基本公共服务均等化为主要目标。二是优化转移支付的内在结构。逐步建立以一般性转移支付为主体,以专项转移支付为辅助的转移支付体系。三是完善转移支付下达制度。采取提前足额和适度超额下达的方式加快资金拨付进度,并根据资金使用情况在次年提前下达时予以清算。四是规范转移支付管理职责分工。主管部门负责组织专项资金项目申报和资料把关审核以及拟定转移支付分配方案,财政部门负责按照转移支付分配方案及时拨付资金,并对资金管理使用进行监督检查。五是加快转移支付立法和制度建设。尽快研究制定转移支付条例,条件成熟时推动其上升为法律。相关文件中涉及转移支付的规定,应当按照国发〔2014〕71号进行修改完善。随后,2015年12月财政部制定了《中央对地方专项转移支付管理办法》(财预〔2015〕230号),对专项转移支付的设立调整、资金申报分配、下达使用、绩效管理、监督检查等进行了全面规范。2016年7月国务院发布《关于实施支持农业转移人口市民化若干财政政策的通知》(国发〔2016〕44号),要求逐步调整完善现有转移支付测算分配办法,推进以人为核心的新型城镇化,转移支付资金管理办法逐步规范。

2016年12月,国务院在《关于深化财政转移支付制度改革情况的报告》中,提出要促进转移支付与财政事权和支出责任划分相适应,加大转移支付资金统筹力度,清理整合专项转移支付,逐步取消竞争性领域专项,建立健全专项转移支付设立、定期评估和退出机制,不断强化转移支付管理,推动地方完善财政转移支付制度等七个方面的具体措施,进一步推进了转移支付制度改革,从根本上解决转移支付与财政事权和支出责任不相匹配,转移支付交叉重叠、退出难、资金使用效益不高等问题,逐步形成一套定位清晰、规模适度、结构合理的转移支付体系和分配科学、使用规范、注重绩效、公开透明、监管严格的资金管理机制,更好地发挥转移支付的职能作用,提高转移支付资金使用效益。

(2)恢复地方政府债券。

地方政府债券是指地方政府根据信用原则、以承担还本付息责任为前提而筹集资金的债务凭证,是有财政收入的地方政府及地方公共机构发行的债券。地方政府债券收入一般用于交通、通信、住宅、教育、医院和污水处理系统等地方性公共设施的建设。地方政府债券一般也是以当地政府的税收能力作为还本付息的担保①。地方债券有两种发行模式,第一种为地方政府直接发行;第二种是中央发行国债,再转贷给地方,也就是中央发国债之后给地方用。在某些特定情况下,地方政府债券又被称为"市政债券"②。

地方债券是相对国债而言的,我国地方政府债券的发行几经波折,最初产生于新中国成立初期,后来因为多方面原因被叫停。20世纪80年代末至90年代初,国家曾允许地方政府发行"地方经济建设折实公债"等债券。许多地方政府为了筹集资金修路建桥,都曾经发行过地方债券。有的地方债券甚至是无息的,以支援国家建设的名义摊派给各单位,更有甚者就直接充当部分工资。1993年,地方国债被国务院叫停,原因是中央对地方政府的偿债能力及信息透明程度和信用存在不信任,担心无法管控其规模,最后造成中央政府兜底的情况③。1995年1月1日起施行的《预算法》第二十八条明确规定:"除法律和国务院另有规定外,地方政府不得发行地方政府债券。"这一地方政府发行债券的禁令一直持续到2009年。分税制财政管理体制实施后,由于部分财权上收事权下放,导致地方财政收支不平衡现象日益明显,不可避免地加剧了地方政府债务的增长。2009年开始,为了缓解中央和地方的财政收支矛盾,并且为了扩大内需和应对金融危机,我国又开始恢复地方政府债券的发行。概括而言,分税制改革以来我国恢复地方债券发行的历程大体经过以下三个阶段:

一是中央转贷地方阶段(1998—2008)。这一时期禁止地方政府自行发行债券,地方政府融资主要通过中央转贷地方的方式进行。所谓中央转贷地方,是指财政部为了贯彻党中央、国务院的相关规定,增加发行国债并且把其中一部分国债资金转贷给省级政府的一种行为,其债务主体为中央政府,即中央通过发行国债筹集资金,再把其中一部分资金转贷给地方政府供其使用④。1998年亚洲金

---

① 周晓明:《地方债:中国式的"次贷危机"——从穆迪调低中国地方政府信用谈起》,载《财经科学》2013年第9期。
② 张天慧:《地方政府债券:机遇、风险与对策》,载《山西财经大学学报(高等教育版)》2009年第3期。
③ 黄小龙:《谈我国地方政府债券的发展与风险防范》,载《经济师》2022年第2期。
④ 参见财政部《关于制发〈国债转贷地方政府管理办法〉的通知》(财预〔1998〕267号)。

融危机,为规避冲击,我国在预算中首次采用了中央转贷地方债务的管理模式,发行了1 080亿元国债并转贷给地方,增加了地方政府的财力,有效规避了金融危机的冲击,降低了经济风险,并保持了我国经济稳定持续增长[①]。1998年财政部出台的《国债转贷地方政府管理办法》(财预〔1998〕267号)第一条规定:"为了扩大有效内需,促使我国国民经济能够持续稳定发展,国务院决定1998年增发一定数量的国债,由财政部转贷给各省级政府,用于地方的经济和社会发展建设项目。"1998—2004年,我国实施积极财政政策,中央政府曾经发行长期建设债券,并将一部分转贷给地方政府,用于国家确定项目的建设。但由于国债转贷地方是中央发债地方使用,不列为中央赤字,因此,转贷资金既不在中央预算中反映,也不在地方预算中反映,只在往来科目中列示,不利于监督。

二是中央代发地方债券阶段(2009—2010)。这一时期,由于地方举债的时机尚未成熟,并且为了减轻地方财政面临的收支压力,我国地方政府发债的主要方式是通过中央代发。具体而言,就是地方债券由财政部代理发行,所需支付的发行费也由财政部代办;地方承担还本付息责任,按期缴送本息、发行费至财政部的专户,然后由财政部代为偿还,未及时向财政部上缴本息、发行费等资金的,在年度结算时,财政部与地方财政结算时如数扣缴并处以罚息。这一方式的偿债主体为地方政府[②]。2009年2月,在第十一届全国人大常委会第十八次委员长会议上通过的国务院《关于安排发行2009年地方政府债券的报告》中明确提出要以"中央政府代发、代办还本付息"的形式发行地方政府债券。随后,财政部印发了《关于印发〈2009年地方政府债券预算管理办法〉的通知》(财预〔2009〕21号),对2009年发行地方政府债券的使用范围、预算管理办法等六个方面作出了明确规定,并明确本次发行的地方政府债券资金需用于中央投资地方配套的和难以吸收社会投资的公益性建设项目,包括保障性安居工程、教育文化、地震灾后恢复重建等。财政部在《2009年地方政府债券预算管理办法》的第二条中明确:"地方政府债券,是指经国务院批准同意,以省、自治区、直辖市和计划单列市政府为发行和偿还主体,由财政部代理发行并代办还本付息和支付发行费的2009年地方政府债券。"第三、第四条规定:"地方政府债券收入可以用于省级(包括计划单列市)直接支出,也可以转贷市、县级政府使用……地方政府债券收

---

① 白彦锋、李然:《中国地方政府自主发债历程问题研究》,载《中央财经大学学报》2012年第5期。
② 陈少强:《财政部代发地方债的背景、特点与风险防范》,载《西部财会》2009年第4期。

支实行预算管理。"为了"扩内需、保增长",2009年3月国务院同意地方发行2 000亿元债券,由财政部代理发行,列入省级预算管理,地方债券的发行引起社会各界的广泛关注。由财政部代发地方债券这一举措,使债券发行人的信用状况、募集资金使用、收益和风险等信息公开化,进一步规范对地方政府业已存在的债务管理,提高地方政府的债务管理能力。代发地方债券不仅有助于缓解地方财政困难,增加政府公共投资,推进重点项目建设,而且能够带动就业和促进消费,进而拉动经济增长[①]。

三是地方政府自行发债阶段(2011年至今)。2011年以后,我国进入一个地方债券融资新阶段,也就是自行发债阶段。该阶段又可进一步分为如下三个阶段:第一阶段为自发代还试点。2011年财政部下发《关于印发〈2011年地方政府自行发债试点办法〉的通知》(财库〔2011〕141号),经国务院批准,上海市、浙江省、广东省、深圳市四个经济发展水平较高的省市开始成为地方政府自行发债的试点,可以自行组织本省(市)地方政府债券的发行工作,发行金额控制在国务院批准限额内,发行期限为3年、5年两种。按照财政部颁发的《2011年地方政府自行发债试点办法》第二条的规定:"自行发债是指试点省在国务院批准的发债规模限额内,自行组织发行本省政府债券的发债机制。"与中央代理发行阶段类似,其由财政部代为还本付息,地方政府结算时偿还。上述规定说明,受到一定条件的限制,真正意义上的地方债券发行时机尚未成熟,但试点工作还是在一定程度上推进了地方政府债券的发展。2013年财政部又增加山东省和江苏省作为地方政府债券自行发债的试点,发行期限为3年、5年、7年三种。2011年开始的地方债试点工作为全国范围内发行地方政府债券奠定了理论与现实基础,标志着我国开始步入地方政府市场化融资阶段,至2013年我国地方政府债券的发行规模逐年递增,发行管理越来越规范。第二阶段为自发自还试点。2014年5月财政部下发《关于印发〈2014年地方政府债券自发自还试点办法〉的通知》(财库〔2014〕57号),经国务院批准,2014年,上海、浙江、广东、深圳、江苏、山东、北京、江西、宁夏、青岛试点地方政府债券自发自还。根据《2014年地方政府债券自发自还试点办法》第二条规定:"自发自还是指试点地区在国务院批准的发债规模限额内,自行组织本地区政府债券发行、支付利息和偿还本金的机

---

① 陈少强:《财政部代发地方债的背景、特点与风险防范》,载《西部财会》2009年第4期。

制。"即自主发行,自行还本付息,也是2015年全面放开限制后的通用模式,这意味着地方债券发行向市场化路径跨出了具有实质意义的一步。此外,财政部首次要求试点地区需开展债券信用评级工作,及时披露债券基本信息、财政经济运行及债务情况等。随着财政部相继发布的多项规定,2015年我国的地方债券发行也进入了第三阶段——全面自发自还阶段。

2014年8月,我国颁布了新《预算法》,对原有关于地方政府举债融资的条款进行了修订,其中明确规定地方政府可以在国务院确定的限额内发行地方政府债券。新《预算法》第三十五条规定:"经国务院批准的省、自治区、直辖市的预算中必需的建设投资的部分资金,可以在国务院确定的限额内,通过发行地方政府债券举借债务的方式筹措……除前款规定外,地方政府及其所属部门不得以任何方式举借债务。"至此,中央打开了地方政府举债的限制,并明确地方政府债券为地方政府举债融资的唯一合法渠道。2014年10月,为落实新《预算法》要求,国务院印发的《关于加强地方政府性债务管理的意见》(国发〔2014〕43号)是我国政府性债务管理的顶层设计方案,该意见提出"修明渠,堵暗道"的基本原则,赋予地方政府依法适度举债融资的权限,同时坚决制止地方政府违法违规举债,并在加快建立规范的地方政府举债融资机制、对地方政府债务实行规模控制和预算管理、控制和化解地方政府性债务风险等方面作了总体部署。在新《预算法》和"四本预算"框架下,财政部以国发〔2014〕43号文件为起手式和总纲,"一手修明渠,一手堵暗道",陆续配套出台的多个文件,大多延续了国发〔2014〕43号文件的核心精神,逐步建立起政府性债务管理的政策体系。2015年,财政部又先后发布文件,对一般债券、专项债券分别进行规定,进一步全面、严密地对地方政府债券发行制度加以规范。可以说,这一时期地方政府按照财政部有关规定,可以自主确定债券发行时间、品种、期限、发行量等要素,地方政府拥有了很大的自主权。

恢复地方债券的发行是关系到未来我国建立科学规范的地方举债融资机制的一项极其重要的举措,有利于解决地方政府一直以来面临的财政困境。而且,地方政府有了自主发行债券的权力,那么相应的其资金筹集、管理和使用方面也有了很大的自主权,不再受到中央政府的制约。因此,这一举措有效缓解了长期以来中央与地方政府间的利益冲突,使中央与地方政府之间的关系更为和谐。

(3) 营业税改增值税。

作为流转税最重要的两个税种,增值税和营业税在我国起着举足轻重的作用。分税制改革后,税收分享、返还和转移支付框架下的财政体制出现了中央和地方财权事权极度不匹配的问题,同时重复征税问题导致服务业税负较高,阻碍了我国第三产业的健康发展,从而不利于我国产业结构的优化升级。为了解决以上问题,国家又开始了"营改增"改革,即营业税改征增值税。

所谓"营改增",顾名思义就是将以往征收营业税的全部范畴改为征收增值税,同时降低增值税征缴税率。2011年,国家首次提出要在生产性服务业领域实施"营改增"[1],随后财政部、国家税务总局出台了《营业税改征增值税试点方案》,考虑到地方可用财力将减少的问题,方案中规定了在试点期间,原本归属于试点地区的营业税收入在改征为增值税后,该收入暂不在中央与地方之间进行共享,而是仍然归属于试点地区,并且中央与地方之间的增值税收入分享比例仍然维持在75%∶25%的水平不变。2012年1月1日开始试点,试点行业是交通运输业和部分现代服务业等生产性服务业,逐步推广至其他行业[2]。试点工作首先在上海实施,2012年8月,试点范围分批扩大到北京、天津、江苏、浙江、安徽、福建、湖北、广东8个省/直辖市和宁波、厦门、深圳三个计划单列市。2013年8月,在试点地区范围上扩大到了全国,在试点行业上扩大到了"1+7"八类行业,包括交通运输业、研发和技术服务业、信息技术服务业、文化创意服务业、物流辅助服务业、有形动产租赁服务业、鉴证咨询服务业和广播影视服务业。2014年1月,国家又将铁路运输和邮政服务业纳入改革试点范围,至此交通运输业全部纳入改革范围[3]。2014年6月,将电信业纳入改革的试点行业[4]。

2016年3月,国务院在《关于印发〈全面推开营改增试点后调整中央与地方增值税收入划分过渡方案〉的通知》(国发〔2016〕26号)中指出,改革过渡期的试点原则是"保持现有中央和地方财力格局总体稳定,结合税制改革,考虑税种属性,进一步理顺中央和地方收入划分"。根据改革过渡期的规定,国家对增值税

---

① 参见国务院批转发改委《关于2011年深化经济体制改革重点工作意见的通知》(国发〔2011〕15号)。
② 参见财政部、国家税务总局《关于印发〈营业税改征增值税试点方案〉的通知》(财税〔2011〕110号)。
③ 参见财政部、国家税务总局《关于将铁路运输和邮政业纳入营业税改征增值税试点的通知》(财税〔2013〕106号)。
④ 参见财政部、国家税务总局《关于将电信业纳入营业税改征增值税试点的通知》(财税〔2014〕43号)。

收入共享制度进行了重大的调整：一方面,中央与地方的增值税收入分享比例由原先的75%∶25%调整为50%∶50%,分享范围扩大至所有行业的增值税收入;另一方面,出于兼顾东中西部利益关系的目的,中央对地方实行的增值税定额返还调整为以2014年为基数,并且规定了过渡期暂定为2—3年,届时将根据实际改革进程进行适当调整①。同月,财政部、国家税务总局发出《关于全面推开营业税改征增值税试点的通知》(财税〔2016〕36号)并指出,经国务院批准,自2016年5月1日起,在全国范围内全面推开营业税改征增值税试点,将建筑业、房地产业、金融业、生活服务业等全部营业税纳税人纳入试点范围,由缴纳营业税改为缴纳增值税。2016年12月,国务院又印发了《关于实行中央对地方增值税定额返还的通知》(国发〔2016〕71号),调整了中央对地方原体制增值税返还方法,决定由1994年实行分税制财政体制改革时确定的税收返还,变更为以2015年为基数,并且将形式调整成定额返还,并且增值税增长或下降地区不再享受增量返还或扣减,返还基数的具体数额由财政部核定。

2019年10月,国务院印发了《实施更大规模减税降费后调整中央与地方收入划分改革推进方案》(国发〔2019〕21号),对增值税收入分享机制作了一定的调整。方案提到了三项政策措施：一是继续保持中央与地方间增值税收入划分"五五分享"的比例,即各自享有收入的50%。二是调整完善增值税留抵退税分担机制,增值税留抵退税地方分担的50%部分,由企业所在地全部负担调整为先负担其中的15%,其余35%暂由企业所在地一并垫付,然后各地将依照上一年度增值税收入的分享额占比均衡分担。如果存在垫付额多于应分担额的情况,将由中央财政按月向企业所在地省级财政调库。三是将部分消费品的征收环节进行后移,这些消费品项目原本在生产或进口环节进行征收,逐步后移至批发或零售环节征收,这一措施有利于地方税源的拓展,改善地方的消费环境。

从2012年1月1日"营改增"在上海交通运输业和部分现代服务业试点实施、随后试点地区和行业范围不断"双扩",到2016年5月1日"营改增"在我国各个地区全面进行推广、进入全面"营改增"时期,营业税彻底地退出了历史舞台。营业税的退出对于减轻企业税负、激发微观经济主体活力以及推动产业结构调整和产业升级具有重要意义。据统计,2016年"营改增"全年累计降低企业

---

① 参见国务院《关于印发〈全面推开营改增试点后调整中央与地方增值税收入划分过渡方案〉的通知》(国发〔2016〕26号)。

税负5 700亿元①。自2012年实施"营改增"以来,截至2017年底已累计减税近2万亿元,减税效应显著②。

1994年我国财政体制改革以后,营业税及增值税都是由中央政府和地方政府共同管理,但是管理的方式有所不同。进口货物的增值税全部由中央统一管理,国内的增值税分配比例是地方分享25%、中央分享75%。而营业税则按税目进行分税管理,除了中央金融保险、铁道企业的营业税以外,其他所有企业的营业税都由地方政府财政管理③。地方财政收入主要来源于两个方面,一个是非税收入,另一个是税收收入,其中,税收收入占比最大,大约占地方整体财政收入的80%,具有较大比例。从我国以往的税收政策来看,地方政府税收的重要来源就是营业税④。

通过表4-5和表4-6对2000—2021年相关财政数据的整理分析,我国中央和地方的增值税、营业税和地方各税种占地方税收收入比例具有以下特征:

一是"营改增"政策实施前,由于国家对海洋、天然气、石油等特殊行业设置了不同的税收分配比例,因此,增值税收入并不总是按照国家规定的75%:25%的比例进行统一划分的,但总体而言中央与地方分享增值税税收收入时基本维持在75%:25%的水平。同时由于部分银行总行、保险总公司等行业较为特殊,其所缴纳的营业税收入归属于中央,因此营业税也并不是100%收归地方所有。自2012年"营改增"试点开始,中央政府的增值税分享比例逐年降低,至2016年5月1日我国全面实施"营改增"后,中央与地方间增值税的分成比例基本稳定在了50%:50%。随着营业税彻底退出了历史舞台,2017年以后的营业税税收数据为零。2016年中央营业税收入明显上升的主要原因是体制调整的结果,即2016年5月以后入库的营业税由原本收归地方变为50%收归中央。

二是"营改增"政策实施前,地方税收收入的组成部分基本相同,且各税种比例没有明显变动。营业税一直是地方税收收入的稳定来源,为地方税收贡献了30%左右的收入,其主体地位一直没有改变。从表4-7的数据可以看出,地方

---

① 参见李克强:《2017年政府工作报告》。
② 参见人民网:《税务总局:营改增累计减税近2万亿今年将继续释放税收政策红利》,http://finance.people.com.cn/n1/2018/0118/c1004-29772937.html,最后访问日期2021年8月2日。
③ 晏红优:《"营改增"背景下的分税制财政体制变革》,载《时代金融》2017年第3期。
④ 程兴玲:《"营改增"对地方财政收入的影响和财税体制改革的策略分析》,载《财会学习》2020年第3期。

税种虽然种类较多,但是真正支撑起地方税收收入的税种集中在增值税、营业税和所得税。增值税作为我国第一大税种,保证了增值税收入能够持续稳定的增长,是中央和地方财政收入的强有力保障。营业税作为地方税种中最重要的税种,其收入直接决定了地方政府的税收收入和财政收入,一定程度上,地方政府对营业税的重视程度超过了增值税。表4-7数据显示,从2008—2016年地方增值税和营业税相加占地方税收收入的比重分别为51.15%、51.27%、49.54%、47.42%、47.09%、47.19%、46.44%、46.72%和44.72%。2016年5月1日"营改增"政策全面实施后,营业税的退出改变了地方原有的财政支撑体系,从2017—2021年数据来看,地方增值税税收收入占地方税收收入的比例分别为41.08%、40.52%、40.51%、38.09%和37.91%,尽管中央与地方增值税分享比例调整为50%:50%,但地方税收收入实际上在减少。

表4-5 2000—2021年中央和地方增值税收入及占比情况

(单位:亿元)

| 年 份 | 国内增值税 | 中央增值税 | 地方增值税 | 中央占比(%) | 地方占比(%) |
| --- | --- | --- | --- | --- | --- |
| 2000 | 4 553.17 | 3 413.20 | 1 139.97 | 74.96 | 25.04 |
| 2001 | 5 357.13 | 4 015.47 | 1 341.66 | 74.96 | 25.04 |
| 2002 | 6 178.39 | 4 631.01 | 1 547.38 | 74.95 | 25.05 |
| 2003 | 7 236.54 | 5 425.55 | 1 810.99 | 74.97 | 25.03 |
| 2004 | 9 017.94 | 6 613.51 | 2 404.43 | 73.34 | 26.66 |
| 2005 | 10 792.11 | 7 931.35 | 2 860.76 | 73.49 | 26.51 |
| 2006 | 12 784.81 | 9 588.43 | 3 196.38 | 75.00 | 25.00 |
| 2007 | 15 470.23 | 11 602.61 | 3 867.62 | 75.00 | 25.00 |
| 2008 | 17 996.94 | 13 497.76 | 4 499.18 | 75.00 | 25.00 |
| 2009 | 18 481.22 | 13 915.96 | 4 565.26 | 75.30 | 24.70 |
| 2010 | 21 093.48 | 15 897.21 | 5 196.27 | 75.37 | 24.63 |
| 2011 | 24 266.63 | 18 277.38 | 5 989.25 | 75.32 | 24.68 |

续 表

| 年 份 | 国内增值税 | 中央增值税 | 地方增值税 | 中央占比(%) | 地方占比(%) |
|---|---|---|---|---|---|
| 2012 | 26 415.51 | 19 678.35 | 6 737.16 | 74.50 | 25.50 |
| 2013 | 28 810.13 | 20 533.81 | 8 276.32 | 71.27 | 28.73 |
| 2014 | 30 855.36 | 21 103.03 | 9 752.33 | 68.39 | 31.61 |
| 2015 | 31 109.47 | 20 996.95 | 10 112.52 | 67.49 | 32.51 |
| 2016 | 40 712.08 | 21 949.47 | 18 762.61 | 53.91 | 46.09 |
| 2017 | 56 378.18 | 28 166.02 | 28 212.16 | 49.96 | 50.04 |
| 2018 | 61 530.77 | 30 753.32 | 30 777.45 | 49.98 | 50.02 |
| 2019 | 62 347.36 | 31 160.46 | 31 186.90 | 49.98 | 50.02 |
| 2020 | 56 791.24 | 28 353.14 | 28 438.10 | 49.93 | 50.07 |
| 2021 | 63 519.59 | 31 753.04 | 31 766.55 | 49.99 | 50.01 |

数据来源：2000—2022 年《中国统计年鉴》。

表 4-6  2000—2016 年中央和地方营业税收入及占比情况

（单位：亿元）

| 年 份 | 营业税总额 | 中央营业税 | 地方营业税 | 中央占比(%) | 地方占比(%) |
|---|---|---|---|---|---|
| 2000 | 1 868.78 | 243.11 | 1 625.67 | 13.01 | 86.99 |
| 2001 | 2 064.09 | 214.99 | 1 849.10 | 10.42 | 89.58 |
| 2002 | 2 450.33 | 155.30 | 2 295.03 | 6.34 | 93.66 |
| 2003 | 2 844.45 | 76.89 | 2 767.56 | 2.70 | 97.30 |
| 2004 | 3 581.97 | 110.99 | 3 470.98 | 3.10 | 96.90 |
| 2005 | 4 232.46 | 129.64 | 4 102.82 | 3.06 | 96.94 |
| 2006 | 5 128.71 | 160.54 | 4 968.17 | 3.13 | 96.87 |
| 2007 | 6 582.17 | 202.66 | 6 379.51 | 3.08 | 96.92 |

续 表

| 年 份 | 营业税总额 | 中央营业税 | 地方营业税 | 中央占比(%) | 地方占比(%) |
|---|---|---|---|---|---|
| 2008 | 7 626.39 | 232.10 | 7 394.29 | 3.04 | 96.96 |
| 2009 | 9 013.98 | 167.10 | 8 846.88 | 1.85 | 98.15 |
| 2010 | 11 157.91 | 153.34 | 11 004.57 | 1.37 | 98.63 |
| 2011 | 13 679.00 | 174.56 | 13 504.44 | 1.28 | 98.72 |
| 2012 | 15 747.64 | 204.73 | 15 542.91 | 1.30 | 98.70 |
| 2013 | 17 233.02 | 78.44 | 17 154.58 | 0.46 | 99.54 |
| 2014 | 17 781.73 | 68.94 | 17 712.79 | 0.39 | 99.61 |
| 2015 | 19 312.84 | 150.73 | 19 162.11 | 0.78 | 99.22 |
| 2016 | 11 501.88 | 1 333.08 | 10 168.80 | 11.59 | 88.41 |

数据来源：2000—2017年《中国统计年鉴》。

表 4-7  2008—2021年地方各税种占地方税收收入比例(%)

| 税种\年份 | 2008 | 2009 | 2010 | 2011 | 2012 | 2013 | 2014 | 2015 | 2016 | 2017 | 2018 | 2019 | 2020 | 2021 |
|---|---|---|---|---|---|---|---|---|---|---|---|---|---|---|
| 增值税 | 19.35 | 17.45 | 15.89 | 14.57 | 14.24 | 15.36 | 16.49 | 16.14 | 29.00 | 41.08 | 40.52 | 40.51 | 38.09 | 37.91 |
| 营业税 | 31.80 | 33.82 | 33.65 | 32.85 | 32.85 | 31.83 | 29.95 | 30.58 | 15.72 | — | — | — | — | — |
| 企业所得税 | 17.21 | 14.98 | 15.44 | 16.41 | 16.00 | 14.81 | 14.93 | 15.15 | 15.67 | 17.03 | 17.22 | 17.56 | 17.64 | 18.42 |
| 个人所得税 | 6.40 | 6.05 | 5.91 | 5.89 | 4.92 | 4.85 | 4.99 | 5.50 | 6.24 | 6.97 | 7.30 | 5.41 | 6.20 | 6.68 |
| 资源税 | 1.30 | 1.29 | 1.28 | 1.45 | 1.81 | 1.78 | 1.76 | 1.59 | 1.42 | 1.91 | 2.09 | 2.30 | 2.29 | 2.66 |
| 城市维护建设税 | 5.75 | 5.43 | 5.31 | 6.35 | 6.20 | 6.02 | 5.85 | 5.92 | 6.00 | 6.12 | 6.16 | 5.99 | 5.95 | 5.97 |
| 房产税 | 2.93 | 3.07 | 2.73 | 2.68 | 2.90 | 2.93 | 3.13 | 3.27 | 3.43 | 3.79 | 3.80 | 3.88 | 3.80 | 3.91 |
| 印花税 | 1.55 | 1.54 | 1.57 | 1.50 | 1.46 | 1.46 | 1.51 | 1.54 | 1.48 | 1.65 | 1.61 | 1.60 | 1.76 | 1.91 |

续　表

| 年份<br>税种 | 2008 | 2009 | 2010 | 2011 | 2012 | 2013 | 2014 | 2015 | 2016 | 2017 | 2018 | 2019 | 2020 | 2021 |
|---|---|---|---|---|---|---|---|---|---|---|---|---|---|---|
| 城镇土地使用税 | 3.51 | 3.52 | 3.07 | 2.97 | 3.26 | 3.19 | 3.37 | 3.42 | 3.49 | 3.44 | 3.14 | 2.85 | 2.76 | 2.54 |
| 土地增值税 | 2.31 | 2.75 | 3.91 | 5.02 | 5.74 | 6.11 | 6.62 | 6.12 | 6.51 | 7.15 | 7.43 | 8.40 | 8.66 | 8.23 |
| 车船税 | 0.62 | 0.71 | 0.74 | 0.73 | 0.83 | 0.88 | 0.91 | 0.98 | 1.05 | 1.13 | 1.09 | 1.14 | 1.27 | 1.22 |
| 耕地占用税 | 1.35 | 2.42 | 2.72 | 2.62 | 3.43 | 3.36 | 3.48 | 3.34 | 3.14 | 2.41 | 1.74 | 1.81 | 1.68 | 1.27 |
| 契税 | 5.62 | 6.64 | 7.54 | 6.73 | 6.07 | 7.13 | 6.76 | 6.22 | 6.65 | 7.15 | 7.54 | 8.07 | 9.45 | 8.87 |
| 烟叶税 | 0.29 | 0.31 | 0.24 | 0.22 | 0.28 | 0.28 | 0.24 | 0.23 | 0.20 | 0.17 | 0.15 | 0.14 | 0.14 | 0.14 |
| 环境保护税 | — | — | — | — | — | — | — | — | — | — | 0.20 | 0.29 | 0.28 | 0.24 |
| 其他 | 0.01 | 0.02 | 0.00 | 0.01 | 0.01 | 0.01 | 0.01 | 0.00 | 0.00 | 0.00 | 0.01 | 0.05 | 0.03 | 0.03 |

数据来源：2007—2022 年《中国统计年鉴》。

（4）实施"减税降费"政策。

"减税降费"具体包括"税收减免"和"取消或停征行政事业性收费"两个方面。减税是国家在特定时期实现其特定经济目标的重要手段之一，即通过对税种、税率、征税范围的调整实现减征的目的。具体而言，就是通过精简税收种类、降低征收税目税率、提高起征点、增加税收优惠政策等措施缩小征税范围以达减轻纳税人纳税负担的目的。由于我国的主要税种是属于间接税的增值税，以间接税为主的税制结构导致了我国较高的税负水平[①]。因此，我国的税制改革主要针对流转税降低税负以促进税收公平，如 2016 年全面实施的营业税改征增值税以及对增值税税率的调整等。与此同时，我国企业除缴纳税收之外，还要支付名目繁多的费用。所谓"降费"实际上是降低政府非税收入和社保基金的规模。非税收入主要包括行政事业性收费收入、政府性基金收入、罚没收入、国有资源（资产）有偿使用收入、国有资本收益、彩票公益金收入、特许经营收入、中央银行

---

① 王华春、崔伟、平易：《供给侧结构性改革背景下减税的逻辑、障碍与路径》，载《税务与经济》2019 年第 4 期。

收入、以政府名义接受的捐赠收入、主管部门集中收入、政府收入的利息收入和其他非税收入等①。尽管中央多次出台简政放权、降低费用的措施,但是一些地方政府仍通过增加收费弥补税收的不足,使得非税收入居高不下。这种税费并存的局面使我国创新性地将"减税"和"降费"结合在一起②。

2008年受国际金融危机的影响,我国经济结构严重失衡。由于市场外部环境发生了深刻变化,部分企业出现生产经营持续性问题,多年来累积的运行隐患有所暴露。从2009年开始,我国实行积极财政政策,探索如何将"减税降费"制度常态化所形成的显著优势转化为从中央到地方权责清晰、运行顺畅、充满活力的国家治理效能。2014年6月,中共中央政治局审议通过了《深化财税体制改革总体方案》,减税降费成为改进预算管理制度、优化税制结构和理顺中央与地方政府间财政关系的重要措施。虽然不同时期政策的目标取向、功能定位、作用方式和发力方向有所调整,如2009—2015年以旨在稳增长、扩大需求的结构性减税为主,2016年之后侧重于增加供给、降本减税以防风险与稳预期,但其中最明显的导向变化是从扩大财政投资、结构性减税转向减税降费共同推进③。梳理"减税降费"政策的演进历程,可以看出"减费降税"政策实施经历了从单一税种减税向普惠性减税、从减税负向改税制和降税负并举、从政策性减税降费向制度性减税降费的转变,这一过程大体可分为两个阶段:

第一个阶段是2008—2015年,以出台各类结构性减税政策为主要特征。为了实现扩大投资、促进消费、调整结构、改善民生等目的,2008年的中央经济工作会议上首次提出结构性减税的概念,随后中央陆续出台了一些结构性减税措施,但由于在税改顶层设计层面不够深入,在改革路线图和时间表设置层面不清晰,未能形成显著的国民经济拉动效应。直到2012年政府工作报告中提出,实施结构性减税,落实和完善支持小型微型企业和个体工商户发展的各项税收优惠政策,开展营业税改征增值税试点;同时继续对行政事业性收费和政府性基金进行清理、整合和规范。"减税"和"降费"正式进入国家政策文件。同年6月国家税务总局出台《关于认真贯彻落实结构性减税政策规范税收管理支持小型微

---

① 参见财政部《政府非税收入管理办法》(财税〔2016〕33号)第3条。
② 邓力平:《中国特色的减税降费观》,载《当代财经》2019年第6期。
③ 刘明慧、张慧艳、侯雅楠:《财政分权治理、减税降费与地方财政压力》,载《财经问题研究》2021年第8期。

型企业和个体工商户发展的通知》(国税发〔2012〕52号),要求各地落实结构性减税政策,切实规范税收管理,进一步支持小型微型企业和个体工商户发展。

为实现减税目标,2012—2015年中央出台了诸多减税政策,政策呈现出"以增值税转型为核心,以所得税、资源税等其他税种改革为辅助兼顾取消行政事业性收费"的特征。

在增值税改革领域,试点工作于2012年1月首先从上海开展,然后分别经历了地区扩围、行业扩围和全面推开三个过程,"营改增"试点的渐进式扩围历时四年半。2013年主要是针对小型微利企业不断扩大暂免增值税范围。企业或非企业性单位月销售额不超过2万元的,免征增值税。2014年继续将门槛提高至月销售额不超过3万元,同年简并增值税征收率,统一工业、商业企业两档税率,小规模纳税人增值税率由6%(工业企业)和4%(商业企业)统一下调至3%,同时向下调整小规模纳税人的征收税率,一般来说采用2%的征收税率,适当降低中小企业的税负。

在投资和消费领域,首先是对小微企业实施减税政策:一是企业所得税优惠政策。《中华人民共和国企业所得税法》(2008)及其实施细则,首次提出小微企业的界定标准并对于符合条件的小微企业给予20%的税率优惠[①]。2009年1月,财政部、税务总局发布《关于继续实施小型微利企业所得税优惠政策的通知》(财税〔2011〕4号),要求为了应对金融危机所带来的经济下行压力,"对年应纳税所得额低于3万元(含3万元)的小型微利企业,其所得减按50%计入应纳税所得额,按20%的税率缴纳企业所得税"的收优惠政策。二是增值税优惠政策。2015年,为支持小型微利企业发展,财政部、税务总局发布《关于继续执行小微企业增值税和营业税政策的通知》(财税〔2015〕96号)和《关于延续小微企业增值税政策的通知》(财税〔2017〕76号),将财政部、税务总局发布的《关于进一步支持小微企业增值税和营业税政策的通知》(财税〔2014〕71号)中相关规定延续至2020年12月31日,对月销售额在2万元至3万元的小规模纳税人进行免征,并于2019年规定月销售额在10万元以下的小规模纳税人免缴增值税;通知还给予省级政府在50%的税额幅度内对增值税小规模纳税人一定的自主减征权。其次是通过提高小微企业所得税征税门槛,以及提高营业税和增值税的起

---

① 参见《中华人民共和国企业所得税法》第二十八条,《中华人民共和国企业所得税法实施细则》第九十二条。

征点来降低企业税负,鼓励企业扩大投资;通过降低小排量汽车的车辆购置税率,鼓励居民购买小排量汽车。

在个人所得税领域,通过提高个人所得税起征点、调整个人所得税税率等举措减轻中低收入家庭的所得税负担,提高个人可支配收入水平进而扩大内需。

与此同时,中央出台的结构性减税政策不仅包括减税政策,还包括多类增税政策,实施增税政策的主要目的是调整经济结构、保护环境、节约资源和完善税制等。

自2014年发布"降费令"以来,国家相继出台了一系列降费政策,旨在取消不必要的行政事业性收费、专项资金收费与政府性基金收费。一是针对小微企业的降费。2014年11月,财政部、国家发改委发布的《关于取消、停征和免征一批行政事业性收费的通知》(财税〔2014〕101号)中规定,取消或暂停征收12项中央级设立的行政事业性收费,同时免征42项中央设立的行政事业性收费。二是降低企业社保缴费负担。社保缴费对于企业"轻装上阵"有着重要意义,近几年正在逐步降低企业社保缴费率。自2015年以来,政府已出台了一系列社保降费政策,主要是降低失业保险费、工伤保险费、生育保险费等低费率费种,而2018年出台的减税降费政策中进一步把养老保险降费作为重点工作。

第二个阶段是2016年至今,以全面推行"营改增"和全面"减税降费"政策为主要特征。2016年5月1日起我国全面实施"营改增",同年11月国务院宣告我国营业税正式废止,标志着"减税降费"政策实施推向深入。全面实施"营改增"后,地方财力出现缺口,为解决这一问题,《全面推开营改增试点后调整中央与地方增值税收入划分过渡方案》(国发〔2016〕26号)将中央和地方增值税分享比例由之前的75%∶25%调整为50%∶50%,以缓解地方财力困境。2019年,国务院印发《实施更大规模减税降费后调整中央与地方收入划分改革推进方案》(国发〔2019〕21号),进一步强调经济下行阶段提高地方增值税分享比例对调动地方积极性的积极意义。从2017年至2020年,我国"减税降费"步伐逐步加快,围绕"减税降费"从多个领域多个方面出台了一系列措施。

在减税方面采取多项措施,主要包括:一是简并增值税税率。财政部与税务总局发布通知,规定自2017年7月1日起,简并增值税税率结构为17%、11%、6%,取消13%这一档增值税税率。纳税人销售或者进口农产品(含粮食)、自来水、暖气、石油液化气等货物,税率为11%①。2018年5月1日起,原适用17%和11%税率的,税率分别调整为16%、10%;同时上调工业和商业企业小规模纳税人年销售额标准,并在一定期限内允许一般纳税人转为小规模纳税人。2019年1月1日至2021年12月31日,为进一步支持小微企业发展,实施普惠性税收减免政策,对月销售额10万元以下(含本数,下同)的增值税小规模纳税人免征增值税。2019年4月1日起,为实施更大规模减税,制造业等行业税率由16%降至13%,交通运输业、建筑业等行业的税率由10%降至9%;保持6%一档的税率不变,并为将来三档并两档做准备。二是扩大享受企业所得税优惠的小型微利企业范围。2017年6月,财政部、税务总局发布通知,自2017年1月1日至2019年12月31日,将小型微利企业的年应纳税所得额上限由30万元提高至50万元,对年应纳税所得额低于50万元(含50万元)的小型微利企业,其所得减按50%计入应纳税所得额,按20%的税率缴纳企业所得税②。三是提高科技型中小企业研发费用税前加计扣除比例。科技部、财政部、税务总局三部门发布通知,科技型中小企业开展研发活动中实际发生的研发费用,未形成无形资产计入当期损益的,在按规定据实扣除的基础上,在2017年1月1日至2019年12月31日期间,再按照实际发生额的75%在税前加计扣除;形成无形资产的,在上述期间按照无形资产成本的175%在税前摊销③。四是个人所得税改革。2019年1月1日正式实施新的《中华人民共和国个人所得税法》,使得个人所得税制度有较大幅度的变化。个人所得税免征额由每月3 500元调整到每月5 000元;首次实行综合征税;首次增加子女教育、大病医疗、赡养老人等六项专项附加扣除;优化个税税率,新个税改革增加了3%—20%税率的级距,收缩了25%税率的级距,这样的变更使得个税减税对中低收入人群作用更大,有利于调节收入分配,维护社会公平,等等

同时,将2016年底到期的部分税收优惠政策延长至2019年底。2017年4月19日国务院常务会议决定,将2016年底到期的部分税收优惠政策延长至2019年底,包括:对物流企业自有的大宗商品仓储设施用地减半计征城镇土地

---

① 参见财政部、税务总局《关于简并增值税税率有关政策的通知》(财税〔2017〕37号)。
② 参见财政部、税务总局《关于扩大小型微利企业所得税优惠政策范围的通知》(财税〔2017〕43号)。
③ 参见财政部、税务总局、科技部《关于提高科技型中小企业研究开发费用税前加计扣除比例的通知》(财税〔2017〕34号)。

使用税;对金融机构农户小额贷款利息收入免征增值税,并将这一优惠政策范围扩大到所有合法合规经营的小额贷款公司;对高校毕业生、就业困难人员、退役士兵等重点群体创业就业,按规定扣减增值税、城市维护建设税、教育费附加和个人(企业)所得税,等等。

在降费方面同样采取多项措施,主要包括:一是取消和调整部分政府性基金。2017年3月财政部发布《关于取消、调整部分政府性基金有关政策的通知》(财税〔2017〕18号),明确自4月1日起,取消、调整部分政府性基金,取消城市公用事业附加和新型墙体材料专项基金;调整残疾人就业保障金征收政策,在扩大免征范围的同时,设置残疾人就业保障金征收标准上限。二是清理和规范行政事业性收费。财政部、发改委发布《关于清理规范一批行政事业性收费有关政策的通知》(财税〔2017〕20号),规定自2017年4月1日起,取消或停征41项中央设立的行政事业性收费,包括非刑事案件财物价格鉴定费、口岸以外边防检查监护费等,将商标注册收费标准降低50%。三是降低企业社保缴费负担。人社部、财政部两部门发布通知,决定自2017年1月1日起,失业保险总费率为1.5%的省(自治区、直辖市),可以将总费率降至1%,降低费率的期限执行至2018年4月30日[①]。2018年4月,人社部、财政部印发《关于继续阶段性降低社会保险费率的通知》(人社部发〔2018〕25号),要求自2018年5月1日起,企业职工基本养老保险单位缴费比例超过19%的省(自治区、直辖市)以及按照人力资源社会保障部、财政部《关于阶段性降低社会保险费率的通知》(人社部发〔2016〕36号)单位缴费比例降至19%的省(自治区、直辖市),基金累计结余可支付月数(截至2017年底)高于9个月的,可阶段性执行19%的单位缴费比例至2019年4月30日。2019年,国务院办公厅印发的《降低社会保险费率综合方案》明确规定,继续阶段性降低失业保险和工伤保险费率。自2019年5月1日起,实施失业保险总费率1%的省份,延长阶段性降低失业保险费率的期限至2020年4月30日。自2019年5月1日起,延长阶段性降低工伤保险费率的期限至2020年4月30日。四是清理规范已脱钩的全国性行业协会商会的涉企收费。民政部发布通知,负责清理规范2017年4月30日前已脱钩的全国性行业协会商会的涉企收费,包括行业协会商会收取以企业为缴费主体的会费、经营服

---

[①] 参见人社部、财政部《关于阶段性降低失业保险费率有关问题的通知》(人社部发〔2017〕14号)。

务性收费、行政事业性收费等①。五是降低行政事业性收费标准。国家发改委、财政部两部门印发通知,规定自 2017 年 7 月 1 日起,降低电信网码号资源占用费、公民出入境证件费等部分行政事业性收费标准②。

从 2008 年 12 月中央经济工作会议上首次提出结构性减税,至今十年有余,特别是 2016 年实施全面"减税降费"政策以来,一般公共预算收入增速出现了放缓的趋势。从表 4-8 中对 2011—2021 年全国一般公共预算收入的统计数据分析可知:

一是一般公共预算收入、税收收入和非税收入在总量上都呈现出逐年递增趋势,年平均增长率分别为 8.43%、7.93% 和 12.28%。由于减税降费政策力度持续加大,2019 年一般公共预算收入同比增长率低于 2018 年,而非税收入增长较快,总量达到 32 389.62 亿元,比上年增长 20.15%,在一定程度上发挥着财政收入的补充职能,主要源于国有资本经营收入和国有资源(资产)有偿使用收入的快速提升。由于大规模"减费降税"政策持续推进,2020 年一般公共预算收入、税收收入和非税收入增长明显回落,相较于 2019 年增长率分别为 -3.93%、-2.33% 和 -11.70%。2021 年,在经济持续稳定恢复和价格上涨等因素拉动下,一般公共预算收入、税收收入和非税收入有所增长,相较于 2020 年,增长率分别为 10.74%、11.94% 和 4.26%。

二是随着经济增速下行以及"减税降费"政策的实施,一般公共预算收入、税收收入和非税收入增收同步放缓,较上年的增长速度呈递减趋势。非税收入 2015 年和 2019 年相较于上一年增速明显,增长率分别为 29.03% 和 20.15%;一般公共预算收入和税收收入在 2017 年有所反弹,相较于上年增长率分别为 8.14% 和 10.75%。

三是非税收入减收空间变小。自 2009 年以来,针对我国非税收入名目多、管理混乱的现象,财政部出台多个政策清理政府性收费,累计取消、停征、免征或减征 1 368 项政府性基金和行政事业性收费,同时清理规范 298 项国务院部门行政审批中介服务事项,大幅缩小涉企收费范围,减小企业行政成本。分析表 3-10 的数据,可以看出 2014 年以来,行政事业性收费收入逐年下降,并且下降速度有所放缓,进一步降费的空间受限。

---

① 参见民政部《关于清理规范已脱钩全国性行业协会商会涉企收费的通知》(民函〔2017〕119 号)。
② 参见国家发改委、财政部《关于降低电信网码号资源占用费等部分行政事业性收费标准的通知》(发改价格〔2017〕1186 号)。

表 4-8 2011—2021 年全国一般公共预算收入情况

(单位：亿元)

| 年份 | 一般公共预算收入 | | 税收收入 | | 非税收入 | |
|---|---|---|---|---|---|---|
| | 金额 | 增长率(%) | 金额 | 增长率(%) | 金额 | 增长率(%) |
| 2011 | 103 874.43 | 25.00 | 89 738.39 | 22.58 | 14 136.04 | 42.92 |
| 2012 | 117 253.52 | 12.88 | 100 614.28 | 12.12 | 16 639.24 | 17.71 |
| 2013 | 129 209.64 | 10.20 | 110 530.70 | 9.86 | 18 678.94 | 12.26 |
| 2014 | 140 370.03 | 8.64 | 119 175.31 | 7.82 | 21 194.72 | 13.47 |
| 2015 | 152 269.23 | 8.48 | 124 922.20 | 4.82 | 27 347.03 | 29.03 |
| 2016 | 159 604.97 | 4.80 | 130 360.73 | 4.35 | 29 244.24 | 6.94 |
| 2017 | 172 592.77 | 8.14 | 144 369.87 | 10.75 | 28 222.90 | -3.49 |
| 2018 | 183 359.84 | 6.24 | 156 402.86 | 8.33 | 26 956.98 | -4.49 |
| 2019 | 190 390.08 | 3.83 | 158 000.46 | 1.02 | 32 389.62 | 20.15 |
| 2020 | 182 913.88 | -3.93 | 154 312.29 | -2.33 | 28 601.59 | -11.70 |
| 2021 | 202 554.64 | 10.74 | 172 735.67 | 11.94 | 29 818.97 | 4.26 |

数据来源：2011—2022 年《中国统计年鉴》。

## 三、财政分权制度对地方收支的影响

"分权是现代政治政府架构的应有之义，财政分权则是现代市场经济国家财政体制的固有属性。"[1]"20 世纪以来，世界各国普遍出现了财政分权趋势，全世界人口超过五百万的 75 个转型经济中，84％的发展中国家正致力于向地方政府下放部分权力。"[2] 财政分权一般被界定为有关财政决策制定权下移到次级政府的过程，通常认为，财政决策权包括收入筹集、支出安排以及对收支的管理控制

---

[1] 刘剑文：《财税法学》，高等教育出版社 2017 年版，第 88 页。
[2] 张晏、龚六堂：《分税制改革、财政分权与中国经济增长》，载《经济学》2005 年第 5 卷第 1 期。

权力①。从我国的实践来看,20世纪70年代末就以"减税让利"的税制改革为先导拉开了改革开放的序幕,1994年的税制改革进一步建立了分税制的财政分权体制,党的十六届三中全会通过的《中共中央关于完善社会主义市场经济体制若干问题的决定》指出在"统一税政前提下,赋予地方适当的税政管理权",我国也经历了财政逐步分权的历程,从这一点看出,财税分权有着其经济发展规律的必然性。实行分税制的目的就是在中央政府和地方政府之间按照税种来划分收入的来源,调整和规范中央政府与地方政府的财政关系,以某种固定形式取代分税制之前中央与地方政府之间财政关系上的讨价还价,并使得各级政府的财权和事权对应。

分税制是市场经济国家运用财政手段对经济实行宏观调控较为成功的做法,市场竞争要求财力相对分散,而宏观调控又要求财力相对集中。这种集中与分散的关系,反映到财政管理体制上,就是中央政府与地方政府之间的集权与分权关系问题②。

1. 中国式财政分权的主要特点

财政分权是建立在政府职能或事权基础上,符合经济效率与公平、体现民主精神采取民主方式并有法律保障、各级政府有相对独立的财政收入与支出范围、处理中央政府与地方政府及各政府间关系的一种财政体制。其主要表现特征:一是财政职能性与收支相对独立性。即政府职能明确,政府职能在政府间的划分明确,相应各级政府的收入与支出范围也明确。二是效率性与最优化。即事权与财权相统一,体现经济学中的成本与收益原则、追求最大化目标,各级政府使用公民的税收为全体公民提供最合意的公共产品,包括最优税收税率与结构、最优支出规模结构等。三是民主性与公平性。体现"政府是一个为民办事的组织"的思想,既要保证各经济微观主体的利益与自由,使得各微观主体的偏好得以显示,又要通过民主的方式协调各主体之间的利益矛盾,要为居民参与财政活动提供公开透明的信息与渠道,保证中央政府不能随意侵占、干预地方政府利益,地方政府不是或不完全是中央政府的代理机构,而是具有独立权利的组织或行为主体。四是规范性与法律性。各级政府的关系、职能与行为是较规范的,有

---

① 李一花:《财政分权中的中央集中度:评价、问题与改革》,载《当代财经》2013年第9期。
② 黄爱东:《分税制改革引发的土地财政与土地城市化之反思》,载《湖南行政学院学报》2011年第3期。

法律作为依据与保证,有较强的稳定性与可预测性。五是激励相容性。分权体制既要保证地方政府利益与中央政府利益的协调,又要保证各级政府官员、职员的个人利益与地方居民利益的协调统一。有关财政分权的理论不仅在发达国家得到普遍的重视,许多发展中国家也将财政分权作为打破中央计划束缚,走上自我持续增长道路的重要手段。

与西方发达国家建立在三权分立基础上的分权不同,我国的财政分权所面临的制度环境是具有中国特色的政治、经济和社会制度,是处于体制转轨和经济增长的双重压力下,如何激发地方政府发展经济的积极性和主动性,并促进国家整体经济发展成为分权变革的关键因素。我国的分权不是简单地把中央政府的权力下放到地方政府,而是在中央对地方分权的基础上赋予地方政府发展经济的责任和自主权[①]。因此,我国的财政分权是一种特殊的分权类型,蕴含着较多的中国元素和中国特色,是一般性和特殊性的有机融合体,即"中国式财政分权",其主要包括四个层面的含义:

第一,不全面的分权。从政治体制看,与西方国家的联邦制不同,我国的政治体制是单一制,是中国共产党一党执政,财政分权不是在联邦制框架下进行的,改革所面临的制度环境不同。实际上,我国的财政分权仅仅体现在经济发展上,政治上高度集权与经济上逐步分权并存,财政分权是局部的制度变革。财政分权要解决的主要问题是公共部门的纵向结构问题,即如何在不同层级政府间划分责任以及实现这些责任的财政手段[②]。我国的财政分权经历了"弱中央,强地方"到"强中央,弱地方"的发展,20世纪80年代首次推行的"分级包干"财政分权,激活了地方政府增收节支的积极性,但同时也造成了中央政府财力下降的结果。推行分税制改革的目的是增强中央政府的财力和宏观调控能力,虽然达到了预期目标,但同时也造成了地方财政困难的局面。我国财政分权体制很大程度上是中央政府单方面推进的改革,地方政府处于执行地位,是"自上而下"的动力机制,而财政分权理论认为居民的偏好是财政供给公共物品的根源,也即财政分权的动力是"自下而上"的。因此,我国的财政分权并非财政分权理论意义上的"分权"。总体而言,"中国财政集权与分权随着中央和地方政治权力的变化

---

① 李一花:《财政分权中的中央集中度:评价、问题与改革》,载《当代财经》2013年第9期。
② 王志刚、龚六堂:《财政分权和地方政府非税收入:基于省级财政数据》,载《世界经济文汇》2009年第5期。

而变化,与新中国成立以来的政治权力分配是一致的"①。

第二,不彻底的分权。从社会历史背景看,我国的财政分权过程与社会历史变革进程紧密相关,分权的过程伴随着我国经济由计划机制向市场机制的体制变迁,是旨在对政府职能进行完善、对地方采取激励措施来促进经济发展的财政分权。且在宪法上,我国并非严格意义上的分权国家,缺乏立法权的基础环境,税收立法权仍高度集中在中央层面,地方的税收自主权相当有限,难以通过税收权灵活调节经济②。在税种、税率和税基的确定上,中央政府占有绝对的决定权,税收立法权与税收征管权的高度集中,具有集权式的特点;在财政支出上,改革开放以来,地方政府的支出比例不断提高,财政分权度不断提高;在财政收入上,中央财政收入经历了下降后的不断上升,经历了"集权—分权—集权"的过程③。税收征管权在"中国式财政分权"改革中,也逐步走向了高度集中。在财政包干的体制下,税收征管权在理论上是集权的,在实践中却走向了分散。分税制改革以后,税务总局专职负责中央税与中央、地方共享税的征收,地方税务局的税收征管权只能在地方税种上有限行使,税收征管权逐步向中央集中④。

第三,不平衡的分权。从财税体制改革看,我国的财政分权不是在公共财政框架下建立并完善起来的。一方面,我国地方政府官员的晋升机制是任命制,且对地方政府官员的考核有一定的量化指标,政治性比较强,因此地方政府很多时候都是"对上不对下",地方政府的公共服务在很大程度上并不是由本地公众的需求和偏好决定,而是与考核晋升指标息息相关,是财政激励与晋升激励的紧密结合。因此,"中国式财政分权"在很大程度上并不是真正意义上的"分权","用脚投票"机制难以有效发挥⑤。另一方面,财政分权呈现出收入和支出两个维度在不同分权水平上的交互组合。不同阶段,财政收入衡量的分权度与财政支出

---

① 胡书东:《经济发展中的中央与地方关系——中国财政制度变迁研究》,上海人民出版社2001年版,第3页。
② 任亚星、王保顺:《我国财政分权对经济增长的非线性影响实证研究——基于市场化进程的视角》,载《财政经济评论》2017年第1期。
③ 陈少晖、李丽琴:《中国式财政分权下地方公共产品供给的实证研究》,载《福建论坛·人文社会科学版》2013年第10期。
④ 刘承礼:《中国式财政分权的解释逻辑:从理论述评到实践推演》,载《经济学家》2011年第7期。
⑤ Tiebout(1956)的"用脚投票"模型、Buchanan(1965)的俱乐部模型等开创性工作勾画了地方政府在资源配置方面的优势,后来给出的标尺效应(yardsitck effect)、权力制衡(abuse contorl)等观点也认为分权经济下政府部门之间的竞争能够提高政府运作效率,削减预算赤字,防止权力滥用。

衡量的分权度并不完全一致①。特别是1994年分税制改革后,分权在收入和支出两个层面的程度和方向截然相反,收入上越来越集权,中央财政收入占比越来越高;支出上则呈现出过度分权的趋势特征。

第四,不均衡的分权。由于我国地大物博,是一个多元文化和多元民族国家,我国的财政分权体制只明确了中央与地方之间的财权事权划分,但在省以下的财政分权并没有明确统一的规定。所以,各个省(自治区、直辖市)都是参照中央和地方的分权具体执行,全国省以下的财政分权呈现"百花齐放"的状态。在"中国式财政分权"模式下,财政政策是政府部门协调区域经济平衡发展的重要手段,同样也是影响区域平衡发展问题的关键因素。在政策实施过程中,地方政府面对各项政绩考核压力,往往偏好见效快的短视性决策。通常情况下,财政分权有助于提高经济效率,但地方政府为了获取足够的财政收入而开展地方间的税源竞争,即在政策扶持以及财政优惠上往往倾向于能够对本地区经济发展作出更大贡献的区域或企业。一个最直接的表现是,将资源向经济增长实力雄厚或有较大发展潜力的中心城市倾斜,使这些城市获取更大的经济加速度,而其他城市不仅自身的经济发展能力有限,相关政策也未能给予足够的支持,长此以往将严重阻碍区域经济平衡发展②。

2. 收支比例变化对地方财政的影响

从我国财政制度变迁的情况来看,在高度集权时期,财权统一归于中央管理,事权上中央缺乏管理的有效性,地方政府更缺乏提供公共事务的动机。随着逐步分权化的改革和分税制建立,财权进一步向地方政府下放,但没有建立地方税种的财权,在税权高度集中的条件下下放的事权和财力没有得到最有效的配置,地方承担的事权未能得到相应财权。中央与地方之间,地方各级政府之间的事权划分不清晰,财力与事权不对称③。在分税制改革的过程中,虽然已经提出了"财权与事权相匹配"的财税体制改革原则,但实际上分税制改革仅仅明确了各层级政府之间财政收入划分的问题,确保了中央政府对整体宏观经济的掌控力,而事权与财权相匹配的问题并没有得到解决。

---

① 任亚星、王保顺:《我国财政分权对经济增长的非线性影响实证研究——基于市场化进程的视角》,载《财政经济评论》2017年第1期。
② 詹新宇:《财政分权助推区域经济平衡发展》,载《中国社会科学报》2019年12月11日。
③ 李润南:《财政制度变迁背景下中央与地方政府财政集权和分权关系的探讨》,载《时代金融》2012年第11期。

表4-9、图4-5整理了1978年以来中央与地方一般公共预算收入、支出及占比的情况。

**表4-9　1978—2021年中央与地方一般公共预算收支分权基本情况**

（单位：亿元）

| 年度 | 中央财政收入 | 地方财政收入 | 地方财政收入比重(%) | 中央财政支出 | 地方财政支出 | 地方财政支出比重(%) |
|---|---|---|---|---|---|---|
| 1978 | 175.77 | 956.49 | 84.48 | 532.12 | 589.97 | 52.58 |
| 1979 | 231.34 | 915.04 | 79.82 | 655.08 | 626.71 | 48.89 |
| 1980 | 284.45 | 875.48 | 75.48 | 666.81 | 562.02 | 45.74 |
| 1981 | 311.07 | 864.72 | 73.54 | 625.65 | 512.76 | 45.04 |
| 1982 | 346.84 | 865.49 | 71.39 | 651.81 | 578.17 | 47.01 |
| 1983 | 490.01 | 876.94 | 64.15 | 759.60 | 649.92 | 46.11 |
| 1984 | 665.47 | 977.39 | 59.49 | 893.33 | 807.69 | 47.48 |
| 1985 | 769.63 | 1 235.19 | 61.61 | 795.25 | 1 209.00 | 60.32 |
| 1986 | 778.42 | 1 343.59 | 63.32 | 836.36 | 1 368.55 | 62.07 |
| 1987 | 736.29 | 1 463.06 | 66.52 | 845.63 | 1 416.55 | 62.62 |
| 1988 | 774.76 | 1 582.48 | 67.13 | 845.04 | 1 646.17 | 66.08 |
| 1989 | 822.52 | 1 842.38 | 69.14 | 888.77 | 1 935.01 | 68.53 |
| 1990 | 992.42 | 1 944.68 | 66.21 | 1 004.47 | 2 079.12 | 67.43 |
| 1991 | 938.25 | 2 211.23 | 70.21 | 1 090.81 | 2 295.81 | 67.79 |
| 1992 | 979.51 | 503.86 | 71.88 | 1 170.44 | 2 571.76 | 68.72 |
| 1993 | 957.51 | 3 391.44 | 77.98 | 1 312.06 | 3 330.24 | 71.74 |
| 1994 | 2 906.50 | 2 311.60 | 44.30 | 1 754.43 | 4 038.19 | 69.71 |
| 1995 | 3 256.62 | 2 985.58 | 47.83 | 1 995.39 | 4 828.33 | 70.76 |
| 1996 | 3 661.07 | 3 746.92 | 50.58 | 2 151.27 | 5 786.28 | 72.90 |

续　表

| 年　度 | 中央财政收入 | 地方财政收入 | 地方财政收入比重(%) | 中央财政支出 | 地方财政支出 | 地方财政支出比重(%) |
| --- | --- | --- | --- | --- | --- | --- |
| 1997 | 4 226.92 | 4 424.22 | 51.14 | 2 532.50 | 6 701.06 | 72.57 |
| 1998 | 4 892.00 | 4 983.95 | 50.47 | 3 125.60 | 7 672.58 | 71.05 |
| 1999 | 5 849.21 | 5 594.87 | 48.89 | 4 152.33 | 9 035.34 | 68.51 |
| 2000 | 6 989.17 | 6 406.06 | 47.82 | 5 519.85 | 10 366.65 | 65.25 |
| 2001 | 8 582.74 | 7 803.30 | 47.62 | 5 768.02 | 13 134.56 | 69.49 |
| 2002 | 10 388.64 | 8 515.00 | 45.04 | 6 771.70 | 15 281.45 | 69.29 |
| 2003 | 11 865.27 | 9 849.98 | 45.36 | 7 420.10 | 17 229.85 | 69.90 |
| 2004 | 14 503.10 | 11 893.37 | 45.06 | 7 894.08 | 20 592.81 | 72.29 |
| 2005 | 16 548.53 | 15 100.76 | 47.71 | 8 775.97 | 25 154.31 | 74.14 |
| 2006 | 20 456.62 | 18 303.58 | 47.22 | 9 991.40 | 30 431.33 | 75.28 |
| 2007 | 27 749.16 | 23 572.62 | 45.93 | 11 442.06 | 38 339.29 | 77.02 |
| 2008 | 32 680.56 | 28 649.79 | 46.71 | 13 344.17 | 49 248.49 | 78.68 |
| 2009 | 35 915.71 | 32 602.59 | 47.58 | 15 255.79 | 61 044.14 | 80.01 |
| 2010 | 42 488.47 | 40 613.04 | 48.87 | 15 989.73 | 73 884.43 | 82.21 |
| 2011 | 51 327.32 | 52 547.11 | 50.59 | 16 514.11 | 92 733.68 | 84.88 |
| 2012 | 56 175.23 | 61 078.29 | 52.09 | 18 764.63 | 107 188.34 | 85.10 |
| 2013 | 60 198.48 | 69 011.16 | 53.41 | 20 471.76 | 119 740.34 | 85.40 |
| 2014 | 64 493.45 | 75 876.58 | 54.05 | 22 570.07 | 129 215.49 | 85.13 |
| 2015 | 69 267.19 | 83 002.04 | 54.51 | 25 542.15 | 150 335.62 | 85.48 |
| 2016 | 72 365.62 | 87 239.35 | 54.66 | 27 403.85 | 160 351.36 | 85.40 |
| 2017 | 81 123.36 | 91 469.41 | 53.00 | 29 857.15 | 173 228.34 | 85.30 |
| 2018 | 85 456.46 | 97 903.38 | 53.39 | 32 707.81 | 188 196.32 | 85.19 |

续 表

| 年 度 | 中央财政收入 | 地方财政收入 | 地方财政收入比重(%) | 中央财政支出 | 地方财政支出 | 地方财政支出比重(%) |
|---|---|---|---|---|---|---|
| 2019 | 89 309.47 | 101 080.61 | 53.09 | 35 115.15 | 203 743.22 | 85.30 |
| 2020 | 82 770.72 | 100 143.16 | 54.75 | 35 095.57 | 210 583.46 | 85.71 |
| 2021 | 91 470.41 | 111 084.23 | 54.84 | 35 049.96 | 210 623.04 | 85.73 |

数据来源：根据1978—2022年《中国统计年鉴》《中国财政年鉴》计算整理得出。

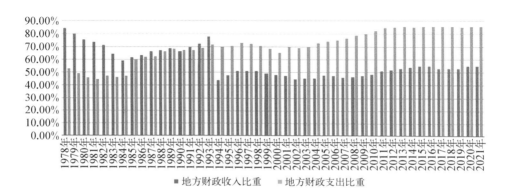

图4-5 1978—2021年地方政府收支比重

数据来源：1978—2022《中国统计年鉴》。

表4-9和图4-5从财政收入和支出分权两个维度清晰地呈现了自1978年以来，我国中央与地方收支变化情况及财政分权与经济增长间的变化趋势。以1994年的分税制改革为分界点，其中1978年至1993年，地方政府一般公共预算收入占全国一般公共预算收入的平均比重为70.14%，支出占全国一般公共预算支出的平均比重为58.01%；1994年至2021年，地方政府一般公共预算收入占全国一般公共预算收入的平均比重为49.84%，而支出占全国一般公共预算支出的平均比重为77.78%。

一方面，从财政收入分权来看，改革开放以来，地方一般公共预算收入比重整体呈下降趋势。在1978年至1993年间，地方一般公共预算收入的比重呈先降后升的变化特征，但总体比重均超过60%，说明这一阶段的财政收入分权度仍较高；而1993年后，地方一般公共预算收入比重有了大幅下降，财政收入的分权度越来越低,呈现出高度集权的特征。这一现象主要是由1994年的分税制改革所引起的。

另一方面,从财政支出分权来看,地方一般公共预算支出比重整体呈现上升趋势。1994年分税制改革前地方财政支出比重一直小于地方收入比重,改革后地方财政支出的比重持续上升,支出比重明显超越了收入比重,支出与收入比重间的差距逐步扩大。在1978年至1993年期间,地方财政支出的比重从接近45%的水平上升至70%以上,较大增幅说明这一阶段的财政支出分权度较高。1993—2004年地方财政支出相对平稳,比重基本维持在70%左右。得益于2007年开始的多项税收调整,地方收入比重开始持续上升,但仍然低于支出比重上升的速度,2009年地方财政支出比重超过80%。然而,由于2016年全面推行"营改增",地方政府在失去营业税收入后,即使调整了中央与地方增值税分享比例,地方政府的财政收入比重依然继续下降,2017年地方财政支出比重为85.30%,而财政收入比重仅有53.00%,2021年地方财政支出比重达到85.73%,财政收入比重仅为54.84%。整体来看,改革开放以来财政支出分权度越来越高,这意味着地方政府承担了越来越多的财政支出。

总之,在我国当前财政分权框架下,中央与地方的财政收支分权极其不匹配,并且财政收入向上集权、财政支出向下分权的背离状态还有进一步扩大的趋势。

# 第五章
# 地方政府非税收入管理的制度困境

根据财政部门的统计数据,1994年实行分税制改革以来,税收收入占地方政府全部财政收入的比重逐年下降,相应的非税收入占全部政府性收入的比重逐年上升,2008年地方非税收入占地方政府财政收入的比重为44.31%,2020年达到61.32%。13年平均占地方财政收入的比重为52.86%。近年来,非税收入经过高速发展,在很多地方政府的收入体系中已占据"半壁江山",有些甚至超过了税收收入,成为名副其实的"第二财政"。在发达市场经济国家,尽管政府非税收入与税收收入都是政府财政收入的组成部分,对于国民经济的发展均发挥着重要作用。但是,相对于税收收入的主体地位而言,政府非税收入往往处于从属地位,仅作为税收收入的补充。在我国,由于非税收入相对增长较快,在政府财政性资金中所占比重过大,不仅动摇了税收收入应有的主体地位,而且还削弱了财政的宏观调控能力。

## 第一节 地方政府非税收入财政管理的制度困境

自2001年,我国实施财政国库管理制度改革,首次在国家正式文件中提出了"非税收入"概念并将非税收入收缴管理作为改革的重要组成部分,政府非税收入管理制度体系逐步完善,主要在三个方面取得了明显进步:一是将所有预算外资金都纳入非税收入进行管理;二是将所有非税收入纳入预算管理范围,并根据其不同的性质分别列入一般公共预算、政府性基金预算和国有资本经营预算"三本账"中;三是非税收入的项目设定和征收管理都有了制度遵循。1994年颁布实施的《预算法》,经过2014年和2018年两次较大的修订,虽然在实际执行过程中还存在诸多的障碍,但在法律层面为政府非税收入预算管理奠定了基本框架。同时,《政府非税收入管理办法》(财税〔2016〕33号)的颁布实施也为非税收入规范化管理提供了制度支持。

但是相对于快速增长的非税收入而言,现行制度与非税收入管理的实践需求相比还存在差距。1994年的分税制是由国家政策作出决定引发的财政领域的改革实践,这个国家政策不是行政法规而只是行政决定,说明我国的财政分权没有宪法上的统一规定。这种缺乏宪法和法律高度的分权改革带有先天不足的固有缺陷。分税制改革后,我国财政收入结构呈现出税收收入增速降低、非税收入增速提高且规模不断膨胀的态势;非税收入的非理性增长,不仅扰乱了正常的收入分配秩序,也引发了众多的经济社会矛盾[①]。如前所述,分税制虽然从形式上构建了财政分权体制,却提高了中央掌握的财政收入比例。此外,分税制改革没有对中央和地方的支出责任进行明确划分,相对弱势的地方政府不得不承担处于"模糊地带"的支出责任。收支上的不对称,使我国地方政府在分税制改革后面临巨大的财政压力[②]。地方政府追求非税收入高速增长的主观动因与我国现行财政体制的某些缺陷密不可分。

## 一、财政分权与地方政府的财政压力

从宪法学的角度上讲,财政分权就是中央政府与地方政府之间的事权划分与财权配置问题,强调的是权利义务和责任的统一性。财政分权可分为财政立法权和财政执行权。财政立法权是国家权力机关依据法定权限和程序制定、修改和废止财政法律、法规的权力。作为财权的重要组成部分的税权,其内容大致包括税种的征收权和税目的确定权等[③]。财政执行权包括收益权、征收权、支出权和预算权等四项内容。其中,收益权是财政权的核心,其他三项执行权都以收益权为基准。而确定中央和地方政府财政收益范围,具有两项功能:一是可以确保不同层级政府间财力的自给性;二是在财权与事权不完全对称时,可采取政府间的转移支付功能对财政收益进行重新配置,而对财政收益的重新配置可

---

[①] 李一花:《政府非税收入的问题与加强预算管理研究》,载《经济研究参考》2018年第28期。
[②] 罗卫东、朱翔宇:《"权责对称"与我国分税制以来的财政体制改革》,载《南京社会科学》2018年第4期。
[③] 张守文:《税权的定位与分配》,载《法商研究》2000年第1期。

间接地保障其他三项执行权的顺利运行①。因此,财政分权要解决的首要问题是明确中央和地方各级政府的事权范围,在此基础上根据事权范围确定其收入、支出规模。而中央与地方政府间的纵向配置体制是否优良,直接影响财政体制能否有效率的运行。

自1994年起,我国的财政体制从"财政包干制"转变为"财政分税制",这是财政体制改革的一次重大飞跃。分税制改革极大地改变了中央与地方的财政关系,通常情况下,在中央政府向地方政府进行财政分权的过程中,财政权力和财政职责向下转移理应会减少中央财政控制权而增加地方财政自治权。然而,"中国式财政分权"的财政体制改革在增加地方财政自治权的同时,并没有削弱中央财政控制权,相反使其财权更加集中,中央政府的宏观经济调控变得更加便利了,即在进行财政分权的同时出现了地方财政自治权与中央财政控制权同向增加的悖论②。

1. 地方政府财权与事权失衡

尽管分税制以"财权与事权相结合"为基本原则确定了中央与地方之间的财政关系,但在财政收入分配关系上忽视了财政支出的划分。在我国当前的财政分权框架下,收入和支出两个维度的变化出现背离状态,财政收入的高度集权和财政支出方面高度分权,使得地方政府的事权和支出责任极其不匹配,并且不匹配程度有进一步扩大的趋势。

从图5-1和图5-2中央政府与地方政府财政收支的比重趋势图可以看出,通过分税制改革,中央政府上收了财权,而地方政府的财政收入增幅减缓。以一般公共预算为例,1993年地方政府财政收入为3 391.44亿元,中央政府财政收入仅有957.51亿元。1994年分税制改革以来,中央政府和地方政府的收入格局发生逆转,1994年地方政府财政收入迅速下降至2 311.60亿元,而中央政府财政收入则快速增长到2 906.50亿元,从1993年到2020年,地方政府财政收入占全国财政收入比重从77.98%下降至54.75%。与此同时,地方政府财政支出仍然在高位运行,1993年地方政府的财政支出为3 330.24亿元,占全国财政支出总额的71.74%,2020年地方政府财政支出达到210 583.46亿元,占全国财

---

① 刘剑文等著:《中央与地方财政分权法律问题研究》,人民出版社2009年版,第74页。
② 刘承礼:《中国式财政分权的解释逻辑:从理论述评到实践推演》,载《经济学家》2011年第7期。

政支出总额的85.71%。中央政府财政支出1993年为1 312.06,占全国财政支出总额的28.26%,中央财政支出比重在2000年达到34.75%的最高值之后,开始逐年下降,到2021年仅占全国财政支出总额的14.27%。显而易见,分税制改革以来,地方政府财政收入总量上尽管也在增加,但增速减缓,根本无法满足财政支出的高比重需求,地方政府财政支出比重畸高表明地方政府承担更多的事权,意味着地方政府尤其是省级以下的基层政府事实上承担了大部分支出责任。

之后,我国又经历数次财税改革,特别是2016年全面实施"营改增"对地方政府的财力影响巨大。营业税作为地方税中最重要的税种,其收入额直接决定了地方政府的税收收入和财政收入,一定程度上,地方政府对营业税的重视程度超过了增值税。例如,2007年地方增值税和营业税相加占地方税收收入的比例为53.23%,到2016年两税相加比重为44.72%。2016年全面"营改增"后,营业税的退出彻底改变了地方财政支撑体系,即使中央与地方增值税分享比例调整为50%∶50%,但是2017年以后地方增值税税收收入占地方税收收入的比例还是逐渐走低,2017年比重为41.08%,到2020年增值税税收收入仅占地方税收收入的38.09%。因此,"营改增"后地方税收收入实际上在减少。财政收入集中度和财政支出分权度双双升高,在中央财力逐渐增大的同时,财政支出任务则层层下放,地方政府的事务在日益增加,造成地方政府财政收支不对等、地方政府的财政收支缺口逐渐扩大。据统计数据,近年来

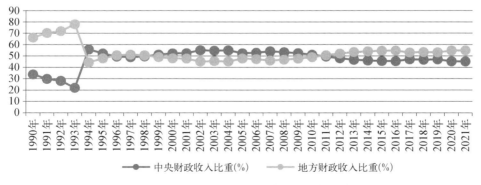

图 5-1 1990—2021年中央和地方财政收入的比重

数据来源:1990—2021年《中国统计年鉴》。

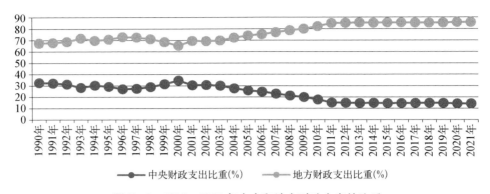

图 5-2 1990—2021 年中央和地方财政支出的比重

数据来源：1990—2022 年《中国统计年鉴》。

我国地方政府的财政缺口不断扩大，2019 年财政缺口达 9 300 亿元，占地方财政支出的 4.56%[①]。

2. 晋升激励引发区域竞争

按照宪法相关理论，我国作为单一制中央政治集权型国家，地方权力不是原生的而是中央赋予的；相应的财政分权是在垂直的政治管理体制内进行的，地方行使财政权力也要受到中央的领导和制约[②]。"中国式财政分权"在传统财政分权理论的基础上，特别强调中国的政治体制、财政体制对地方政府官员激励和行为选择的影响[③]。一方面，财权与事权的划分使各地方政府拥有了相对独立的经济利益；另一方面，财权与事权的划分又为各地方政府之间的相互竞争提供了政策工具。在中央与地方权限分配中，对地方政府经济行为产生决定性影响的制度参数主要有两个，即经济权限分配制度和组织人事制度。中央对地方政府干部的政绩考核并不完全属于经济领域的问题，涉及更高层次的干部考核任命机制，属于我国组织人事制度。但是，由于目前我国对干部政绩的考核偏向经济指标，尤其侧重经济总量、财政收入、税收收入等经济数据的增长。因此，这些因素会影响对地方政府干部的绩效考核。在目前的政绩考核机制下，财政分权和

---

① 刘建民、梁合昌、吴金光：《地方财政压力与政府非税收入——基于营改增后增值税收入划分调整的视角》，载《税务研究》2022 年第 1 期。

② 郭锐：《央地财政分权的"选择构筑"视角兼论中央财政权力的宪法约束》，载《中外法学》2018 年第 2 期。

③ 马万里：《中国式财政分权：一个扩展的分析框架》，载《当代财经》2015 年第 3 期。

垂直晋升激励两者有机结合，中央实现垂直晋升激励必须以财政分权为前提，即中央赋予地方政府一定的财政自主权限，地方政府运用所掌握的财政收入来完成中央的考核任务；同时中央对地方实施财政分权必须以垂直晋升激励为约束，即中央通过调动地方政府的积极性来完成中央的考核任务。如果没有政治约束，地方政府或造成"割据"，或没有积极性来发展地方经济，必须通过垂直晋升激励来确保以财政分权为主的制度不偏离中央政府的目标。以分税制为主的财政分权制度和以垂直晋升激励为主的政治体制所形成的"中国式财政分权"，成为当下影响地方政府行为的最重要制度安排[①]。

由于我国历次财政体制改革都是在政治集权体制下进行的，政治集权下的经济分权使得"中国式财政分权"具有财政激励与晋升激励相结合的特点。地方政府的激励主要来自行政分权和财政分权，即部分经济管理权的下放，使地方政府拥有相对自主的经济决策权，而部分财权的下放，使得地方政府可以与中央分享财政收入。财政收入越高的地方政府能够分享到的收入越多，特别是非税收入基本上由地方政府支配，两方面的激励使得地方政府官员有着极高推动地方经济增长的热情。

地方之间围绕 GDP 增长而进行的"晋升锦标赛"，将关心仕途的政府官员置于强力的激励之下[②]，地方政府官员在财政分配和资源配置等方面享有一定的自由裁量权，既掌握了推动地方经济发展主动性，也增强了地方政府官员在晋升中的主动性。经济发展不仅需要政府基本职能和运作的维持，还需要政府为本地提供更丰富的公共产品和准公共产品。而地方政府官员晋升的切身利益与本地的经济发展水平呈正相关关系。财税激励和晋升激励是互为前提的互补关系，但在中国政治的特殊语境下，政治上的晋升激励比经济上的财税激励要更为持久[③]。财政分权使得地方政府成为独立的经济利益主体，地区间的竞争关系也随之出现，主要表现为对人力、资本、技术等流动性经济资源的争夺[④]。我国实行的渐进式改革分化了各地的经济发展程度，为了缩小

---

① 李耀华、杨佩卿、姚慧琴：《中国式财政分权下地方政府收入结构偏向分析》，载《人文杂志》2018年第8期。
② 周黎安：《中国地方官员的晋升锦标赛模式研究》，载《经济研究》2007年第7期。
③ 栗潇远：《从财政分权、晋升激励到区域竞争——理解中国经济增长"密码"的跨学科探索》，载《武汉科技大学学报（社会科学版）》2022年第1期。
④ 龚锋、陶鹏：《财政转移支付与地方税收竞争——来自中国县级层面的证据》，载《经济评论》2022年第3期。

这种经济差距,在区域竞争中地方政府只能转变竞争模式,地方政府官员出于对自身仕途发展目标的考虑,会努力与中央政府建立紧密关系,采取各种非正式制度影响中央的决策,争取获得中央那些尚未作明确分配的资源,通过吸收经济资源保持经济快速发展,积累晋升资本从而实现晋升目标。同时,持续不断的区域竞争滋生了地方政府的"投资饥渴症",进一步加大了地方财政支出的压力。

3. 转移支付功能不足

转移支付制度是财政体制的重要组成部分,是均衡政府间财政关系的一种重要的制度安排和有效的政策工具。它是以各级政府之间所存在的财政能力差异为基础、以实现各地公共服务水平的均等化为主旨而实行的一种财政资金转移或财政平衡制度,既是政府间财政关系的重要组成部分,也是调节收入分配的重要手段[1]。财政转移支付制度主要用于平衡中央与地方政府之间、地方政府与地方政府之间的财政收支不平衡和发展差距。我国转移支付制度始于1994年分税制改革,一般性转移支付、专项转移支付和税收返还构成了我国财政转移支付制度的主要内容[2]。

由表5-1中的数据可知,分税制实施后,财政转移支付是地方财政支出的重要来源。从2008—2021年,中央对地方转移支付占地方财政支出的比重在36%—46%之间,这一数据超过了世界绝大多数国家,如2005年美国联邦、州与地方三级政府的总支出为38 590亿美元,其中联邦政府支出约为24 720亿美元,联邦政府对州与地方政府的补助总额为4 260亿美元,约占州与地方支出总额的31%[3]。我国的政府间转移支付的规模远高于其他国家的最重要的原因是中央政府和地方政府财权和支出责任严重不匹配[4]。

---

[1] 程毓:《优化财政转移支付制度 促进基本公共服务均等化》,载《经济日报》2013年4月23日。
[2] 1993年国务院颁布《关于实行分税制财政管理体制的决定》(国发〔1993〕85号),为保证地方既得利益,作为分税制财政管理体制的配套措施,1994年中央设立了过渡期转移支付。1995年中央出台《过渡期转移支付办法》,在各级政府之间依据不改变地方既得利益、兼顾公平与效率以及转移支付有所侧重等原则分配财政资金。中央根据标准财政收支差额,依据客观因素和政策因素,向地方开展过渡期转移支付,其中主要考虑财政供养人口计算标准财政支出。实务界和理论界对转移支付界定观点不同:理论界认为转移支付包括一般性转移支付、专项转移支付和税收返还三种主要形式;而按照财政部的分类方法,税收返还不包括在财政转移支付体系中。财政转移支付包括纵向转移支付和横向转移支付,本书主要讨论中央与地方财政财权与事权不平衡而带来的中央对地方的纵向转移支付。
[3] 王雍君:《中国的财政均等化与转移支付体制改革》,载《中央财经大学学报》2006年第9期。
[4] 杨小静:《集权下的财政分权:问题和出路》,载《西安财经学院学报》2015年第1期。

表 5-1 2008—2021 年转移支付的形式及占比

| 项目<br>年份 | 地方一般公共预算支出 | 中央对地方转移支付 | | 一般性转移支付 | | 专项转移支付 | | 税收返还 | |
|---|---|---|---|---|---|---|---|---|---|
| | | 金额（亿元） | 地方财政支出占比(%) | 金额（亿元） | 占比（%） | 金额（亿元） | 占比（%） | 金额（亿元） | 占比（%） |
| 2008 | 49 248.49 | 22 990.76 | 46.68 | 8 746.21 | 38.04 | 9 962.39 | 43.33 | 4 282.16 | 18.63 |
| 2009 | 61 044.14 | 28 563.79 | 46.79 | 11 317.20 | 39.62 | 12 359.89 | 43.27 | 4 886.70 | 17.11 |
| 2010 | 73 884.43 | 32 341.09 | 43.77 | 13 235.66 | 40.93 | 14 112.06 | 43.64 | 4 993.37 | 15.44 |
| 2011 | 92 733.68 | 39 921.21 | 43.05 | 18 311.34 | 45.87 | 16 569.99 | 41.51 | 5 039.88 | 12.62 |
| 2012 | 107 188.34 | 45 361.68 | 42.32 | 21 429.51 | 47.24 | 18 804.13 | 41.45 | 5 128.04 | 11.31 |
| 2013 | 119 740.34 | 48 019.92 | 40.10 | 24 362.72 | 50.73 | 18 610.46 | 38.76 | 5 046.74 | 10.51 |
| 2014 | 129 215.49 | 51 591.04 | 39.93 | 27 568.37 | 53.44 | 18 941.12 | 36.71 | 5 081.55 | 9.85 |
| 2015 | 150 335.62 | 55 097.51 | 36.65 | 28 455.02 | 51.64 | 21 623.63 | 39.25 | 5 018.86 | 9.11 |
| 2016 | 160 351.36 | 59 400.70 | 37.04 | 31 864.93 | 53.65 | 20 708.93 | 34.86 | 6 826.84 | 11.49 |
| 2017 | 173 228.34 | 65 051.78 | 37.55 | 35 145.59 | 54.03 | 21 883.36 | 33.64 | 8 022.83 | 12.33 |
| 2018 | 188 196.32 | 69 680.66 | 37.03 | 38 722.06 | 55.57 | 22 927.09 | 32.90 | 8 031.51 | 11.53 |
| 2019 | 203 743.22 | 74 359.86 | 36.50 | 66 798.16 | 89.80 | 7 561.70 | 10.20 | — | — |
| 2020 | 210 583.46 | 83 217.93 | 39.52 | 69 459.86 | 83.47 | 7 765.92 | 9.33 | — | — |
| 2021 | 210 623.04 | 82 152.34 | 39.00 | 74 799.29 | 91.91 | 7 353.05 | 8.95 | | |

数据来源：财政部 2008—2021《中央对地方税收返还和转移支付决算表》。

从转移支付的构成看，一般性转移支付主要是中央政府对有财力缺口的地方政府，按照规范的办法给予财政收入补助的一种形式，不具体指定用途，地方政府可自主安排支出。一般性转移支付是我国转移支付的主体，自 1994 年设立以来，其功能在实践中不断发生变化，从弥补地区间财力的缺口，到缓解财政困难地区财政运行的矛盾，再到实现公共服务均等化，这部分转移支付资金构成了地方政府可自由支配的收入。随着一般性转移支付功能的变化,其规模也在日益扩大,总量从1995年的133.20亿元发展的2019年的66 798.16亿元,转移支付总额的比重从38.04%增长到89.80%。专项转移支付是上级政府为实现特定政策目标补助给下级政府的专项支出,下级政府应当按照上级政府规定的用途使用资金,专款专用是专项转移支付最基本的特征。专项转移支付规模在我国转移支付总额中的比重较大,占比从2008—2018年基本保持在32%—44%之间,2019年中央财政对转移支付分类作了优化调整,口径有所收窄。税收返还是中央财政按核定的各地所得税基数,对地方净上划中央收入实行基数返还。国家对地方的税收返还,虽然不能直接归还给每个具体的纳税人,但具有整体的返还性,体现了我国"取之于民,用之于民"税制政策的基本精神,这部分资金在整个转移支付比重保持在10%—20%。

从本源看,转移支付制度与财政体制是一体的,是作为财政体制良性运转的有效补充,转移支付制度的科学性和效果必须以科学、规范、法治的财政体制作为基础,如果财政体制安排不科学,事权财权在体制层面不匹配,会使转移支付制度偏离其本质,出现异化,上下级对转移支付的依赖程度均将加大[1]。如前所述,"中国式财政分权"体制依据的法律文件主要是部门规章和规范性法律文件,缺乏统一的法律,中央与地方间的财权和事权的划分尚未实现法定化,因此实践中财政转移支付程序不规范、随意性较大。从上述转移支付在地方财政支出的比重统计数据可以看出,我国转移支付每年预算金额庞大,作为分税制的配套措施,中央政府为均衡地区经济发展,可采取加大一般性转移支付的均等化力度和对欠发达地区政府生产性支出的专项转移支付等措施。但是,一般性转移支付会产生逆向激励,即地方经济越发展,得到的转移支付越少,地方政府会降低发展经济的动力,甚至可能不将财政资金用于能够促进经济增长的方向。在这种情况下,一般性转移支付难以产生均衡地区经济差距的效果[2]。尽管中央对地方专项转移支付规定了具体的用途,但是目前专项资金设计的机制不规范,市场和各级政府之间的职责划分不明确,并且专项转移支付项目繁多,分类广泛,补助的对象涉及各个行业,资金分散,存在专项转移支付与一般性转移支付交叉的

---

[1] 马忠华、许航敏:《财政治理现代化视域下的财政转移支付制度优化》,载《地方财政研究》2019年第12期。

[2] 吕冰洋:《国家能力与中国特色转移支付制度创新》,载《经济社会体制比较》2021年第6期。

情况,部分已完成项目依然占据资金,导致资金使用效率低下。特别是在新常态下,财政收入增长放缓,支出刚性不断增强,部分地区政府运转和民生保障都存在较大压力,对上级转移支付的依赖不断增强。与此同时,权责划分基础不扎实、分类和功能定位不清晰、均等化目标模糊、使用管理机制不健全等问题,降低了财政转移支付的效能①。

## 二、地方政府财政压力与非税收入的增长

中央与地方政府之间是一级政府匹配一级事权与财政的,而随着财权上移、事权下降,分税制与地方财政的匹配性减弱,地方财政压力问题不断凸显出来②。从分税制实施二十多年的财政数据来看,在国家财政中地方政府财政支出的比重要远远高出财政收入的比重,中央与地方事权和财权呈现出非对称性和不平衡发展的态势,地方政府承担了过于繁重的公共事务支出责任,而地方税缺乏主体税种造成税收收入渠道狭窄,地方财政捉襟见肘而引发巨大支出压力。

1. 地方政府融资困难

从理论上讲,地方政府可以通过开征新税或提高既有税种的税率、发行政府债券或借债、增加收费或其他非税收入、向中央政府寻求更多的转移支付等四种方式筹集财政资金。

如前所述,地方政府发行债券有诸多限制条件,而现阶段转移支付功能又明显存在不足,通过税收缓解地方财政压力并非地方政府权限范围所能企及。我国《立法法》对税收法定原则明确规定"税种的设立、税率的确定和税收征收管理等税收基本制度"只能制定法律③。税收法定原则包含三个主要内容,即税种、基本要素、征税程序等要合法。税收的基本要素包括纳税人、征税对象、税率、计税依据、减免税等。税率是税种的基本要素,其高低关系着纳税人的负担。同时,《立法法》第九条至第十一条还规定,上述事项尚未制定法律的、并且制定法律的条件不成熟而经济社会发展现实又确实需要立法的,"全国人民代表大会及

---

① 马忠华、徐航敏:《财政治理现代化视域下的财政转移支付制度优化》,载《地方财政研究》2019年第12期。
② 李爽:《分税制与预算管理制度的改革与发展》,载《市场周刊》2022年第4期。
③ 参见《中华人民共和国立法法》第八条之规定。

其常委会有权作出决定,授权国务院可以根据实际需要,对其中的部分事项先制定行政法规",但必须"明确授权的目的、事项、范围、期限以及被授权机关实施授权决定应当遵循的原则等"。在实践中落实税收法定原则并不绝对地否定和排斥税收授权立法,而是强调在法定范围内、按法定程序并通过法定方式来行使税收授权立法权①。因此,税收立法是属于中央政府拥有的立法权力,可以通过修改法案改变分税的规定,重新划定中央和地方对税收的享有比例,单方面改变税收收入在地方和中央间的划分。

分税制改革改变了地方政府的税收结构,营业税成为地方的主体税种。由于中央和地方共享税种过多,而增值税、企业所得税和个人所得税等不是独立的地方税种,地方财政的困难越来越难以解决。以2015年为例,地方税收总收入为62 661.93亿元,营业税、增值税和企业所得税是地方税收的三大主要来源,分别为19 162.11亿元、10 112.52亿元和9 493.79亿元,分别占税收收入的30.58%、16.14%和15.15%,三项税种相加比重达到61.87%。2016年全面"营改增"后,随着地方财政第一大税源营业税的退出,地方税收更是集中到增值税和企业所得税两大主要来源。以2020年为例,地方税收收入总量为74 668.06亿元,增值税为28 438.10亿元,企业所得税为13 168.28亿元,分别占地方税收收入的38.09%和17.64%,两项税种相加比重达到55.73%。其他的税种如个人所得税、契税和资源税等虽然名目繁多,但在税收收入中所占比例较小,属于税源分散的小税种。"营改增"后地方政府直接面临缺失主体税种的尴尬局面,导致因财政收入不足,无法支撑其过多的支出责任。而地方政府又欠缺独立的税收立法权,无法以税收方式解困,因此地方政府更倾向于选择易于控制的非税收入作为竞争的策略。

2. 依赖非税收入缓解财政支出压力

如前所述,地方政府税收收入在不断被挤压的同时,财政支出负担越来越重,导致地方政府财政支出压力增加。由于税收的立法权集中在中央政府手中,地方政府在经济发展的激励之下需要拓展其他的收入渠道,非税收入成为应对地方财政收入不足的重要途径,收入来源侧重的改变使得地方财政收入结构发生了明显变化。分税制改革导致了财权上移与事权下放,这使得地方

---

① 王文婷:《在中国实践中发展税收法定原则》,载《中国社会科学报》2018年10月31日。

税收收入无法满足其日益增长的财政支出需求,因此地方政府转向通过非税收入获取额外的政府财力[①]。非税收入不需要与中央分享的特点以及非税收入范围广泛的优势,使得地方政府在税收收入增长受到约束的背景下,对非税收入青睐有加。

从 2010—2020 年的统计数据看,地方本级财政收入中非税收入的比重已经超过了 50%。随着地方政府支出责任和收入缺口的日渐增大,地方政府的非税收入也随之增加,非税收入从 2011 年的 49 674.10 亿元迅速增加到 2021 年的 124 394.71 亿元,非税收入占地方本级财政收入的比重在 2011 年为 54.72%,到 2021 年这一比重达 59.75%。从非税收入的结构看,2007 年以来地方政府非税收入的类别,在一般公共预算中,最重要的收入来源是行政事业收费和专项收入,2013 年分别为 4 497.35 亿元和 3 122.22 亿元,两项收入合计占非税收入的比重达 50.39%。尽管 2016 年实施"减税降费"政策以来行政事业性收费有所减少,2021 年为 3 724.35 亿元,在非税收入中的比重是 13.64%;专项收入为 7 654.15 亿元,在非税收入中的比重是 28.04%,两项相加占非税收入的比重仍达 41.68%。近年来国有资源(资产)有偿使用收入迅猛增长,2021 年达到 9 207.76 亿元,占非税收入的比重达 33.73%,与行政事业收费、专项收入一起成为地方非税收入的三大重要来源。

非税收入是我国各级政府财政收入的重要组成部分,因其"自由裁量"的特性,给地方政府借助非税收入保障所需财力提供了制度基础。据国家统计局统计,近年来地方财政罚没收入、国有资本经营收入、国有资源(资产)有偿使用收入等一直呈上升趋势[②]。自 2008 年以来,政府性基金收入占全部非税收入的比重达 53%—73%,其中国有土地使用权出让收入在政府性基金收入中的比重为 60%—80%,在非税收入中也占到 50%—60%。国有土地使用权出让金收入占地方财政总收入的比重从 2015 年的 17.22% 上升至 2019 年的 37.33%[③],反映了地方政府对"土地财政"的过度依赖。2020 年,全国 300 个城市的土地出让金总额为 5.9 万亿元,同比增加 16%。上海、杭州、广州、南京四城超过 2 000 亿元,

---

① 白宇飞、张宇麟、张国胜:《我国政府非税收入规模影响因素的实证分析》,载《经济理论与经济管理》2009 年第 5 期。
② 刘建民、梁合昌、吴金光:《地方财政压力与政府非税收入——基于营改增后增值税收入划分调整的视角》,载《税务研究》2022 年第 1 期。
③ 雷正:《减税降费的财政效应及对策建议》,载《财会研究》2021 年第 4 期。

北京、武汉、宁波、佛山、成都、重庆、苏州、西安、深圳、天津等破千亿元，福州、无锡、青岛、郑州、东莞则超过 700 亿元①。

地方政府非税收入的存在及其扩大趋势，显示出地方政府有一定的自治权。理解目前我国政府间财政关系的关键在于两点：一是中央政府对财政的绝对控制权；二是地方政府在追求非税收入的自主性②。非税收入作为我国财政收入的一个重要组成部分，可能成为我国地方政府税收竞争的延展。从财政分权实践来看，地方政府具有展开非税收入横向策略互动的现实可能和激励。非税收入因具有显著的"自由裁量"特征及征管和监督方面的软预算约束特征，成为政府尤其是地方政府及其部门筹集资金的重要渠道③。在现行的财政分权体制下，我国地方政府是非税收入的实质决策者，可以通过新增收费项目、调整收费标准或是出让国有土地使用权等多种途径来决定非税收入规模和结构④。因此，随着地方经济发展和公共支出扩大，在税收收入不足的情况下，地方政府往往依靠非税收入来平衡收支，致使非税收入在地方政府财政收入中的比例越来越大。

## 第二节　地方政府非税收入规范化管理的制度困境

改革开放以来，特别是社会主义市场经济体制的建立，以及经济体制改革的不断深入，与此相适应的国家法律制度逐渐建立健全起来，其中财税法律体系也逐步建构并加以实施。我国在国家财政管理体系中也相应制定了一系列法律制度，如《中华人民共和国预算法》《中华人民共和国税收征收管理法》《中华人民共和国企业所得税法》《中华人民共和国个人所得税法》《中华人民共和国国有资产管理法》等，政府的财政收支行为规范化管理是其中最为重要的内容。

我国《宪法》第五十六条规定："中华人民共和国公民有依照法律纳税的义

---

① 曲静怡：《国有土地出让等四项非税收入将划转税务征收》，载《中国经济导报》2021 年 6 月 30 日。
② 杨小静：《集权下的财政分权：问题和出路》，载《西安财经学院学报》2015 年第 1 期。
③ 潘欣欣：《中国政府非税治理：制度、困境与改革》，载《宏观经济研究》2021 年第 1 期。
④ 童锦治、李星、王佳杰：《财政分权、多级政府竞争与地方政府非税收入：基于省级空间动态面板模型的估计》，载《吉林大学社会科学学报》2013 年第 6 期。

务。"这是税收法定原则的宪法根据。《立法法》第十一条明确规定:"税种的设立、税率的确定和税收征收管理等税收基本制度"只能制定法律,为实现宪法确立的税收法定原则提供了保障。《税收征收管理法》第三条规定:"税收的开征、停征以及减税、免税、退税、补税,依照法律的规定执行;法律授权国务院规定的,依照国务院制定的行政法规的规定执行。任何机关、单位和个人不得违反法律、行政法规的规定,擅自作出税收开征、停征以及减税、免税、退税、补税和其他同税收法律、行政法规相抵触的决定。"这一规定较为全面地反映了税收法定原则的要求,使税收法定原则在税收法制中得到了进一步的确立和完善。1994年制定的《预算法》,历经了2014年和2018年的两次修订,作为"经济宪法"的预算法修订后的立法宗旨更加明确,使预算管理制度从"税收法定"走向"预算法定"的方向更加清晰。

反观同为财政收入重要组成部分的政府非税收入,虽然近年来在政府收入中的重要性日益提高,其在政府财政收入中地位愈加凸显,但是,由于受传统观念的影响以及对非税收入定位不清,目前我国对非税收入管理与税收收入相比,在制度上还比较薄弱,存在缺位现象。

## 一、现行法律制度的基本情况

### 1. 中央层面的制度规定

长期以来,我国的非税收入是作为预算外资金进行管理的,因而对非税收入管理的制度性规定应追溯到预算外资金。以非税收入的确定为标志,可在总体上将非税收入管理制度划分为两个阶段:一是预算外资金管理的阶段;二是非税收入及其管理制度确立和发展的阶段。从中央立法来看,自2004年财政部印发了《关于加强政府非税收入管理的通知》(财综〔2004〕53号),初步建立了政府非税收入的制度体系。随后,我国在非税收入管理中分领域相继出台了一些规章制度。

(1)国务院及部门建立了制度。主要包括以下几个方面:

一是关于预算外资金管理的规定。伴随着我国经济体制改革的深化,预算外资金快速增长。由于管理制度不健全,在资金的管理和使用方面出现了违规乱收费、化预算内收入为预算外收入、乱上计划外项目等问题。为加强对预算外资金的管理,1986年,国务院颁布《关于加强预算外资金管理的通知》(国发

〔1986〕44号），明确提出"对于事业、行政单位管理的预算外资金，原则上采取由财政部门专户储存、计划管理、财政审批、银行监督的方式"。1996年，国务院发布的《关于加强预算外资金管理的决定》（国发〔1996〕29号），明确了预算外资金是未纳入预算管理的财政性资金，必须纳入财政管理，并将部分收费和基金项目纳入预算管理。财政部也制定了相关规定，如1996年颁布的《预算外资金管理实施办法》（财综字〔1996〕104号）、2002年颁布的《预算外资金收入收缴管理制度改革方案》（财库〔2002〕37号），提出改革预算外资金收入收缴管理制度，包括财政部门设立预算外资金财政专户，规范收入收缴程序，健全票据管理体系，充分运用现代信息技术加强对收缴的监督管理等。2004年，财政部发布《关于加强政府非税收入管理的通知》（财综〔2004〕53号），首次界定了非税收入概念，并从明确政府非税收入管理范围、分类规范管理政府非税收入、完善政府非税收入分成管理政策、深化政府非税收入收缴管理改革等多个方面，对加强非税收入管理提出了要求；在对预算外资金清理整顿的基础上，围绕着预算外资金的调整和规范化管理主线，明确预算外资金属于财政性资金，将一些来源比较稳定、数额较大的收入纳入预算管理，将没有纳入预算管理的预算外资金纳入财政专户，实行"收支两条线"管理，等等。2010年的《关于将按预算外资金管理的收入纳入预算管理的通知》（财预〔2010〕88号）和2012年的《关于进一步做好将预算外资金纳入预算管理工作的通知》（财办预〔2012〕12号）发布后，预算外资金最终成为历史。

二是关于行政事业性收费管理的规定。行政事业性收费领域项目众多，情况复杂，因此相应的各类规章制度发布得较为频密。早在1993年，中共中央办公厅和国务院办公厅联合转发财政部《关于对行政性收费、罚没收入实行预算管理的规定》（中办发〔1993〕19号），明确了"各种行政性收费收入，应作为国家财政收入，逐步纳入预算管理"。1999年，财政部、监察部、国家发展计划委员会、审计署、中国人民银行等五部门联合下发了《关于行政事业性收费和罚没收入实行"收支两条线"管理的若干规定》（财综〔1999〕87号），提出对行政事业性收费和罚没收入实行"单位开票、银行代收、财政统管"，正式在我国确立了"收支两条线"的管理制度。此后，国务院各部委又相继颁布了一系列的规章制度来规制行政事业性收费领域的问题。2000年，国务院颁布的《违反行政事业性收费和罚没收入收支两条线管理规定行政处分暂行规定》（国务院令第281号），对国家公务员和法律、行政法规授权行使行政事业性收费或者罚没职能的事业单位的工作人员违反"收支两条线"管理规定的行为作出了具体行政处分规定。2002年财政部《关于行政执法部门收费和罚没收入若干问题的意见》(财办预〔2002〕4号)和2004年财政部、国家发改委印发的《行政事业性收费项目审批管理暂行办法》(财综〔2004〕100号),旨在加强行政事业性收费项目的审批管理,保护公民、法人和其他组织的合法权益,规范政府收入分配秩序,促进依法行政。为加强国家机关和事业单位的收费管理,规范收费标准管理行为,提高收费决策的科学性和透明度,2006年,国家发改委、财政部颁布了《行政事业性收费标准管理暂行办法》(发改价格〔2006〕532号)。为进一步加强涉企行政事业性收费管理,优化企业生产经营环境,清理规范涉企行政事业性收费,2010年,国家发改委等十四部委发布《关于开展治理和规范涉企收费工作的通知》(发改价检〔2010〕794号),财政部、国家发改委印发《关于清理规范涉企行政事业性收费的通知》(财综〔2010〕32号)。为进一步推进简政放权,建立权力清单制度,充分发挥市场配置资源的决定性作用,激发企业特别是小微企业的活力,加强涉企收费管理、减轻企业负担,2014年,国务院办公厅制定了《关于进一步加强涉企收费管理减轻企业负担的通知》(国办发〔2014〕30号)。与此同时,财政部和国家发改委印发《关于进一步完善行政事业性收费项目目录公开制度的通知》(财综〔2014〕56号),要求将所有收费项目纳入收费项目目录管理,并向社会公开,以加强收费管理,制止乱收费、乱罚款和摊派等行为。为进一步加强国家机关和事业单位收费管理,规范收费标准管理行为,提高收费决策的科学性和透明度,维护公民、法人和其他组织的合法权益,2018年国家发改委和财政部印发《行政事业性收费标准管理办法》(发改价格规〔2018〕988号)。

三是关于政府性基金管理的规定。为加强政府性基金管理,规范审批、征收、使用、监管等行为,保护公民、法人和其他组织的合法权益,2010年,财政部颁布《政府性基金管理暂行办法》(财综〔2010〕80号),这是目前我国规制政府性基金的最权威规范性文件。按照该办法规定,我国应每年向社会公布一次《全国政府性基金项目目录》。

四是关于国有资本收益管理的规定。为建立国有资本经营预算制度、增强政府的宏观调控能力、完善国有企业收入分配制度、推进国有经济布局和结构的战略性调整,2007年,国务院颁布《关于试行国有资本经营预算的意见》(国发

〔2007〕26号)、财政部颁布《中央企业国有资本收益收取管理暂行办法》(财企〔2007〕309号)宣告开始向中央企业收取国有资本收益。为维护国家基本经济制度,巩固和发展国有经济,加强对国有资产的保护,发挥国有经济在国民经济中的主导作用,促进社会主义市场经济发展,2008年,我国制定了《中华人民共和国企业国有资产法》,正式规定建立国有资本经营预算。为贯彻落实党的十八届三中全会及国务院批转国家发改委等部门《关于深化收入分配制度改革若干意见的通知》(国发〔2013〕6号)中关于提高国有资本收益收取比例、更多用于保障和改善民生的精神,财政部颁布《关于进一步提高中央企业国有资本收益收取比例的通知》(财企〔2014〕59号),决定从2014年起,适当提高中央企业国有资本收益收取比例。2015年,国务院发布《关于改革和完善国有资产管理体制的若干意见》(国发〔2015〕63号),要求尊重市场经济规律和企业发展规律,正确处理好政府与市场的关系,以管资本为主加强国有资产监管,改革国有资本授权经营体制,真正确立国有企业的市场主体地位,推进国有资本监管机构职能转变。为进一步规范中央企业国有资本收益收取管理,财政部又发布了《中央企业国有资本收益收取管理办法》(财资〔2016〕32号)。

  五是关于国有资产有偿收入管理的规定。为规范和加强行政单位国有资产管理、维护国有资产的安全和完整、合理配置国有资产、提高国有资产使用效益,2006年,财政部颁布《行政单位国有资产管理暂行办法》(财政部令第35号)和《事业单位国有资产管理暂行办法》(财政部令第36号)。为加强中央行政事业单位国有资产管理、保障机关运转、降低行政成本,2009年,国务院机关事务管理局印发《中央行政事业单位国有资产管理暂行办法》(国管资〔2009〕167号)。为规范地方行政单位国有资本处置行为,维护国有资产的安全和完整,保障国家所有者权益,2014年,财政部颁布了《地方行政单位国有资产处置管理暂行办法》(财行〔2014〕228号)。为落实《预算法》和深化财税体制改革的要求,规范和加强中央行政事业单位国有资产配置管理,推进资产管理与预算管理相结合,财政部印发《中央行政事业单位国有资产配置管理办法》(财资〔2018〕98号)。为规范中央行政事业单位国有资产处置行为,维护国有资产安全和完整,保障国家所有者权益,2021年,财政部印发《中央行政事业单位国有资产处置管理办法》(财资〔2021〕127号)。为加强行政事业性国有资产管理与监督,健全国有资产管理体制,2021年,国务院发布《行政事业性国有资产管理条例》(国务院令第

738号)。

六是关于彩票公益金管理的规定。为加强彩票管理、规范彩票市场发展、维护彩票市场秩序、保护彩票参与者的合法权益、促进社会公益事业发展,2009年,国务院颁布《彩票管理条例》(国务院令第554号),对彩票公益金的预算管理方式初步作了规定。2012年,财政部、民政部、国家体育总局联合颁布《彩票管理条例实施细则》(财政部、民政部、国家体育总局令第67号);同年,财政部又印发《彩票公益金管理办法》(财综〔2012〕15号)。

七是关于财政票据管理的规定。为规范财政票据行为,加强政府非税收入征收管理和单位财务监督,维护国家财经秩序,保护公民、法人和其他组织的合法权益,2012年,财政部颁布《财政票据管理办法》(财政部令第70号)并于2020年进行了修改。

此外,其他法律里也规定了一些政府非税收入项目的设立,如《土地管理法》里的土地使用权出让金、土地补偿费、耕地开垦费;《教育法》里规定的教育附加费;《矿产资源法》里的资源补偿费;《价格法》里的价格调节基金,等等。

(2) 采取了与制度相配套的措施。

2008年以来,国务院将大幅降低企业负担作为重点工作,实施"减费降税"税制改革政策。为方便社会查询、加强社会监督,2017年6月财政部网站公布了全国政府性基金和行政事业收费目录清单"一张网",包括中央设立的《全国政府性基金目录清单》《全国性及中央部门和单位行政事业性收费目录清单》《全国性及中央部门和单位涉企行政事业性收费目录清单》。各省、自治区和直辖市也相继设立《行政事业性收费目录清单》和《涉企行政事业性收费目录清单》。目录清单在财政部和省级财政部门网站上向社会实行常态化公开,并根据政策调整及时更新。同时,相关部门建立和完善收费基金公示制度,将本部门收费基金项目名称、设立依据、征收标准、征收程序和法律责任等内容,通过政府网站、公共媒体以及在收费场所进行公示,并定期向社会公布收支情况,接受社会监督,建立公开透明的收费基金管理体系。

同时,财政部采取措施,加快推进非税收入收缴管理的改革。2017年,发布《关于加快推进地方政府非税收入收缴电子化管理工作的通知》(财库〔2017〕7号),提出加快推进收缴电子化管理工作,争取在"十三五"期间全面实现政府非税收入收缴电子化管理;发布《关于中央预算单位2018年预算执行管理有关问题的通知》(财库〔2017〕207号),要求深入推进非税收入收缴工作。根据统计,全国40万个执收单位实施了非税收入收缴管理改革,占到全部执收单位的97%以上。截至2019年6月30日,107个中央部门、22个省级、56个地市、334个县区已全面实施收缴电子化管理,有效提升了非税收入收缴效率和管理水平[①]。

(3)明确了非税收入管理的主管部门。

各级政府财政部门是非税收入的主管部门。财政部负责制定全国非税收入管理制度和政策,按照法律规定的管理权限审批设立非税收入,征缴、管理和监督中央非税收入,并指导地方非税收入管理工作。县级以上的政府财政部门负责制定本行政区域非税收入管理制度和政策,按照管理权限审批设立非税收入,征缴、管理和监督本行政区域的非税收入工作。各级政府财政部门负责完善非税收入管理工作机制,建立健全非税收入管理系统和统计报告制度[②]。

2. 地方层面的制度规定

在缺少中央层级统一专门的非税收入管理立法的情况下,地方政府非税收入管理制度的建立,主要依靠各地结合本地区的实际情况,制定非税收入的具体管理办法。我国地方政府最早对非税收入从制度上加以规范管理的是湖南省,于2004年颁布了《湖南省非税收入管理条例》。此后,截至2018年,有湖南、广西、内蒙古、甘肃、青海、浙江、云南、江苏、海南、河南、江西、四川、黑龙江、安徽、宁夏15个省、自治区由人大常委会制定了有关政府非税收入的地方性法规;而湖北、辽宁、山东、山西、吉林、重庆、河北、福建、西藏、贵州、陕西11个省、自治区、直辖市由省级人民政府制定了有关政府非税收入的政府规章。还有北京、上海、天津、广东、新疆等5个省、自治区、直辖市没有相关地方性法规或政府规章。

## 二、现行法律制度的检讨

多年来,尽管从中央到地方各级政府对非税收入的规范化管理做出了很多努力,确立了非税收入法治建设的基本原则,也相应制定了一系列的规章制度,但相比较税收管理法治化的程度,政府非税收入管理的规范化还很不乐观。目前,我国政府非税收入制度建设上存在的最大问题,是缺乏完整统一的非税收入

---

① 许文:《非税收入管理制度改革历程回顾与展望》,载《中国财政》2021年第15期。
② 参见《政府非税收入管理办法》(财税〔2016〕33号)第7条、第8条。

法律法规体系。

1. 立法层级较低致使效力等级不高

从上述梳理的有关非税收入的制度规范来看,尽管各个领域都有与非税收入项目相关的制度性规定,但是尚未形成完整、清晰、统一、规范的非税收入法律体系,而且总体上立法层次较低,在相关规制非税收入的制度规范中,没有一部由全国人大或全国人大常委会制定的法律。到目前为止,法律层级最高的是1996 年国务院颁布的《关于加强预算外资金管理的决定》,是政府非税收入管理领域唯一的行政法规,但这部行政法规随着预算外资金的取消,事实上也处于无法实施的境地。在所有制度性规定中大量是由财政部或几个部委颁布的办法、意见、通知之类的部门规章,其中又以相对效力等级最低、权威性最差的通知数量最多。这些规章大多数是由财政部发布的,虽然效力可以覆盖到相关部委和地方政府,但由于非税收入执收主体众多、项目繁杂、管理方式多样的现状,此种效力等级的通知在权威性和执行力上很难达到法律和法规的同等效果。一个不争的事实是,长期以来财政部门主导了非税收入的主要立法,非税收入立法普遍存在层级不高的问题,相关制度规范普遍以部门规章甚至是规范性文件的形式存在,即使非税收入的一般性规定也是如此。

同时,我国政府非税收入法律规范具有典型的地方立法先行的特征,也就是说,我国地方性法规是在缺乏上位法的前提下出台的,这是对全国性法律制度缺失的一种有效弥补手段[①]。究其原因,一方面是在宏观上缺乏对非税收入管理的国家统一的法律规范;另一方面是在微观上众多非税收入规章又分散在不同项目领域,能够贯穿于全部政府非税收入核心要义的一般性规章付之阙如。地方性法规的法律位阶与其所规制法律关系的内容和性质并不匹配,由于作为顶层设计的非税收入相关基础性法律规范的缺失,因而各级政府自我赋权的方式较为严重[②]。相较于中央立法的欠缺,地方对非税收入的立法表现得积极主动,目前有 26 个省、自治区和直辖市的地方人大常委会或地方人民政府制定了地方性法规或规章。对非税收入的概念界定、项目设立、征收管理、监督检查和法律责任等方面的规定相对全面,其覆盖面比中央各部门制定的规章更广,在地方非

---

① 吴金光:《我国政府非税收入管理立法探讨》,载《财会月刊》2012 年第 9 期。
② 贾小雷:《国家治理背景下非税收入法律规制的思考与展望》,载《地方财政研究》2015 年第 10 期。

税收入管理中的权威性和执行力也较强。如前所述,由于非税收入是地方财政收入的主要来源,地方政府是非税收入的直接获益者,因此各地在制定非税收入的地方性法规或者规章时,更多源自政府的自我授权和自我监督,这可能导致对非税收入的法律规制效力折损。同时,在规制非税收入的过程中,地方政府主要依据政府的规范性文件。由于各类非税收入分散在不同部门管理,部门仅凭法律中的某个授权条款就可以自行制定非税收入的征收办法、征收对象、征收标准,并未经过人大常委会或政府的审议和批准程序,因此在政府部门非税收入的项目设立权、征收标准制定权、收入使用权等重要权能事实上缺乏有效的监督和制约。特别是在地方政府财政支出压力之下,地方政府将非税收入作为弥补地方财力不足的重要途径,甚至不少征收部门基于部门利益考虑,在规范性文件制定的过程中"夹带私货",造成政府非税收入收取领域的种种乱象。

2. 概念内涵不清致使立法技术粗糙

目前,非税收入在我国财政收入中占有相当大的比重,在经济和社会发展中都具有十分重要的作用。但是在我国非税收入法律体系中却没有明确非税收入的具体内涵,对非税收入没有一个清晰完整的界定,在相关法律中对非税收入的定义一般采用列举法,缺乏对概念抽象化的概括性条款,这也为非税收入的规范化管理带来困难。

在现有的非税收入法律体系中,财政部 2004 年发布的《关于加强政府非税收入管理的通知》(财综〔2004〕53 号)和 2016 年发布的《政府非税收入管理办法》(财税〔2016〕33 号)两个规范性文件都对非税收入的概念进行了比较权威的界定,两个文件虽然内容上大体相同,但是对非税收入概念表述还是有所变化的,相较于财综〔2004〕53 号文件而言,财税〔2016〕33 号文件在非税收入征收主体界定方面,以各级国家机关、事业单位、代行政府职能的社会团体及其他组织等更加具体化的主体取代"各级政府"这一主体,用"国家权力"替代"政府权力",通过对非税收入征收主体的限定性厘清非税收入内涵边界;在非税收入内容的界定方面,财税〔2016〕33 号文件强调非税收入是各类主体依据国家权力、政府信誉和国有资源(资产)所有者权益等取得的"各项收入"的总和,按照分类管理原则将其具体划分为行政事业性收费收入等 12 类非税收入。财税〔2016〕33 号文件对"非税收入"概念的界定采取排除加列举的方式,即把所有税收之外的财政收入(社会保险费、计入缴存人个人账户部分的住房公积金除外)都归结在"非税收入"的概念下,这一界定避免了存在游离于"税收""非税收入"概念之外的财政收入,似乎对非税收入概念的界定更为严谨。然而由于没有对概念进行进一步细化,对非税收入概念的界定依然是依据现有非税收入的征收类型而采取列举式的方法,缺乏规则抽象概括的一般性规定,兜底性不强,这一弊端在地方立法中同样存在。同时,在相关法律性文件对"费""基金""附加"等各类非税收入的真正性质没有完全区分清楚,造成理论上的研究困惑和实践操作中的不公,每项非税收入究竟属于税收、使用费、受益费还是基金容易产生混淆[1]。

另外,在非税收入立法中立法技术粗疏,比如条文在表述获取非税收入依据时,往往使用"依照规定"等模糊性表述,这些"规定"的具体指代含义不清晰;以原则性的、概括性的语言来对非税收入的管理作出规定,非税收入的性质、范围、分类、立项、征收、管理以及支出规范等均未做出明确的规定。这使得在对非税收入管理的过程中,作为依据的地方性法规操作性很差[2]。以宁夏回族自治区为例,2014年自治区第十一届人大第十一次会议通过了《宁夏回族自治区政府非税收入管理条例》,其中一些条款仅提供原则性的指导,并未规定细化内容和具体操作细节,其实际作用大打折扣。如该条例第十五条规定:"缓收、减收、免收非税收入的,应当由自治区人民政府或者自治区人民政府授权的有关部门批准。"这一条款并未对非税收入的减征、缓征、免征如何申请、审核、执行作出明确规定,也未进一步出台相关实施细则,可操作性不强,极易出现不按规定随意减收、免收、缓征等问题。再如《政府性基金管理暂行办法》(财综〔2010〕80号)中采取了中央文件授权、地方政府和相关部门申请、财政部或国务院审批的设立程序,虽然对地方政府"乱收费"有一定的约束力,但本质上还是属于"行政审批"的程序,与由法律、行政法规等高位阶法律设立征收种类、征收标准和程序,下级部门在范围内制定实施细则的"法律授权"程序存在不符,立法逻辑存在明显冲突[3]。

3. 法治理念模糊致使行政色彩浓厚

从我国政府非税收入的发展历史来看,其前身是作为预算外资金的方式存

---

[1] 张怡主编:《财税法学》,法律出版社2019年版,第74页。
[2] 余松林:《长三角地区政府非税收入管理法制现状与改革》,载《重庆科技学院学报(社会科学版)》2010年第3期。
[3] 王思轩:《我国非税收入的法治检讨》,载《河南财政政法大学学报》2019年第3期。

在的,产生于积极推进基础建设而政府财力明显不足的历史背景,它的产生便有着强烈的行政色彩。非税收入的概念是在财政体制改革过程中,预算外资金概念逐渐淡化的背景下提出的。然而在改革过程中,一些部门、单位对非税收入的财政属性及所有权、使用权和管理权的认识并不到位,依然将非税收入视为单位自有资金,"谁收谁用,多收多用,多罚多返"的思想根深蒂固。因此,现行非税收入管理体制带有明显的行政管理痕迹,主要表现在以下几个方面:

一是在非税收入的项目设立上,虽然部分项目设立有法律依据,如教育费附加的上位法依据是《教育法》,但该法将具体的立法、征收权限以空白授权的形式授予国务院。而大多数非税收入种类的设立,依据是国务院的行政法规、规范性文件甚至是部委规章,具有强烈的行政立法色彩。

二是在非税收入的征收目的上,立法目的看似惩戒违法行为、矫正负外部效应、提供准公共物品等,但是,由于对重要收费项目没有界定标准,实践中往往会由财政、发改委等部门"自行把握",行政裁量权过大。加之地方政府出于弥补财政支出财力不足的需要,各单位均有多收费多罚款的本能冲动,使得非税收入具有"部门立法"的痕迹,背离了非税收入立法的初衷,使非税收入管理带有浓厚的行政色彩,与法治精神相违背。

三是在非税收入的征收管理上,财政部颁发的《政府非税收入管理办法》(财税〔2016〕33号)属于国务院部门规章,该办法第七条明确规定:"各级财政部门是非税收入的主管部门。财政部负责制定全国非税收入管理制度和政策,按管理权限审批设立非税收入,征缴、管理和监督中央非税收入,指导地方非税收入管理工作。县级以上地方财政部门负责制定本行政区域非税收入管理制度和政策,按管理权限审批设立非税收入,征缴、管理和监督本行政区域非税收入。"第十一条规定:"非税收入可以由财政部门直接征收,也可以由财政部门委托的部门和单位(以下简称执收单位)征收。未经财政部门批准,不得改变非税收入执收单位。法律、法规对非税收入执收单位已有规定的,从其规定。"即财政部在该办法中"自我授权"为非税收入的管理机构,且具有转授权的权力。这与《立法法》的"立法保留"原则和行政程序立法的基本原则存在明显冲突[①]。

四是在非税收入的征缴方式上,1999年,财政部、监察部、国家计委、审计

---

① 王思轩:《我国非税收入的法治检讨》,载《河南财经政法大学学报》2019年第3期。

署、中国人民银行等五部门联合下发《关于行政事业性收费和罚没收入实行"收支两条线"管理的若干规定》(财综〔1999〕87号),在对预算外资金清理整顿的基础上,围绕着预算外资金的调整和规范化管理主线,明确预算外资金属于财政性资金,将一些来源比较稳定、数额较大的收入纳入预算管理,将没有纳入预算管理的预算外资金纳入财政专户,明确提出对行政事业性收费和罚没收入,实行"单位开票、银行代收、财政统管"即"收支两条线"的管理制度。建立"收支两条线"制度的初衷是为了加强行政事业性收费和罚没收入的管理,将政府部门的收费和罚没权与资金使用权彻底分离,所有行政收费和罚没收入都应全额上缴财政,单位不得自收自支,所需经费由财政拨付。但在实际工作中,一些地方财政部门未能有效推进非税收入直接缴库工作,大部分非税收入通过财政专户过渡,导致非税收入滞留专户、坐收坐支的问题长期存在,部分单位直接在非税收入财政专户中支出非税收入,用于弥补单位经费不足,收费和罚款与部门利益的关系并未完全脱钩。

4. 法律供给不足致使约束机制匮乏

由于非税收入影响公民财产权,触及基本人权层面,因此非税收入制度不仅应由相关立法予以规定,同时也应该在《宪法》中予以确认。目前我国非税收入管理主要适用财政部印发的《政府非税收入管理办法》(财税〔2016〕33号)等部门规章和规范性文件,以及地方人大和地方政府出台的有关法规规章和政策规定,法律依据层级偏低且缺乏系统性,尚未形成完善的非税收入法律规范体系。一方面,非税收入法律制度缺乏来自人大的立法确认,更缺少明确的宪法性、原则性指导;另一方面,我国的现行非税收入立法分散,主要集中在部门规章、政策性规定、地方性法规及地方政府规章,缺少来自国家层面的统筹规划,无法实现非税收入制度设计的"全国一盘棋"目标。

(1) 项目设定权配置模糊且分散。

关于非税收入管理的制度法律层次相对较低,难以产生有效的协调和权威的规范作用。"政府非税收入管理从立项、定标、征收、票据管理和资金使用等各个环节缺乏一套覆盖全国的统一、规范、系统的法律法规。"[①]各地在审批收费依据方面存在规定模糊的问题,对于哪些行为可以立项收费、哪些不可以收费等,缺乏一套统一的具体可操作的规定,项目的设定和审批还处于一种不规范的状

---

① 贺蕊莉:《非税收入扩大收入分配差距问题研究》,载《财政研究》2013年第1期。

态,主要表现为多头立项和审批。按照现行非税收入管理的相关规定,行政事业性收费应当经省级以上财政部门会同有关部门审批,重要的需报经国务院或省级人民政府批准,但一些地方和部门越权设立收费、基金的现象时有发生;中央和省级审批收费的政策界限不明确,如资源性收费应由中央审批,但地方也介入此类收费项目的审批;收费和基金的政策界限划分不清,如一些地方为规避中央审批基金的监督管理,以费、资金、附加费等名义开征基金项目;将行政事业性收费标准核定纳入价格管理范围,混淆了政府行为和市场行为,缺乏科学性和合理性。

党的十八大以来,我国启动更大规模的简政放权及政府收费治理活动,特别是随着"减税降费"政策的逐步落实,政府非税收入逐步减少并趋于规范。如2019年国务院下发四个文件减免收费项目并开展了一系列清理整顿,但大多数地方政府对这项工作热情不高、主动性不强,一些摊派和变相收费仍然存在,其中违规收费问题最为突出,主要表现:一些地方政府有令不行,继续收取已经取消、免征等收费项目;乱设收费项目;违规收取或未及时清退保证金;一些政府部门或单位将自己承担的费用转嫁给企业等等,因此乱收费现象或成为此次"减税降费"督查的重中之重[①]。甚至有一些部门为了规避中央政策的影响,采取"红顶中介"等方式变相收费,或者将清单外的收费项目采取"另命名"的方式编入清单,使中央降低收费的政策力度大打折扣。一些地方政府和部门出现涉企违规收费抬头的现象,根本原因在于地方政府有"主观能动性",非税收入管理办法一般由上级主管部门颁布,征收范围、项目和标准较为随意,无须接受同级人大的监督。特别是一些服务费的开征,仅需要物价部门的核定即可。

同时,财政部在财税〔2016〕33号文件的第三条规定的非税收入包括行政事业性收费收入、政府性基金收入、罚没收入、国有资源(资产)有偿使用收入、国有资本收益、彩票公益金收入、特许经营收入、中央银行收入、以政府名义接受的捐赠收入、主管部门集中收入、政府收入的利息收入及其他非税收入等12项类别,并相应规定了设定权的配置[②]。任何部门和单位不得违反规定设立非税收入项目或者设定非税收入的征收对象、范围、标准和期限。根据财政部公布的《2020年政府收支分类科目》,我国目前尚有中央设立非税项目12大类129个项目,而很多项目又分为若干个品目,地方政府及其财政部门可以根据法律法规授权,结

---

① 参见《国务院督查16省份减税降费落地,乱收费或成焦点》,"第一财经"2019年9月4日。
② 参见《政府非税收入管理办法》(财税〔2016〕33号)第9条。

合本地实际设立相应的非税收入项目,但这些项目在性质上都可归入中央设立的12类当中,并采用财政部公布的预算科目进行收支核算,只是地方(省级)设立的非税收入项目采用了略有不同的名称而已①。

近年来,我国为清理和规范涉企收费,还建立了收费目录清单,实现全国"一张网"动态化管理,严格防范乱收费问题。但是从财税〔2016〕33号文件对非税收入的设定权限来看,法律、法规在设定非税收入项目方面没有限制,即所有非税收入都可通过法律、法规授权开征。尽管法律法规对国务院、地方政府及其财政、价格主管部门,在非税收入项目的设定方面有所约束,但是这些约束条件并不具体明确。为调动地方积极性,中央政府将大部分收费权下放到地方,使地方政府"堤内损失堤外补",非税收入项目持续"大跃进式"增加。如目前我国行政事业性收费实行国务院和省级人民政府及其财政和价格主管部门两级审批制度,未经审批不得擅自收费,但实际中只要享有行政管理职权,无论是否被授权、被审批,收费主体会以各种名义和理由收费,包括公安、环保、住建、司法和公路,有些基层群众性自治组织也在实施收费行为。基本上具有行政管理职权和公共服务职能的部门都具有收费项目,甚至不提供直接的服务也进行收费②。

(2)管理制度之间衔接存在漏洞。

在计划经济体制下,财政作为国民经济收入的总枢纽居主体地位,这一点在法律制度上非常明确;而在向社会主义市场经济的过渡中,财政分配的法律地位并没有明确界定,在《预算法》中也未就财政分配的主体地位作出明确规定,这就使得财政对政府非税收入规模的控制缺乏法律依据。同时在现行财政分权体制下,税收立法权高度集中于中央,收费立项权则由中央与地方分享。由于地方政府没有相应独立的税收立法权,当地方税收和中央转移支付难以保障地方政府部门的行政经费、难以满足地方政府的投资资金时,地方政府和地方行政部门便倾向于采取收费的方式作为融资渠道。一些地方甚至利用制度衔接上的缺陷,使部分非税收入体外循环脱离了财政部门的监督管理。如我国《价格法》和《价格管理条例》规定对于行政性收费、事业性收费,物价部门应当根据国家的价格方针、政策进行管理和

---

① 潘欣欣:《中国政府非税治理:制度、困境与改革》,载《宏观经济研究》2021年第1期。
② 贾小雷:《论我国行政事业性收费清理的法治化》,载《中国矿业大学学报(社会科学版)》2017年第5期。

监督,并会同有关部门核定收费标准①。这意味着,行政事业性收费应按照价格的方式进行管理,具体由各级物价主管部门负责管理。然而《行政事业性收费项目审批管理暂行办法》(财综〔2004〕100号)《行政事业性收费标准管理暂行办法》(发改价格〔2006〕532号)规定行政事业性收费项目应由财政、价格部门等共同审批和管理,但实际工作中存在财政部门缺位与价格部门越位的问题。由于行政事业性收费经历了多年的清理整顿,其审批条件变得比较严格,审批程序比较复杂,于是一些行政事业单位就转而向价格部门报批经营服务性收费项目。价格部门在审批这些收费项目时,只要涉及服务行为的就将行政事业性收费项目转为经营服务性收费项目,以经营服务性收费项目的名义批准了大量的行政事业性收费项目,如农业和艺术等系列的高级职称考试收费、价格部门的价格信息咨询服务费、档案部门的档案资料查询复印费、外事部门的出国签证表格翻译打印费等。以上收费项目应当属于行政事业性收费,理应由财政部门和价格部门共同审批和管理,但因为财政部门的缺位和价格部门的越位,使得财政部门在这类收费的管理上未能履行监控职责。

(3) 缺乏全国统一的规范体系。

非税收入管理的立项、定标、征收、票据管理和资金使用等各个环节,缺乏一套覆盖全国的统一、规范、系统的法律规范体系。非税收入种类多样,除基于财产所有权与收益权理论产生的特定类型外,还有基于提供服务收取的合理成本,以及对负外部效应通过罚款等形式进行矫正等。行政事业性收费和罚没收入虽然有一些地方性法规和规章,但是法律级次较低、不易协调,实际贯彻执行难以得到充分保障,使得非税收入无章可循或有章难循。比如有些行政收费不符合成本补偿原则,其收费标准超出政府提供服务的成本,有的地方政府收取的土地有偿使用收入高于征地、拆迁和平整土地的费用,等等。甚至某些非税收入领域连单立的部门规章都没有,如主管部门集中收入、以政府名义接受的捐赠收入等,几乎没有规范性文件对此进行规制。再比如国有资源(资产)有偿使用收入,不仅中央立法层面缺乏对其规制的法律文件,甚至具有立法先行的地方政府对此也未作出任何规定。由于非税收入制度缺乏一定的实体标准,现实中擅自设立收费项目、提高征收标准、扩大征收范围、乱摊派等问题时有发生②。因为缺乏健全有效的监

---

① 参见《中华人民共和国价格法》第四十七条和《中华人民共和国价格管理条例》第三十六条。
② 参见《国务院常务会议部署强化措施完善制度坚决制止涉企乱收费等》,来源:中国政府网 http://www.gov.cn/xinwen/2021-01/24/content_5582285.htm,最后访问时间:2021年9月18日。

督机制,造成各地方政府的管理模式和管理办法不一,非税收入管理难以规范,对违规行为难以约束,非税收入在征管和使用中存在较大的随意性。

(4)管理权界限不清职责交叉。

按照现行政策规定,非税收入实行中央和省级两级管理。尽管在一些非税收入立法设定了收费权,但具体规则缺乏细化规定,实际工作中多个部门竞相争取管理权。如依据《政府性基金管理暂行办法》(财综〔2010〕80号)第十一条的规定,设立政府性基金必须以法律、行政法规和中共中央、国务院文件作为依据。这就意味着政府性基金的征收对象、使用范围和征收标准等重要问题,也应该由法律、行政法规和中共中央、国务院文件作出原则性规定。但事实上何种基金项目能够获批具有相当大的弹性,梳理财政部公布的2020年版的政府性基金目录可以发现,部分政府性基金难以找到该暂行办法要求的上述依据。因此,在征收管理过程中存在征收主管部门混乱、征收对象混乱和征收方式混乱的问题。比如农网还贷基金、重大水利工程建设基金和可再生能源发展基金这三类基金都涉及电价附加费项目的征收,但是同样一个电价附加费项目因为涉及不同基金项目而被多个政府部门征收,不同职能和不同地域的政府部门在职权范围和主管范围上存在交叉,这就导致政府性基金征收范围上极易存在交叉现象,不透明的征收资金使征收部门也难以取信于被征收群体[①]。再比如关于行政事业性收费的审批,按照《行政事业性收费项目审批管理暂行办法》(财综〔2004〕100号)第四条的规定:"收费项目实行中央和省两级审批制度。国务院和省、自治区、直辖市人民政府(以下简称省级政府)及其财政、价格主管部门按照国家规定权限审批管理收费项目。"收费标准按照《行政事业性收费标准管理暂行办法》(发改价格〔2006〕532号)第四条的规定:"收费标准实行中央和省两级审批制度。国务院和省、自治区、直辖市人民政府(以下简称省级政府)的价格、财政部门按照规定权限审批收费标准。"其中项目管理以财政部门为主会同物价部门,收费标准管理以价格部门为主会同财政部门,涉及企业和农民利益的重点收费项目报经国务院或省、自治区、直辖市人民政府同意。在一些相关文件中还赋予了地方政府审批附加费、建设费的职能。这种职责交叉、多头管理的运行机制,将收费项目与收费标准人为分开,割裂了收费管理的内在联系。财政部印发的《彩票公

---

① 董宇:《政府性基金法律问题研究——从定位划分不明进行思考》,载《河南财政税务高等专科学校学报》2019年第1期。

益金管理办法》(财综〔2021〕18号)第十三条规定:"上缴中央财政的彩票公益金,用于社会福利事业、体育事业、补充全国社会保障基金和国务院批准的其他专项公益事业,财政部应会同民政部、国家体育总局等有关部门、单位制定资金使用管理办法。"第十七条规定:"上缴省级财政的彩票公益金,按照国务院批准的彩票公益金分配政策,由省级财政部门商民政、体育行政等有关部门研究确定分配原则。"由此可见,彩票公益金的分配和使用由财政、民政和体育三个部门负责管理。

(5)预算管理还不完善。

预算管理体制是确定中央政府与地方政府以及地方各级政府之间各级预算管理的职责权限和预算收支范围的一项根本制度,它是财政管理体制的重要组成部分。预算体现国家的战略和政策,反映政府的活动范围和方向,是推进国家治理体系和治理能力现代化的重要支撑,是宏观调控的重要手段[①]。非税收入作为财政收入的重要组成部分,将其纳入预算管理是为了有效地满足政府履行职能需要的客观要求。一般说来,在市场经济条件下,政府的基本职能包括政治职能、经济职能和社会职能。政府履行其职能必然发生人力、物力和财力的消耗(这在财政上表现为政府支出或公共财政支出),这些消耗通常要通过一定的渠道和方式进行补偿(这在财政上表现为政府收入或公共财政收入)。正是由于政府职能的范围及其履行职能的方式决定了财政的收支范围和收支形式,因此,政府非税收入与税收收入一样,是政府收入或公共财政收入的一部分,是弥补政府履行职能过程中的人力、物力和财力消耗的物质基础。事实上,公共预算不仅仅是技术性的,它在本质上是政治性的,预算过程体现了权力的分配[②]。

2010年,财政部发布《关于将按预算外资金管理的收入纳入预算管理的通知》(财预〔2010〕88号),决定从2011年1月1日起,将按预算外资金管理的收入(不含教育收费)全部纳入预算内管理,初步在我国取消了预算外资金,将绝大部分非税收入纳入预算内管理。2014年修订后的《预算法》第四条第二款规定:"政府的全部收入和支出都应当纳入预算。"从2014年起,我国国家预算体系确立四本预算(即一般公共预算、政府性基金预算、国有资本经营预算、社会保障基

---

① 参见《国务院关于进一步深化预算管理制度改革的意见》(国发〔2021〕5号)。
② (美)爱伦·鲁宾,叶娟丽译:《公共预算中的政治:收入与支出、供贷与平衡》,中国人民大学出版社2001年版,第97页。

金预算)以来,非税收入分布在前三本预算之中,这种制度安排使得预算分类界限模糊。尽管非税收入纳入预算管理,似乎分门别类很有条理,但仔细梳理分析会发现分散在不同预算中的非税收入项目,它们之间的联系和界限并不清晰,以2020年非税收入在国家预算体系下的分布情况来看,一般公共预算中的非税收入包括专项收入、行政事业性收费、罚没收入、国有资本经营收入、国有资源(资产)有偿使用收入、捐赠收入、政府住房基金收入和其他收入等,其中专项收入包含14项项级收入科目,其中有8项属于政府性基金性质收入。包括政府性基金收入和专项债券对应项目专项收入,政府性基金预算中有27项项级非税收入,具体为19项政府性基金性质的收入、3项国有资源(资产)有偿使用收入性质的收入、2项行政事业性收费性质的收入、1项国有资本经营性质的收入、1项彩票公益金性质的收入、1项其他收入。国有资本经营预算中的非税收入包括国有资本经营的利润收入、股利股息收入、产权转让收入、清算收入、其他收入共计5项收入(表5-2)。

表 5-2 非税收入在国家预算体系下分布(2020)[①]

| 三本预算 | | 款级收入科目 | 项 级 收 入 科 目 |
|---|---|---|---|
| 国家预算体系 | 一般公共预算 | 专项收入 | 教育费附加、铀产品出售收入、三峡库区移民专项收入、场外核应急准备收入、地方教育附加收入、文化事业建设费收入、残疾人就业保障金收入等14项 |
| | | 行政事业性收费 | 公安行政事业性收费收入、法院行政事业性收费收入、司法行政事业性收费收入、外交行政事业性收费收入、商贸行政事业性收费收入、财政行政事业性收费收入等48项 |
| | | 罚没收入 | 一般罚没收入、缉私罚没收入、缉毒罚没收入、罚没收入退库等4项 |
| | | 国有资本经营收入 | 利润收入、股利股息收入、产权转让收入、清算收入、国有企业计划亏损补贴、国有资本经营收入退库等8项 |
| | | 国有资源(资产)有偿使用收入 | 国有资源(资产)有偿使用收入、场地和矿区使用费收入、特种矿产品出售收入、专项储备物资销售收入、利息收入、非经营性国有资产收入等21项 |

---

① 参见财政部《关于印发〈2020年政府收支分类科目〉的通知》(财预〔2019〕142号)。

续 表

| 三本预算 | 款级收入科目 | 项级收入科目 | |
|---|---|---|---|
| 国家预算体系 | 一般公共预算 | 捐赠收入 | 国外捐赠收入、国内捐赠收入等2项 |
| | | 政府住房基金收入 | 上缴管理费用、计提公共租赁住房资金、公共租赁住房租金收入、配建商业设施租赁收入、其他政府住房基金收入等5项 |
| | | 其他收入 | 主管部门集中收入、免税审批特许经营费收入、基本建设收入、差别电价收入、债务管理收入、南水北调工程基金收入、其他收入等7项 |
| | 政府性基金预算 | 政府性基金收入 | 农网还贷资金收入、铁路建设基金收入、民航发展基金收入、海南省高等级公路车辆通行附加费收入、旅游发展基金收入、国家电影事业发展专项资金收入等27项 |
| | | 专项债券对应项目专项收入 | 海南省高等级公路车辆通行附加费专项债务对应项目专项收入、港口建设专项债务对应项目专项收入、国家电影事业发展专项资金专项债务对应项目专项收入等12项 |
| | 国有资本经营预算 | 国有资本经营收入 | 利润收入、股利股息收入、产权转让收入、清算收入、其他国有资本经营收入等5项 |

从国有产权收入来看，现行的国有资本经营预算并不包括国有金融类企业。国有金融类企业经营收入和国有资源（资产）有偿使用收入在一般公共预算非税收入中核算。从国有资源收入来看，国有土地属于大宗国有资源，其使用权出让金收入又纳入政府性基金预算进行管理，而场地和矿区使用费、特种矿产品出售收入、矿产资源专项收入等资源收入则列入一般公共预算非税收入管理。同属于国有产权收入和国有资源收入，被分列在不同的预算项下由不同的政府部门进行管理，这种割裂式分布不仅使非税收入制度变得异常复杂，而且破坏了非税收入管理的统一性。从政府性基金与专项收入来看，财政部颁发的《政府性基金管理暂行办法》（财综〔2010〕80号）第二条规定："政府性基金是指各级人民政府及其所属部门根据法律、行政法规和中共中央、国务院文件规定，为支持特定公共基础设施建设和公共事业发展，向公民、法人和其他组织无偿征收的具有专项用途的财政资金。"而按照政府收支分类科目的规定，专项收入是被纳入一般公

共预算管理的具有专项用途的非税收入,这种在国家预算体系中,将非税收入分布在不同的预算里,即使性质相同或近似的收入项目也被分割在不同预算中,特别是一般公共预算与政府性基金预算非税收入项目交叉结构混乱,纳入不同预算后的统筹力度不同,实际削弱了地方政府的可支配财力。

另外,非税收入管理"收支未完全脱钩",还有部分收入没有纳入预算管理。长期以来,按照中央和国务院关于"收支两条线"管理的有关规定,对非税收入管理要实现"收支脱钩",但在实际执行的过程中因缺少法律法规的约束,尚未真正实现"收支脱钩",很多情况下只是在财政专户上短暂停留,最终又流回部门或单位,"谁收谁用、多收多用、多发多返"的现象难以从根本上杜绝。此外,这种游离于预算管理之外的非税收入资金的使用,使得一些单位和部门因监管约束缺位而越界额外收取各项费用,甚至出现擅自改变非税收入资金用途,用于内部人员福利、部门截留、挪用等行为,不仅会产生监管问题与收入流失,也会严重影响非税收入职能作用的发挥。

5. 征管主体众多难以形成合力

财税〔2016〕33号文件明确规定,各级财政部门为非税收入的主管部门,非税收入可以由财政部门直接征收,也可以委托执收单位征收;财政部门按管理权限审批设立非税收入,监督管理执收单位的执收行为[①]。非税收入的实际征收工作由各执收单位开展,因此呈现征收主体多元化特征。非税收入的征收主体包括财政、交通、工商、人事、教育等多个职能部门,由过去的个别部门扩大到几乎所有的政府部门。收费形式有些由主管部门直接收取,有些则委托其下属事业单位收取,形成了多方征收和交叉管理的格局。地方政府及其职能部门由于各自的管理目标及地方财政支出的压力,导致同一收费项目征收标准不统一、征收范围随意、各部门之间相互"扯皮"以及管理环节脱节的现象。罚没收入、行政事业性收费收入等项目因为政府自主权比较大,乱收费情况普遍。很多政府部门通过非法自我赋权而形成了非税收入[②]。以行政事业性收费为例,现行地方收费主体主要有地方财政、交通、国土管理、工商、卫生监督、公安、司法、检察、城建、环保、教育等管理部门,每个部门都有收费名目,而且存在一个部门收取多种费用的情况。在收费项目管理上,虽然实行项目设定、标准制定、费用征收相互

---

① 参见《政府非税收入管理办法》(财税〔2016〕33号)第7条、第11条。
② 王晓晨、奉公:《我国政府非税收入的规范化管理研究》,载《经济社会体制比较》2018年第4期。

分离,但仍然缺乏一个强有力的收费监管部门,事实上形成了多头管理、政出多门的现象,违规越权审批时有发生,乱收费现象屡禁不止①。非税收入虽然纳入国库集中收付体系,实现了收缴分离,但仍然存在追求部门利益、将资金按比例返还执收单位的现象,"谁收谁用,多收多返"现象尚未得到根本性改善。财政部门获取非税收入数据的途径为执收单位和银行上报,非税收入数据信息来源分散且时效性较弱②。

为了解决目前非税收入征收分散化、部门化的弊端,我国在实践中探索出了非税收入划转税务部门征收的模式。2018年3月,中共中央发布《深化党和国家机构改革方案》,明确了改革国税地税征管体制,"为降低征纳成本,理顺职责关系,提高征管效率,为纳税人提供更加优质高效便利服务,将省级和省级以下国税地税机构合并,具体承担所辖区域内各项税收、非税收入征管等职责"。首次提出税务部门除了具体承担所辖区域内各项税收以外,非税收入的征管职责也由财政等部门转移至税务部门征收。随后,中共中央办公厅、国务院办公厅印发《国税地税征管体制改革方案》,明确"按照便民、高效的原则,合理确定非税收入征管职责划转到税务部门的范围,对依法保留、适宜划转的非税收入项目成熟一批划转一批,逐步推进"。

依照《深化党和国家机构改革方案》中关于税务部门"承担所辖区域内各项税收、非税收入征管等职责"的规定,财政部印发了《关于将国家重大水利工程建设基金等政府非税收入项目划转税务部门征收的通知》(财税〔2018〕147号)、《关于国家重大水利工程建设基金、水利建设基金划转税务部门征收的通知》(财税〔2020〕9号)、《关于水土保持补偿费等四项非税收入划转税务部门征收的通知》(财税〔2020〕58号)、《关于土地闲置费、城镇垃圾处理费划转税务部门征收的通知》(财税〔2021〕8号),财政部、自然资源部、税务总局、人民银行联合印发《关于将国有土地使用权出让收入、矿产资源专项收入、海域使用金、无居民海岛使用金四项政府非税收入划转税务部门征收有关问题的通知》(财综〔2021〕19号),2019年、2020年和2021年,相继划转了五批政府非税收入项目至税务部门征收,其余的政府非税收入项目的征管职责还将陆续划转至税务部门。目前由

---

① 范子英、赵仁杰:《以非税收入划转改革推动国家治理现代化》,载《学习与探索》2020年第5期。
② 李贞、张瑞婷:《财政与税务部门非税收入征管职责划转研究》,载《地方财政研究》2020年第11期。

税务机关负责征收的政府非税收入可分为行政事业性收费、政府性基金、其他非税收入三大类项目,税务机关负责征收的非税收入项目清单如表5-3、表5-4、表5-5所示。

表5-3 税务机关负责征收的非税收入项目清单(行政事业性收费)①

| 序号 | 项目名称 | 征收对象 | 征收标准 | 征收方式 | 政策依据 | 相关说明 |
|---|---|---|---|---|---|---|
| 1 | 三峡电站水资源费 | 中国长江电力股份有限公司 | 每千瓦时0.005元 | 缴费人自行申报缴纳,使用金税三期 | 财综〔2011〕19号,税务总局公告2018年第63号 | 2019年专员办划转项目 |
| 2 | 水土保持补偿费 | 在山区、丘陵区、风沙区以及水土保持规划确定的容易发生水土流失的其他区域开办生产建设项目或者从事其他生产建设活动,损坏水土保持设施、地貌植被,不能恢复原有水土保持功能的单位和个人 | 按各地现行规定标准执行 | 缴费人自行申报缴纳,使用金税三期 | 《中华人民共和国水土保持法》,财综〔2014〕8号,发改价格〔2014〕886号,财税〔2020〕58号,税务总局公告2020年第21号 | 2021年划转项目 |
| 3 | 防空地下室易地建设费 | 因条件限制不能同步配套建设防空地下室的新建民用建筑的建设单位 | 防空地下室易地建设费的收费标准,由省、自治区、直辖市价格主管部门会同同级财政、人防主管部门按照当地防空地下室的造价制定,报国家发改委、财政部、国家人防办备案 | 缴费人根据人防部门核定的收费金额申报缴纳,使用金税三期 | 《中华人民共和国人民防空法》,计价格〔2000〕474号,国人防办字〔2003〕第18号,财综〔2007〕53号,财税〔2020〕58号,税务总局公告2020年第21号 | 2021年划转项目 |

---

① 清单来源于国家税务总局。

表 5‑4 税务机关负责征收的非税收入项目清单(政府性基金)

| 序号 | 项目名称 | 征收对象 | 征收标准 | 征收方式 | 政策依据 | 相关说明 |
|---|---|---|---|---|---|---|
| 1 | 教育费附加 | 凡缴纳消费税、增值税的单位和个人 | 以各单位和个人实际缴纳的增值税、消费税的税额为计征依据；费率为3% | 缴费人自行申报缴纳,使用金税三期 | 《教育法》,国发〔1986〕50号(国务院令第60号修改发布),国发明电〔1994〕2号、23号,财综〔2007〕53号,国发〔2010〕35号,财税〔2010〕103号,财税〔2016〕12号,财税〔2019〕13号,财税〔2019〕21号,财税〔2019〕22号,财税〔2019〕46号 | 2018年前已征项目 |
| 2 | 地方教育附加 | 凡缴纳消费税、增值税的单位和个人 | 以各单位和个人实际缴纳的增值税、消费税的税额为依据；费率为2% | 缴费人自行申报缴纳,使用金税三期 | 《教育法》,财综〔2001〕58号,财综函〔2003〕2号、9号、10号、12号、13号、14号、15号、16号、18号,财综〔2004〕73号,财综函〔2005〕33号,财综〔2006〕2号、61号,财综函〔2006〕9号,财综函〔2007〕45号,财综〔2007〕53号,财综函〔2008〕7号,财综函〔2010〕2号、3号、7号、8号、11号、71号、72号、73号、75号、76号、78号、79号、80号,财综〔2010〕98号,财综函〔2011〕1号、2号、3号、4号、5号、6号、7号、8号、9号、10号、11号、12号、13号、15号、16号、17号、57号,财税〔2016〕12号,财税〔2018〕70号,财税〔2019〕13号,财税〔2019〕21号,财税〔2019〕22号,财税〔2019〕46号 | 2018年前已征项目 |

续 表

| 序号 | 项目名称 | 征收对象 | 征收标准 | 征收方式 | 政策依据 | 相关说明 |
|---|---|---|---|---|---|---|
| 3 | 文化事业建设费 | 在中华人民共和国境内提供广告服务的广告媒介单位和户外广告经营单位，在中华人民共和国境内提供娱乐服务的单位和个人 | 娱乐业计费销售额为提供娱乐服务取得的全部含税价款和价外费用；广告服务计费销售额为提供广告服务取得的全部含税价款和价外费用，减除支付给其他广告公司或广告发布者的含税广告发布费后的余额；征收率为3% | 缴费人自行申报缴纳，使用金税三期 | 国发〔1996〕37号，国办发〔2006〕43号，财综〔2007〕3号，财综〔2013〕102号，财文字〔1997〕243号，财预字〔1996〕469号，财税〔2016〕25号，财税〔2016〕60号，财税〔2019〕46号，财政部公告2020年第25号 | 2018年前已征项目 |
| 4 | 废弃电器电子产品处理基金 | 电器电子产品生产者、进口电器电子产品的收货人或者其代理人 | 销售数量或受托加工数量定额征收 | 缴费人自行申报缴纳，使用金税三期 | 《废弃电器电子产品回收处理管理条例》，财综〔2012〕34号，财综〔2012〕48号，财综〔2012〕80号，财综〔2013〕32号，财综〔2013〕109号，财综〔2013〕110号，财综〔2014〕45号，财税〔2015〕81号，财政部公告2014年第29号，财政部公告2015年第91号，税务总局公告2012年第41号，海关总署公告2012年第33号 | 2018年前已征项目 |
| 5 | 残疾人就业保障金 | 未按规定比例安排残疾人就业的机关、团体、企业、事业单位和民办非企业单位 | 残保金年缴纳额=(上年用人单位在职职工人数×所在地省、自治区、直辖市人民政 | 残联审核，税务征收，财政监督，缴费人自行申报缴纳，使用金税三期 | 《残疾人就业条例》，财税〔2015〕72号，财综〔2001〕16号，财税〔2017〕18号，财税〔2018〕39号，财政部公告2019年第98号 | 2018年前已征项目 |

续 表

| 序号 | 项目名称 | 征收对象 | 征收标准 | 征收方式 | 政策依据 | 相关说明 |
|---|---|---|---|---|---|---|
| | | | 府规定的安置残疾人就业比例－上年用人单位实际安排的残疾人就业人数）×上年用人单位在职职工年平均工资 | | | |
| 6 | 水利建设基金 | 企事业单位和个体经营者 | 按各地现行规定标准执行 | 缴费人自行申报缴纳，使用金税三期 | 财综〔2011〕2号，财综函〔2011〕33号，财办综〔2011〕111号，财税函〔2016〕291号，财税〔2016〕12号，财税〔2017〕18号，税务总局公告2020年第2号 | 2018年前部分征收2020年全部划转项目 |
| 7 | 国家重大水利工程建设基金 | 地方独立电网企业、企业自备电厂、电力用户 | 按各地现行规定标准执行 | 企业自备电厂自发自用电量和地方独立电网销售电量，按月自行申报缴纳，税务部门征收。除企业自备电厂自发自用电量和地方独立电网销售电量外，由省级电网企业向电力用户收取电费时一并代征，按月自行申报缴纳，税务部门征收，使用金税三期 | 财综〔2009〕90号，财综〔2010〕97号，财税〔2010〕44号，财综〔2013〕103号，财税〔2015〕80号，财办税〔2015〕4号，财税〔2017〕51号，财办税〔2017〕60号，财税〔2018〕39号，税务总局公告2018年第63号，财税〔2019〕46号 | 2019年专员办划转项目 |

续　表

| 序号 | 项目名称 | 征收对象 | 征收标准 | 征收方式 | 政策依据 | 相关说明 |
|---|---|---|---|---|---|---|
| 8 | 农网还贷资金 | 农网改造贷款"一省多贷"的省、自治区、直辖市电力用户 | 每千瓦时0.02元(并入电价收取) | 电网经营企业在向电力用户收取电费时代征,按月申报缴纳,税务部门征收,使用金税三期 | 财企〔2001〕820号,财企〔2002〕266号,财企〔2006〕347号,财综〔2007〕3号,财综〔2012〕7号,财综〔2013〕103号,财税〔2015〕59号,税务总局公告2018年第63号 | 2019年专员办划转项目 |
| 9 | 可再生能源发展基金 | 对除西藏自治区以外全国范围内,对各省、自治区、直辖市扣除农业生产用电(含农业排灌用电)后的销售电量征收 | 每千瓦时0.019元 | 电网经营企业在向电力用户收取电费时代征,按月申报缴纳,税务部门征收,使用金税三期 | 《可再生能源法》,财综〔2011〕115号,财建〔2012〕102号,财综〔2013〕89号,财综〔2013〕103号,财税〔2016〕4号,财办税〔2015〕4号,税务总局公告2018年第63号,财建〔2020〕4号,财建〔2020〕5号 | 2019年专员办划转项目 |
| 10 | 核电站乏燃料处理处置基金 | 拥有已投入商业运行五年以上压水堆核电机组的核电厂 | 每千瓦时0.026元 | 缴费人自行申报缴纳,使用金税三期 | 财综〔2010〕58号,税务总局公告2018年第63号 | 2019年专员办划转项目 |
| 11 | 中央水库移民扶持基金(含大中型水库移民后期扶持基金、跨省大中型水库库区基金、三峡水库库区基金) | 大中型水库移民后期扶持基金征收对象为电力用户;跨省大中型水库库区基金征收对象为装机容量在2.5万千瓦及以上有发电收入的水库和水电站;三峡水库库区基金征收对象为中国三峡工程开发总公司、中国长江电力股份有限公司 | 大中型水库移民后期扶持基金征收标准为按照扣除农业用电后的全部销售电量加价征收。各地标准不同(每千瓦时计算);跨省大中型水库库区基金征收标准为按照水库发电企业所在省份的大中型水库库区基金征收标准执行, | 大中型水库移民后期扶持基金征收方式为电网企业在向电力用户收取电费时一并代征,按月申报缴纳,税务部门征收;跨省大中型水库库区基金征收方式为缴费人按月自主申报缴纳,税务部门征收;三峡水库库区基金征 | 《大中型水利水电工程建设征地补偿和移民安置条例》,《长江三峡工程建设移民条例》,国发〔2006〕17号,财综〔2006〕29号,财监〔2006〕95号,监察部、人事部、财政部令第13号,财综〔2007〕26号,财综〔2007〕69号,财综〔2008〕17号,财综〔2008〕29号、30号、31号、32号、33号、34号、35号、64号、65号、66号、67号、68号、85号、86号、87 | 2019年专员办划转项目 |

续　表

| 序号 | 项目名称 | 征收对象 | 征收标准 | 征收方式 | 政策依据 | 相关说明 |
|---|---|---|---|---|---|---|
|  |  |  | 不高于8厘/千瓦时;三峡水库库区基金征收标准为8厘/千瓦时 | 收方式为缴费人按月自主申报缴纳,税务部门征收,使用金税三期 | 号、88号、89号、90号,财综〔2009〕51号、59号,财综〔2010〕15号、16号、43号、113号,财综函〔2010〕10号、39号,财综〔2013〕103号,财税〔2015〕80号,财税〔2016〕11号,财税〔2016〕13号,财税〔2017〕51号,财办税〔2017〕60号,财农〔2017〕128号,税务总局公告2018年第63号 |  |
| 12 | 地方水库移民扶持基金 | 各省、自治区、直辖市行政区域内装机容量2.5万千瓦及以上的大中型水库和水电站缴纳省级大中型水库库区基金;行政区域内装机容量2.5万千瓦以下的小型水库和水电站缴纳小型水库移民扶助基金 | 按各地现行规定标准执行 | 缴费人自行申报缴纳,使用金税三期 | 国发〔2006〕17号,财税〔2016〕11号,财综〔2007〕26号,财税〔2017〕18号,财税〔2020〕58号,税务总局公告2020年第21号 | 2021年划转项目 |

表5-5　税务机关负责征收的非税收入项目清单(其他非税收入项目)

| 序号 | 项目名称 | 征收对象 | 征收标准 | 征收方式 | 政策依据 | 相关说明 |
|---|---|---|---|---|---|---|
| 1 | 油价调控风险准备金 | 中华人民共和国境内生产、委托加工和进口汽、柴油的成品油生产经营企业 | 按照汽油柴油的销售数量和规定的征收标准缴纳 | 缴费人自行申报缴纳,使用金税三期 | 财税〔2016〕137号,财税〔2016〕142号,税务总局公告2018年第63号 | 2019年专员办划转项目 |

续　表

| 序号 | 项目名称 | 征收对象 | 征收标准 | 征收方式 | 政策依据 | 相关说明 |
|---|---|---|---|---|---|---|
| 2 | (场外)核事故应急准备专项收入 | 核电企业 | 1.基建期按设计额定容量每千瓦5元人民币的标准缴纳。基建期应在核电工程浇灌第一罐混凝土的当年起三年内按规定承担数额的30%、40%和30%分年度缴清。2.运行期按年度上网销售电量每千瓦时0.2厘人民币的标准缴纳 | 缴费人自行申报缴纳,使用金税三期 | 国务院令124号,财防〔2007〕181号,税务总局公告2018年第63号 | 2019年专员办划转项目 |
| 3 | 石油特别收益金 | 在中华人民共和国陆地领域和所辖海域独立开采并销售原油的企业以及在上述领域以合资、合作等方式开采并销售原油的其他企业 | 实行5级超额累进从价定率计征 | 缴费人自行申报缴纳,使用金税三期 | 国发〔2006〕13号,财企〔2006〕72号,财税〔2014〕115号,税务总局公告2018年第63号 | 2019年专员办划转项目 |
| 4 | 国家留成油收入 | 在中华人民共和国陆地领域和所辖海域内对外合作勘探开发生产石油的企业 | 按照石油合同的约定比例确定 | 缴费人自行申报缴纳,使用金税三期 | 财企〔2008〕7号,税务总局公告2018年第63号 | 2019年专员办划转项目 |
| 5 | 免税商品特许经营收入 | 经营免税商品的企业 | 一般为经营免税商品业务年销售收入的1%;海南离岛免税店按经营免税商品业务年销售收入的4%缴纳 | 缴费人自行申报缴纳,使用金税三期 | 财企〔2004〕241号,财企〔2006〕70号,财企〔2011〕429号,税务总局公告2018年第63号 | 2019年专员办划转项目 |

续 表

| 序号 | 项目名称 | 征收对象 | 征收标准 | 征收方式 | 政策依据 | 相关说明 |
|---|---|---|---|---|---|---|
| 6 | 排污权出让收入 | 现有排污单位；以市场公开方式出让新建项目排污权和改建、扩建项目新增排污权时，中标人为缴费主体 | 排污权使用费的征收标准由试点地区省级价格、财政、环境保护部门根据当地环境资源稀缺程度、经济发展水平、污染治理成本等因素确定 | 缴费人自行申报缴纳，使用金税三期 | 财税〔2015〕61号，财税〔2020〕58号，税务总局公告2020年第21号 | 2021年划转项目 |

实际上，在2015年10月之前，各级政府着眼于税务部门高征管、低成本的优势，就已经将部分适宜税务部门征收的非税收入划转税务部门征收。比如，教育费附加征收起步于1984年，1986年即明确由税务部门负责代为征收；2008年开始，各省财政部门陆续委托税务部门代征地方教育附加。① 为落实好改革部署，2018—2019年，财政部和各省政府共将40余项非税收入划转税务部门征收，叠加划转之前税务部门已征收的20余项非税收入，税务部门目前征收的非税收入达到了60余项，约是目前税务部门征管税种的4倍②。

非税收入划转税务部门征收已是改革大势，由单一税务部门征收有利于非税收入项目征收标准、征收范围的统一，提高非税收入规范化管理水平。但是由于非税收入具有项目繁多、政策复杂、征管差异大、涉及面广等特殊性，税务部门如何征收非税收入依然面临诸多问题。比如，非税收入征管的法律依据级次较低，具体的征管操作不明确；税务部门对部分已划转非税收入后续管理过程中的催报催缴、缴费检查、行政处罚、强制执行等事项职责模糊，缺乏政策的有效支撑；税务部门的征管查权限和责任不够明确，缴费人的缴费责任规定不够系统，举证责任分配有待充实，现行非税收入征管制度无法满足税务部

---

① 高旭：《地方税务部门非税收入征管改革研究》，载《经济研究导刊》2021年第25期。
② 王国强、王扬、马奎升：《税务部门征收非税收入：历史、挑战与优化》，载《公共财政研究》2020年第3期。

门对征管的实际需求。由于税收征管法不适用于非税收入项目,税务部门的执法潜在风险有加剧趋势①。

## 第三节　国外非税收入规范化管理的经验比较

国际上一般把政府收入区分为赠与收入、资本收入和经常性收入三类,经常性收入分为税收收入和非税收入。在某种程度上,国外的政府非税收入属于政府的经常性收入的一种,而往往与赠与收入和资本收入无关②。各国都将这部分非税收入作为本国财政收入的重要组成部分,尽管国外的政府非税收入的范畴小于我国界定的非税收入范畴,但是一些国家在非税收入管理的规范化方面还有些共同的规律可循,主要体现在以下几个方面:

一是关于非税收入项目和标准的确定。非税收入产生的原因在于政府部门提供准公共产品或服务成本的分担和补偿,因此非税收入项目的确定是以提供准公共产品或服务为基准的,用于弥补政府提供该项目所产生的成本。现实中,多数国家在确定非税收入标准时按照低于平均成本的边际成本收费,以"成本补偿"为原则,而不以营利为目的。

二是关于非税收入的规模。各国因经济基础和发展水平的差异,政府非税收入的规模也不尽相同。欧美发达国家经济发展相对较好,税收收入在政府财政收入中的占比较高,不需要政府开征过多的收费项目来筹集资金,非税收入占中央政府经常性收入的比重一般不超过10%,各级地方非税收入占本级政府财政收入的比重一般在20%左右,并且有继续下降的趋势。相反,很多发展中国家非税收入占中央财政收入的比重一般都超过20%③。

三是关于非税收入的收缴。多数市场经济国家为规范非税收入收缴渠道均作出严格的规定,并采取收缴机构直接收缴、银行自动划转、金融机构代办代缴、电话委托缴付、邮局付款等灵活多样的收缴方式取代传统单一的人工收缴方式。

---

①　王世明、王鲁宁、陈新、王才桂:《税务征收体制下非税收入征管制度建构及创新路径研究》,载《税收经济研究》2020年第3期。
②　贾康、刘军民:《非税收入规范化管理研究》,载《税务研究》2005年第4期。
③　李剑文:《政府非税收入管理的国际经验及启示》,载《纳税》2017年第3期。

通过充分利用先进的信息技术,在全国范围内建立起发达的计算机信息征缴网络系统,对征缴实施全过程监管。

四是关于非税资金的使用。国外在非税收入的使用上主要存在两种模式:专款专用,即特项收费存入特定账户,用于专门的项目;政府统筹,即通过政府预算由政府统一安排使用,不规定专项用途,与部门收支脱钩。但不论哪种模式,非税收入都要纳入政府统一的财政预算,实行严格的财政收支统管。

五是关于非税收入的监督管理。市场经济国家对非税收入资金使用状况普遍实施严格的监督审查制度。非税收入作为政府收入来源的一部分,与其他收入一起纳入了政府预算统一管理,但记账时对不同的收支,采用了有区别的会计核算方法[①]。遵循公开、民主原则,政府接受来自公众和新闻媒体的广泛监督,注意保护利益相关方的合理诉求。同时,执行严格的制度内监督,使管理进一步规范。

## 一、国外非税收入规范化管理的方式

### 1. 美国的政府非税收入管理

(1)非税收入的基本构成。美国政府收入体系主要以税收收入为主,以非税收入为辅。美国实行联邦制政府体制,财政实行联邦财政、州财政和地方财政三级管理体制。三级财政各有其相对独立的财政税收制度和专门法,各自编制、审批和执行本级预算,且程序复杂[②]。联邦、州和地方三个层级的政府对税收收入管理都有着自主权,各自对税收有自己的组织结构和管理办法,因此美国各级政府的非税收入来源情况差别很大。以 2011 年为例,联邦政府的非税收入为 1 360 亿美元,占经常性财政预算收入的 5.52%,州和地方政府的非税收入为 9 381 亿美元,占政府收入的 20.40%[③]。非税收入中以政府的服务性(收费)收入为主,其他项目的非税收入则很少,但收入渠道规范[④]。美国的预算内非税收入主要包括规费等服务性收入、罚没收入、赠与收入和许可经营收入等;预算外

---

[①] 田淑英:《国外政府非税收入管理的比较与借鉴》,载《经济研究参考》2004 年第 91 期。
[②] 马宁:《浅谈财政监督的国际比较与借鉴》,载《东方企业文化》2010 年第 15 期。
[③] 卢秋颖:《国外非税收入负担比较及启示》,载《发展改革理论与实践》2017 年第 5 期。
[④] 安徽省财政厅课题组:《国外政府非税收入管理的比较与借鉴》,载《经济研究参考》2004 年第 91 期。

非税收入主要是财产性收入,包括利息收入,专营和租金收入,土地、矿藏和能源等财产销售收入,规费和其他服务收费,政府财物销售收入,贷款和投资到期变现收入等。在经常性非税收入中,各类收费是主体,主要包括商品收费、补偿性收费、管理收费、特项收费。商品收费是特殊商品的收费,是指政府提供水、电等产品,并向该类产品的消费者收取的费用。补偿性收费有两种情况:一是向实施不良影响的主体收取的,即政府采取特定的项目来控制某些不良影响,同时向造成这些不良影响的主体收取补偿该项目实施成本的费用,如下水道布设安装、垃圾处理和污水废水处理等收费;二是向特定项目的开发者收取的,即用于开发项目附设的公园、道路、学校和防火设施等的建设费用,这些收费存入计息账户,若在一定期限内不用就要退还开发者。管理收费是政府对经济主体的某些活动实行管制,并向这些活动的行为主体收取一定的费用以弥补政府在监管和执行过程中的部分开支,如建筑许可费、专业许可收费和驾驶证收费等。特项收费是对在公共改良计划中获得资产增值的资产所有者征收的费用,目的在于弥补公共改良的成本[1]。

(2)非税收入的管理方式。一是设立项目的法定程序。20世纪50年代之前,美国联邦政府非税收入项目必须由立法部门即国会批准设立,美国政府非税收入的立法层次基本集中在联邦和州两级。联邦《宪法》第1章第7条规定,任何筹集财政收入的提案只能由众议院提出。各州也通过制定《宪法》,对联邦《宪法》赋予本级的政府非税收入立法进行明确,每项政府非税收入的项目和标准、控制与开征,都要通过议会或选民投票表决决定,并对如何投票、谁来投票和多少票数通过才能有效都作出具体规定,每项政府非税收入都要在相关利益人及议员们进行辩论的基础上经过相应的立法程序进行设立。20世纪50年代以后,为了提升公共服务质量和效率,应对快速变化的社会需求,1952年国会通过了《独立办公室拨款法》(IOAA),规定行政机构可以依据该法要求设立非税收入项目[2]。该法为联邦机构提供了针对使用者付费项目的评价和规则制定的广泛授权,联邦机构可以据此制定行政管制性规则[3]。此后,立法部门和行政部门

---

[1] 刘娜娜:《国外非税收入管理的经验与借鉴》,载《中国证券期货》2013年第2期。
[2] 根据美国联邦《宪法》的分权原则,行政权力属于行政机关,同时允许国会授予或委任部分立法权力和部司法权力于行政机关,行政机关通过委任的立法权力和委任的司法权力有效实施行政管理。
[3] 贾小雷:《政府收费法律依据完善之理论与实践探讨》,载《北京行政学院学报》2020年第5期。

共享非税收入的设立权。为了防止权力滥用,相关行政部门仅有设立非税收入项目的权力,不能对非税收入的资金进行直接使用,而是由国会进行统筹管理。二是确保收费的非营利性。收费与税收适用的法律标准不同,税收的使用受制于很多保证税负公平的法律,而收费适用的法律条款侧重点则在于明确规定政府收费水平不得以营利性为原则而应遵循补偿性原则,保证每项收费水平不能超过政府提供服务或福利的成本,不能超过导致外溢损失的额度。从美国各级政府非税收入来源看,联邦非税收入主要来源于联邦政府向社会各界和部门提供的专项服务中收取的相关费用;州府和地方政府的非税收入主要来源于政府部门向大众居民提供公共基础设备设施和日常生活服务所收取的相关费用。美国联邦的非税收入具备完善的、规范的非税税收项目结构,具有很强的服务性和有偿性[①]。各级政府在设立新的收费项目或修订收费标准之前,必须在本区域范围内通知缴费人进行磋商。向缴费人说明收费原因、标准控制、现有收费和相关环境分析,评估收费可能产生的影响,并设立答辩程序,阐明对缴费人提出意见和建议的吸收程度及其原因。政府未履行这些程序或者未经协商和达成一致意见的,不能实施收费。三是建立规范的征管方式。1980年,美国国会通过了《文书削减法》,第一次明确提出了"信息资源管理"的概念,制定了对政府信息资源管理的具体框架,要求将政府现行管理费用纳入政府财政预算。1993年,克林顿政府提出建设"国家信息基础结构",确立了"电子政府"的改革方向,之后联邦政府信息系统的电子化掀起了热潮,相继修改和制定了一系列法规,美国开始走上立法推动电子政府发展的道路。在时任副总统戈尔的领导下,国家绩效评估委员会对政府工作效率、行政措施、政府服务的质量等问题进行了研究。1995年颁布《政府纸张消除法》和1996年颁布《信息技术管理改革法》之后,美国政府发动"重塑政府计划",要求到2003年美国所有政府机构必须做到具备提供电子登记备案、电子申请的能力,非税收入电子化亦趋于必然。目前,美国财政部注册的电子支付平台已经集成了大部分联邦政府机构的收费职能。美国发达的计算机信息征缴网络系统实现了非税收入征收的电子化,并对政府非税收入收缴进行全过程的管理和监控,采取统一的电子化征收并确保每项非税收入及时足额入库,各级政府还积极采取多种收缴方式,提高收缴效率。四是实行统一的预

---

① 王满霞、刘怡、刘佳琪、李明珠:《美国联邦非税收入征管初探》,载《现代商业》2018年第15期。

算管理。资金使用是非税收入管理的关键所在,国会拥有安排非税收入资金使用的权力,在非税收入的类型、期限、用途、数额和拨付等方面,国会都进行了详细的设置,通过具体的调整组合在非税收入监管和效率间寻找最佳平衡①。美国对非税收入实行基金预算管理方式,在坚持统一预算管理下,分类设置了不同的基金账户。联邦基金包括一般基金、特种基金、政府内部运营和管理基金、公共企业运营基金。政府非税收入大多进入公共企业运营基金和特种基金,如邮政服务活动等向公众提供的企业类收入、收费收入可以从部门的总支出中扣除,而不用归为政府收入的一部分;特种基金收入都有特定的用途,存入独立的账户,在法律规定的条件下使用②。非税收入通常被单独用于提供相关服务或福利的项目,而不用于一般公共项目,体现收费的特定受益性。不像税收收入多数被归入一般基金,用于任何法定开支,只有少量专项税收归入专项基金用于指定项目。在预算管理上,尽管存在预算内非税收入和预算外非税收入的分别,预算外收支自成体系,收入专款专用,支出不必列入总统预算提案,但预算外收支仍然属于政府活动的一部分,必须和预算内收支一道纳入统一预算,以便对全部联邦收支进行综合反映,将其置于议会的民主监督之下,严厉杜绝政府公共部门收支的滥用。五是构建有效的监督体系。在非税收入监督方面,美国采取内部监督与外部监督相结合的方式。《首席财务官法案》(CFO法案)要求建立健全政府财务管理组织体系,依照这一法案,行政部门对政府财务包括非税收入项目定期开展自查并形成报告,为国会和公众提供非税收入的详细信息。由总统预算和管理办公室、联邦审计办公室和国会预算办公室组成的外部监督体系,总统预算和管理办公室与国会预算办公室负责在设立环节进行监督,分别通过向总统和国会提供相关建议直接影响非税收入的相关决策。联邦审计办公室作为独立的非党派机构直接向国会负责,负责在使用环节进行监督,全面审查包括非税收入在内的联邦政府财务收支状况,提供各类审计报告为国会决策提供依据。美国各级政府还必须向公众公开财政预算报告和财政管理政策,公众通过政府网站能够查询到各项财政收支,包括政府非税收入收支的情况,接受公众监督。每年各级政府在向议会报告政府财政收支预算时,也必须包括有关收费的具体内容接受议会的审查。

---

① 高淑娟、乔木、刘普:《美国联邦政府非税收入的范围及特点》,载《税务研究》2015年第8期。
② 徐永翥:《美国政府非税收入管理的主要特点》,载《经济研究参考》2008年第18期。

2. 加拿大的政府非税收入管理

(1) 非税收入的基本构成。

加拿大是联邦制国家,政府由联邦、省和地方三级构成,各级政府财政收入以税收为主要来源,非税收入是政府财政收入的必要补充,其管理也依据《宪法》等相关法令实行分级管理。各级政府筹集非税收入必须以法律法规为依据,由各级议会批准。2010年,加拿大联邦政府非税收入为214.20亿加元,占政府财政收入的7.64%;州和地方政府非税收入为2 098.80亿加元,占政府非税收入的19.08%[①]。

加拿大政府非税收入来源主要包括四个方面:一是货物和劳务销售收入。该收入是政府向公众提供某些非普遍受益的一般公共货物或劳务时收取的费用,包括不动产、供水供电、公共交通、路桥、机场、船舶、码头、高等教育、出版、司法、行政、技术服务、通信、污水处理、垃圾处理和出租货物等领域或行业的收入。二是国有自然资源收入。自然资源收入主要有以下几类:兽类狩猎和渔业捕捞许可收费,森林资源开采收费,矿山资源开采许可收费,石油和天然气开采许可收费,水力发电收入,来自沙石、泥煤、采煤、猎园和野营地许可证收费和出租收入,以及其他各种自然资源收入。三是证照收费。根据加拿大有关法律规定,证照收费主要包括酒类专卖执照和许可证收费、机动车辆许可证和执照费等,其他证照收入包括商业企业收入、建筑许可收入、版权收入、专利权收入、经销权收入、资格证收入、专业和职业执照或许可证收入及船舶和飞机执照收费等,但不包括属于自然资源的特许权、执照和许可证收入。四是国有资产经营收益。其主要包括从国有企业取得的利润、分红及股权收益,国有资产租赁、出售、出让、转让取得的收入,贷款利息,银行利息,地方政府进行资本性基础设施投资取得的收入等,其中从国有企业取得的收益是加拿大三级政府非税收入的重要来源。从1994—2012年的统计数据看,加拿大联邦政府非税收入由110亿加元增加到330亿加元,年均增长6.9%,超过同期税收收入3.8%的年均增幅,占联邦财政资源的比重由8.0%上升到13.2%。其中记录在一般预算收入中的非税收入由76.6亿加元增加到272.7亿加元,年均增长7.8%;以收抵支的非税收入由29.5亿加元增加到58.2亿加元,年均增长4.1%[②]。

---

① 卢秋颖:《国外非税收入负担比较及启示》,载《发展改革理论与实践》2017年第5期。
② 卢秋颖:《国外非税收入负担比较及启示》,载《发展改革理论与实践》2017年第5期。

(2)非税收入的管理方式。

一是严格强化立法规定。加拿大联邦《宪法》规定,任何收费都必须由众议院批准,授权省级政府对所有权、营业执照等实行收费;各省主要根据联邦和省的法规征收有关收费;地方政府的收费必须由省级法令授权,各有关城市经市议会批准,确定各城市的收费范围和征收标准。《财政管理法》规定了国会议长可以自行制定或授权部长制定收费项目,然后由加拿大联邦国库委员会负责制定实施细则来管理政府非税收入。《收费法案》规定,收费机构每年应该在部门绩效报告中披露所有收费项目、收费金额以及相关服务的成本、绩效情况,如果收费项目达不到应有的绩效标准,应该降低收费标准。部门收费服务必须每五年评估一次。评估的目的是识别和确认收费的不适当之处,以求改进[①]。

二是实行听证协商制度。在设立新的收费项目或修订收费标准之前,政府相关部门会通知缴费人就可能出现的问题进行磋商,对现有的相关收费以及收费设立的环境进行分析,对收费可能产生的正反面影响进行评估,设立答辩程序,阐明对缴费人提出意见和建议的吸收程度及其原因。有关部门和机构未履行上述程序,或者未经协商和达成一致意见的,不能实施收费。

三是分类制定收费标准。加拿大联邦《财政管理法》规定向使用者收取的费用不能超过成本。对政府提供的货物、服务、信息产品和公共设施等的收费,按照低于成本费用核定收费标准;对公共财产的销售、出租或许可证等的收费,按照市场价值确定收费标准;对用于商业投资的权利和特许权等的收费,按照销售价格或市场价格的一定比率确定收费标准,如天然气生产特许权使用费为天然气销售价格或市场价格的10%,石油生产特许权使用费为石油销售价格或市场价格的5%—12%[②]。

四是实行收费收支监督制度。加拿大政府每年在向议会报告政府财政收支预算时,必须包括有关收费的具体内容,接受议会的审查。在实施收费前,收费机构要通过各种媒体公布收费项目和收费标准,在国库部设立联络点直接听取缴费人的意见。政府在《公共会计》、部门和单位在《年度报告》中详细反映收费和

---

[①] 王清剑、骆晓强、井明、金泉竹、张俐鑫:《美国、加拿大政府非税收入及其票据管理的经验与启示》,载《中国财政》2014年第7期。

[②] 安徽省财政厅非税收入管理考察团:《美国、加拿大政府非税收入管理考察报告》,载《财政研究》2007年第7期。

费用收支情况。国库部和省及地方政府的"收费检查委员会"通过审计、项目评审和特别调查,对部门年度业务计划、收费标准进行检查,对不合理的收费标准提出调整建议,并督促有关部门和机构严格执行规定的收费政策①。

3. 法国的政府非税收入管理

(1) 非税收入的基本构成。

法国是一个有着中央集权传统的单一制国家,同时又在地方自治理念和实践上有所发展,因此在政府非税收入管理上与其他联邦制国家有所不同。2004年法国政府非税收入占预算总收入的比重为11.35%,其中收费和罚款收入、社会保险分摊金、工商金融企业收入占到非税收入的80%以上。法国中央级非税收入主要包括国营企业的经营收入、国家垫款和贷款收入、国家财产收入。省和地方政府非税收入主要包括市政财产和公共事业的服务性收费收入及借款收入。在法国,其地方财政是在中央政府的严格控制之下实施的,因此地方财政自主权有限,地方非税收入范围相应也比较狭窄。地方政府收入三分之一依赖中央财政拨款,农村市镇尤其如此。地方经济受到中央的广泛干预,地方预算的编制和执行也受到中央政府的严格监督。在《权力下放法案》实施前,地方预算由国家代表拟定,经议会讨论确定后由中央政府批准。《权力下放法案》实施后,批准预算的权力由地方议会行使,但国家代表仍然可以在必要时编制、修改、补充所在地的地方预算。由于地方自主权没有得到足够重视,一些本应作为地方收费的项目成为税收上缴中央,地方财政资金短缺严重。

(2) 非税收入的管理方式。

受中央集权体制影响,法国非税收入的管理特点十分突出:

一是依法立项、严格审批。法国设立非税收入项目需要经过一定的法定程序论证和审批,收费项目和标准由《财政法案》提出,由国民议会审议通过,经中央政府审批。在预算的执行程序上,预算收入和预算支出要分别编制,实行"收支两条线"制度,财政部门为收费部门,设立财政专户统一管理非税收入,收费部门的全部开支均由财政统一安排,不得以收抵支,但可以专款专用。

二是收支脱钩、统一预算。法国的政府收费和罚没收入与征收部门的支出是完全脱钩的,部门活动的经费支出全部由财政预算统筹安排,各收费部门所收

---

① 刘娜娜:《国外非税收入管理的经验与借鉴》,载《中国证券期货》2013年第2期。

非税收入的多寡与其活动经费、部门利益无直接关系,这种管理有效杜绝了诸多乱征、乱收的现象。同时,地方政府无权管理非税收入,非税收入全部均由中央预算安排管理。中央一级政府设有公共会计局,省一级政府设有财政总出纳署,市镇一级政府设有财务所,各级政府及其单位各负其责,环环相扣,以上的这些财政部门在法国被统称为公共会计网,中央与地方政府预算收支的工作主要通过这些部门来执行。

三是设立审计法庭,加强财政监督管理。法国有一套严密的财政监督机构,设有审计法庭、财政总监和财务监督官。审计法庭和其他法庭一样,是一个独立机构,其权力由议会授予,不受任何政府部门控制。它在对包括非税收入在内的财政预算管理实施监督的过程中如果发现不正常现象,有权与有关方面进行讨论并对被调查者做出处理决定[①]。

四是收支公开,实行信息披露制度。法国政府非税收入的收支全程都要接受国家和社会公众的严密监督,对政府非税收入的收支信息建立了严格的信息披露制度,通过公开披露让社会公众对非税收入进行全面监督。一方面通过国家议会负责对政府预算编制与执行进行严格的监督和评估检查,确保政府预算符合社会公众的利益;另一方面国家审计机关通过对政府非税收入的具体收支情况实施系统的检查,制定完整、易理解的相关审计报表并对社会公布,接受公众监督。

4. 日本的政府非税收入管理

(1) 非税收入的基本构成。

日本是单一制的君主立宪制国家,但地方也有相当大的自治权力。日本的政府体系由中央政府、47个都道府县、3 253个市町村三级构成,各级政府都有独立的预算。中央和地方政府非税收入占财政收入比例相差不多,规模都不大,大致都在15%。日本中央政府的非税收入主要包括专卖事业收费收入、国有资产收益收入(国有企业红利收入、国营事业收入)、财产处理收入和杂项收入。地方政府的非税收入则主要包括公立教育收费收入(中学教育收费、幼儿园托儿所教育收费等)、政府建设公立住房收费收入、基础设施利用费收入(港湾设施使用费、下水道使用费等)、公有土地租赁使用费、公证费用及其他收入,反映了地方政府提供的相关公益性服务事业基本是用收费的形式筹集事业发展资金的。

---

① 聂少林:《国外政府非税收入规范管理经验借鉴及启示》,载《财政研究》2010年第12期。

(2) 非税收入的管理方式。

一是合理划分非税收入管理权限。日本《财政法》第 3 条规定:"不仅是租税,中央政府以国家权力为基础而收缴的课征金,以及对法律上或事实上的国家垄断行业收缴专卖价格或事业费等,都必须以法律或国会决议为依据。"[①]明确了征收任何非税收入项目都必须要有法律上的依据。日本将财政立法权力集中,将财政执行权分散,财政收入主要向上级政府集中而支出使用向下级政府分散的模式。对于中央和地方间的事权与承担的公共责任,以法律形式进行较为细致的划分,责任明确事权清晰,有效地避免了职能范围的交叉重复。对于各级非税收入的项目确立,分别由国会以及各级政府决定。一般而言,国会负责影响全国的非税收入项目及其收费标准,比如电信费用、国营的新干线铁路以及国营铁路公司使用费用、烟草业的收费等。地方政府负责影响本地的非税收入项目及其收费标准,如本地公营的水资源使用费、本地公立学校的学费等。在日本物价统计指数中,各类公共服务消费占据了社会总消费中的一定份额,政府因此可以通过对公共服务消费定价的调整来影响全社会的价格总水平,达到政府预期的调控目的。

二是纳入统一的财政预算管理。由于日本实行财政立法集中、执行权分散的管理体制,中央政府通过设立相关的地方税法等法律法规,对所有地方性税收的税种、税率、减免标准加以确定。中央实行统一的财政制度,所有的政府收支都要纳入政府财政预算,地方政府仅仅是中央政府的"代管人"。随着政府所需要财力的增多和政府职能的不断加强,使得政府需要非税收入资金进行筹资变得顺理成章。日本对所有的非税收入,均将其纳入统一的财政预算管理体制。针对非税收入的特点,日本国家预算专门设立了"特别会计预算",确保非税收入用于特定的用途,其内容包括保险、投资贷款、管理及事业等项目。

三是实行"双重管理"模式。该模式的内涵就是对于非税收入由政府对应事业的主管部门负责收支一体的管理,直接完成非税收入管理职能;由财政部门审查或批准该事业主管部门的预算和决算,利用会计审计监督审查等手段对该政府主管部门进行管理,间接完成非税收入管理职能。"双重管理"模式能够提升政府主管部门的尽职效率,减少行政程序,有助于资金的高效使用;同时增加财政部门的监管力度,对政府主管部门形成监督制约,有助于保证非税收入的使用安全性。

---

① 王朝才:《日本财政法》,经济科学出版社 2007 年版,第 18 页。

## 二、国外非税收入规范化管理的启示

通过对以上几个具有代表性国家的政府非税收入管理的实践经验分析,以下几个方面的做法在我国非税收入管理规范化过程中可以借鉴和吸收:

1. 项目确立的法制化

对于成熟的市场经济国家而言,在对政府非税收入进行规范管理时,首先要强调和注重的就是有关法律体系的建构。公共部门出台任何政府非税收入项目都要求有严格的法律依据和程序,若要变动具体项目也须经过相关的审议程序。同时,为了保证各项非税项目都能取得被征收对象的理解和支持,确保征收部门顺利完成相关征缴工作,不少国家的各级政府在出台新的非税项目前,一般都会与未来的被征收对象进行有效的沟通,具体包括向其阐述设置项目的原因、与其共同分析项目实际运行后可能产生的各种影响以及回答其提出的各种问题等。事实上,每个新项目只有在经过与被征收对象的磋商并得到其认同后,才具备实际的提请资格和被最终批准执行的可能性。任何未履行磋商程序或未达成一致意见的项目,都不应被审批通过。

2. 收费标准的科学化

非税收入标准是构成政府非税收入管理制度的一个关键环节,非税收入标准始终为各国政府所重视。发达市场经济国家对于非税收入理解的基本共识比较一致和清晰,就是出于提供准公共产品和服务目的而由政府收取的成本性补偿。这一概念包括两层含义:一方面非税项目确立的首要目的就是提供公共性产品和服务,另一方面收入标准要低于平均成本,不能具有营利性[1]。因此收费标准所反映的价值内容,既不同于市场规则的私人成本,也不同于税收法则的社会成本。对于提供准公共产品和服务的政府非税收入,一般遵循两条原则确定其标准:对私人成本进行社会调整,包括将社会认为过高的私人成本降下来,如反垄断的限制性收费,将社会认为过低的私人成本提上去,如消除负外部效应的惩罚性收费和消除拥挤的准入性收费,将社会认为含混的私人成本明晰平均化,如具有反欺诈性质的规范性收费;对社会成本向私人分摊,包括对社会成本的私人分解,如为发展公共物品生产的集资性收费,对社会成本的私人补偿,如非营利组织的补偿性收费[2]。尽

---

[1] 聂少林:《国外政府非税收入规范管理经验借鉴及启示》,载《财政研究》2010 年第 12 期。
[2] 安徽省财政厅课题组:《市场经济国家政府非税收入管理的比较》,载《经济研究参考》2005 年第 3 期。

管各国政府对非税项目定价时所遵循的原则在称谓上有所区别,但多数发达国家基本上是按低于平均成本的边际成本为标准进行定价的,即力求其定价能够兼顾政府补偿成本的需要和社会公众的普遍承受能力。

3. 政策制定的民主化

为避免向征收对象收取不合理费用,并取得征收对象的理解和支持,西方市场经济国家一般在收费项目设立过程中,要与征收对象进行磋商,包括宣传政策、评估研究、听取意见等。有关部门和机构未履行这些程序,或者未经协商和达成一致意见的,不能实施收费。

4. 预算管理的规范化

政府非税收入作为政府财政收入的重要组成部分,与其他收入一起纳入政府预算统一管理,资金在严格的财政监督之下使用。但在统一的财政预算内,采用了有区别的会计核算方法,如事业特别会计、企业特别会计。政府基金主要反映公益性事业收费和基金的收入与支付,一般是专款专用,事业主管部门在财政预算监督下负责具体的收支管理[①]。

5. 收缴方式的现代化

近年来,随着全球信息网络化水平的迅速提高,发达国家政府非税收入的收缴工作开始广泛地借助先进、完善的计算机网络系统进行,使得缴费方式更加灵活、收缴效率日益提高。通过"消费者自动银行"予以自动划转、通过电话委托缴付以及通过邮寄付款等缴费方式已逐渐取代了传统的人工收缴方式。

6. 资金使用的透明化

在国外政府非税收入管理过程中,非税收入使用的透明化主要体现在两方面,即各级政府要通过多种方式定期向公众公布非税收入的征收和使用情况,接受其监督,如公众一般可以通过政府网站查询到近期政府非税收入的具体使用情况;各级政府在年度预算、决算报告中都要详细反映政府非税收入的收支状况,在每年向议会报告年度财政收支预算时,也要介绍有关政府非税收入的收支情况,并接受议会的审查[②]。从项目设置开始,持续公开项目信息并接受公众评议监督,是项目得到接受的基础。

---

[①] 安徽省财政厅课题组:《国外政府非税收入管理的比较与借鉴》,载《经济研究参考》2004 年第 91 期。
[②] 白宇飞:《政府非税收入管理的国际经验及启示》,载《海南金融》2010 年第 4 期。

# 第六章
# 完善地方政府非税收入规范化管理的对策建议

非税收入在财政收入中占比过高的原因,一方面是政府与市场之间的界限不清晰,存在角色的"越位"和"缺位";另一方面是现有非税收入管理制度规范化程度不理想。我国政府非税收入管理改革的总体思路应当按照社会主义市场经济的要求,在与市场分工中明确政府职能定位,合理划分政府与市场的边界。通过完善财政管理体制,合理确定非税收入的范围和管理方式,形成合理的非税收入结构和体系,规范收入分配秩序,建立严格的政府非税收入管理体制。

## 第一节 健全非税收入管理基础制度

我国于1994年确立了分级分税的财政管理体制,初步理顺了政府与市场、政府与企业的关系,建立了中央政府与省级政府之间相对规范的分税机制并跟进了自上而下的政府间转移支付机制,可以说启动了财权划分改革,其后陆续的改革实际上也更多沿着财权划分的线索推进,而在事权明晰化方面却一直缺乏实质性进展[①]。如前所述,中央与地方在事权划分和支出责任存在的突出矛盾,具体表现为:事权划分不清晰,事权过于下移;支出责任划分不合理,支出责任过于上移;转移支付制度不完善,事权财力难匹配。中央与地方事权划分,作为中央与地方财政关系处理的基础因素之一,是影响着财税体制改革进程和国家

---

① 贾康、苏京春:《现阶段我国中央与地方事权划分改革研究》,载《财经问题研究》2016年第10期。

治理体系现代化建设的关键①。

## 一、明晰中央与地方事权划分

当前,中央与地方间的事权划分面临着错综复杂的局面,从政府内部来看,除了政府事权划分自身具有复杂性之外,还涉及政府内部改革和权力重新配置的复杂性与困难性;从外部来看,市场、社会与政府职能边界还不明确,并且政府职能自身尚处在动态变化之中,使得政府间的事权界定更为困难。事权划分不仅与一国历史传统、改革路径、国家政体等诸多因素密切相关,而且许多事权难以清晰界定其受益范围及权利归属,需要在实践中进行长期的探索。

1. 科学界定政府的事权范围

政府与市场的边界问题,是划分政府间事权与支出责任的前提和基础。只有明确了政府和市场各自的职责范围,并且严格按照各自的领域发挥其功能,才能有效地发挥各自的职能。依据公共产品理论,政府的事权范围应当是在市场失灵不能充分发挥作用的领域,凡是可以通过市场机制解决的事项应当交由市场完成。政府不应大包大揽,这不仅扰乱了市场本身的秩序,而且大大降低了政府的行政效率,因此必须严格界定政府与市场的边界。政府事权可以理解为"一级政府基于自身地位和职能而拥有的提供公共产品、管理公共事务的权力",本质上就是政府在政治合法性的基础上利用行政权力对各类资源进行分配和调节的行为依据,其目标是最大限度地实现资源作用于相应职责的有效性,同时保证政府合法性基础的稳定性②。

事权确定问题的实质是政府职能的界定。政府事权界定模糊,必然会出现一系列的政府与市场的边界不清晰、各级财政事权错配或重复等问题,也就不可避免地产生财政支出责任错配,进而影响公共服务的供给,甚至影响经济社会发展的质量和速度。政府职能定位不清,财政包揽过多本可由市场调节或由社会提供的事务,而一些本应由政府承担的基本公共服务,政府财政承担却相对不够。国家治理主要在两个维度上展开:一个是国家与社会、民众之间的关系,另

---

① 崔军、李晓凡、黄健雄:《建国以来中央与地方事权划分:历史回顾与经验总结》,载《财政监督》2022年第8期。
② 邱实:《政府间事权划分的合理性分析:双重逻辑、必要支撑与优化进路》,载《江苏社会科学》2019年第3期。

一个是中央政府与地方政府之间的关系。这两个维度恰恰都是财政制度需要处理的核心问题。怎么收税、怎么花钱,实质上就是国家和社会的基本关系,也是国家在社会不同群体中的资源配置,代表了公共权力最基本的授予、运行和监督方式①。推进国家治理体系和治理能力现代化,关键在于实现政府的有效限权、放权和分权,即为政府权力划定边界,明晰政府、市场、社会的职能边界,做到"政府的归政府、市场的归市场、社会的归社会"。政府的基本职能主要包括三个方面:一是从事社会管理和公共服务,包括巩固国防、处理国际关系、维护社会治安、发展城市基础设施和公用事业、普及教育、提供医疗保健条件等;二是进行收入再分配,包括实施社会保险、平衡公民个人以及地区间的收入差距等;三是调节经济运行,促进经济稳定发展。

为了明晰政府职能定位,厘清政府与市场、社会之间的关系,防止政府在提供公共服务方面的"越位""缺位"和"错位"。2016年,国务院在《关于推进中央与地方财政事权和支出责任划分改革的指导意见》(国发〔2016〕49号)中提出:"对新增及尚未明确划分的基本公共服务,要根据社会主义市场经济体制改革进展、经济社会发展需求以及各级政府财力增长情况,将应由市场或社会承担的事务交由市场主体或社会力量承担。"可见,国家要求建立财政事权划分动态调整机制,提出对应由市场或者社会承担的事务交由市场主体或者社会力量承担。

2. 遵循事权划分的基本原则

中央与地方事权划分的基本原则是具体进行纵向权力配置的总纲领,尤其是在我国这样一个对于中央与地方的事权划分问题还不甚明确的国家,基本原则的实践指导意义更是弥足珍贵的②。在具体划分中央政府与地方政府事权时应遵循以下原则:

(1)兼顾中央和地方"两个积极性"原则。

即在划分事权的时候,既要考虑到中央利益又要照顾到地方利益,应当充分兼顾中央和地方"两个积极性"。就传统宪法基本理论来说,我国实施的普遍性单一制理论主要运用的是与地方事权相关的三段论,即大前提、小前提与结论,

---

① 万平:《试论现代财政制度的基本逻辑——基于国家治理现代化的视角》,载《理论视野》2018年第12期。

② 郑毅:《中央与地方事权划分基础三题——内涵、理论与原则》,载《云南大学学报法学版》2011年第4期。

大前提指的是单一制国家地方事权是中央授予的；小前提指的是我国是单一制国家；结论是我国地方事权一般为中央授予①。事实上，我国《宪法》赋予了"地方应有不抵触中央决定的条件下的自主决定权"②，如现行《宪法》第三条第四款规定："中央和地方的国家机构职权的划分，遵循在中央的统一领导下，充分发挥地方的主动性、积极性的原则。"这是我国地方独立自主权的《宪法》渊源。这一表述似乎仅认可"地方积极性"，而"中央积极性"缺乏明确的规范依据。但实际上，"中央积极性"在《宪法》中的内涵可从两个角度加以解构：《宪法》所明确的中央事权和与之相匹配的事权执行要素，以及对全国范围内各级各类事权配置与调整的主导地位；中央积极性本质上是地方积极性的有机整合，是地方积极性的映射，即中央积极性和地方积极性两个核心概念的"最大公约数"，集中体现为事权划分的明确与规范以及财力的科学匹配与相应保障③。

自1956年毛泽东同志提出"中央和地方两个积极性"的著名论断后，发挥中央和地方"两个积极性"成为我国处理中央与地方关系的纲领性指南。党的十八大以来，我国更是从国家治理体系和治理能力现代化的高度，对发挥"两个积极性"作出进一步要求。党的十八届三中全会通过的《中共中央关于全面深化改革若干重大问题的决定》指出："必须完善立法、明确事权、改革税制、稳定税负、透明预算、提高效率，建立现代财政制度，发挥中央和地方两个积极性。"党的十九届三中全会强调："充分发挥中央和地方两个积极性，构建从中央到地方各级机构政令统一、运行顺畅、充满活力的工作体系。"党的十九届四中全会再次提出"充分发挥中央和地方两个积极性"，并就健全充分发挥"两个积极性"体制机制作出了战略部署。发挥中央与地方"两个积极性"要处理好两方面的关系：一是在向地方放权、调动地方积极性的同时确保中央权威，保证中央方针、政策的贯彻落实；二是在维护中央权威的前提下增强地方活力、保护地方利益。发挥中央和地方"两个积极性"，中央统一领导是核心和主导。这要求维护中央的最高权威，确保中央政令畅通、令行禁止，地方不能各行其是、各自为政，而要按照中央的统一部署行权施策。同时，还应赋予地方更多的自主权并充分调动其积极性和主

---

① 赵宁：《地方政府事权的法理基础与宪法结构探究》，载《法制与社会》2018年第31期。
② 刘少奇：《论党》，人民出版社1980年版，第71页。
③ 郑毅：《论中央与地方关系中的"积极性"与"主动性"原则——基于我国〈宪法〉第3条第4款的考察》，载《政治与法律》2019年第3期。

动性,在实践中可考虑引入商谈、协作、利益表达与沟通等机制构建合理的分配机制。对于中央与地方的利益冲突,应由全国人大及其常委会对中央税、地方税和共享税的划分和调整(特别是针对将来的新设税种)行使最高决策权,并明确设立中央与地方商谈的程序[1],逐步形成既规范有序又充满活力的良性互动机制。

(2) 事权与支出责任相适应原则。

即按照"谁的财政事权谁承担支出责任"的原则,确定各级政府支出责任。对属于中央并由中央组织实施的财政事权,原则上由中央承担支出责任;对属于地方并由地方组织实施的财政事权,原则上由地方承担支出责任;对属于中央与地方共同实施的财政事权,根据基本公共服务的受益范围、影响程度,区分情况确定中央和地方的支出责任以及承担方式[2]。分税制改革后,筹钱发展便成为地方政府尤其是基层政府压力最大的工作。政府职能的"缺位""越位"和"错位",都是在事权、财权和财力不相匹配的分税制财政体制下产生的应变之策[3]。政府间事权划分是要解决不同层级的政府应该做什么和不能随意去做什么的问题,实现事权从划分到履行的秩序性。分税制改革方案虽然列举了中央与地方财政的支出范围和具体支出项目,但是中央与地方支出划分所依据的事权划分却付之阙如[4]。因此,现行的中央与地方财政事权和支出责任划分还不够清晰,中央与地方财政事权和支出责任划分不尽合理:一些本应由中央直接负责的事务交给地方承担,而一些宜由地方负责的事务,中央承担过多,地方没有担负起相应的支出责任;不少中央和地方提供基本公共服务的职责交叉重叠,共同承担的事项较多,产生财政事权错配或重复的问题,不可避免地出现财政支出责任错配。从理论上讲,政府财政收支应"以支定收",支出体现了对财政资金的需求,而收入则反映着财政资金的筹集,有效率的财政收支原则应该首先确定资金需求,然后才去考虑如何筹集资金的问题。分级财政体制的核心在于以事权为基础,划分各级财政的收支范围以及管理权限,事权划分与支出范围相一致并和财力相适应[5]。

---

[1] 冯辉:《地方政府非税收入的激励与法律规制——理念重塑与类型化对策》,载《广东社会科学》2014年第4期。
[2] 参见国务院《关于推进中央与地方财政事权和支出责任划分改革的指导意见》(国发〔2016〕49号)。
[3] 甘家武、张琦、舒求、李坤:《财政事权和支出责任划分改革研究:兼论分税制财政体制改革》,载《云南财经大学学报》2019年第4期。
[4] 刘承礼:《省以下政府间事权和支出责任划分》,载《财政研究》2016年第12期。
[5] 于树一:《对财政体制"事权与支出责任相适应"原则的几点思考》,载《财政监督》2014年第21期。

事权与支出责任相适应,强调的是各级政府事权的确定与支出责任有着密切关系,事权都要转化为支出责任。没有资金,没有财力支持,支出责任就到不了位,事权的落实就会是一句空话①。事权划分是理顺政府间财政关系的逻辑起点和前置条件,支出责任是政府履行财政事权的支出义务和保障。只有明确政府间事权划分,才能相应界定各级政府的支出责任,因此事权划分是现代财政制度有效运转的基础和支撑。政府间事权和支出责任划分最理想的状态是:事权尽可能地界定清晰;支出责任的承担有明确的规则;支出责任的合理配备取决于政府间事权的科学划分②。2016年8月,国务院根据党的十八大和十八届三中、四中、五中全会提出的建立事权和支出责任相适应的制度、适度加强中央事权和支出责任、推进各级政府事权规范化法律化的要求,印发了《关于推进中央与地方财政事权和支出责任划分改革的指导意见》(国发〔2016〕49号),提出要合理划分中央与地方财政事权和支出责任,推进国家治理体系和治理能力现代化,保障政府有效提供基本公共服务,促进我国建立现代财政制度。

3. 政府间事权划分的实践进路

财政事权划分是根据一定的标准对财政事权在各事权主体之间进行区别性配置,其核心任务是在法律层面界定各个主体的财政事权,并通过制度约束使法定财政事权得到履行,保障公权力的有效运作③。由于分税制改革的主要目的是缓解中央财政危机,因此无论是财政事权和支出责任、财权划分、财力保障,还是预算体制等方面的改革并不彻底,导致了"财权上移和事权下移"的现象④。政府事权划分对国家治理体系与治理能力发展有着重要影响,换言之,是国家治理体系与治理能力规范化与时代化的主要内涵。党的十八大以来,我国在构建现代财政制度的进程中将中央与地方事权和支出责任的划分放在中央与地方财政关系的基础性重要地位。

党的十八大提出,要"加快改革财税体制,健全中央和地方财力与事权相匹配的体制。"党的十八届三中全会明确"财政是国家治理的基础和重要支柱",并

---

① 杨志勇:《中央和地方事权划分思路的转变:历史与比较的视角》,载《财政研究》2016年第9期。
② 刘承礼:《省以下政府间事权和支出责任划分》,载《财政研究》2016年第12期。
③ 王浦劬:《中央与地方事权划分的国别经验及其启示——基于六个国家经验的分析》,载《政治学研究》2016年第5期;刘剑文、侯卓:《事权划分法治化的中国路径》,载《中国社会科学》2017年第2期。
④ 甘家武、张琦、舒求、李坤:《财政事权和支出责任划分改革研究:兼论分税制财政体制改革》,载《云南财经大学学报》2019年第4期。

将改进预算管理制度、完善现代税收制度和建立事权与支出责任相适应的制度，作为"构建现代财政制度"三大任务。其中，针对中央与地方事权划分要求"必须完善立法、明确事权"，宣告我国开启新一轮的事权划分改革。

2014年6月，中共中央政治局审议通过了《深化财税体制改革总体方案》，作为财税改革纲领性指导性的总体框架，该方案明确了改革的基本思路是完善立法、明确事权、改革税制、稳定税负、透明预算、提高效率，提出了三方面的改革重点任务，分别是改进预算管理制度、深化税收制度改革和调整中央与地方政府间的财政关系。而在"调整中央和地方关系"中，重点是"合理划分各级政府间事权与支出责任，建立事权和支出责任相适应的制度"。强调在保持中央与地方收入格局大体不变的前提下，发挥中央和地方"两个积极性"，合理调整中央和地方收入划分。将国防、外交、国家安全、关系全国统一市场规则和管理的事项集中到中央，减少委托事务，通过统一管理，提高全国公共服务水平和效率；将区域性公共服务明确为地方事权。改革的目标是，围绕推进国家治理体系和治理能力现代化，形成中央和地方财力与事权相匹配的制度。

为具体推进和实施中央与地方事权和支出责任的划分，建立事权与支出责任相适应的制度，2016年8月国务院发布的《关于推进中央与地方财政事权和支出责任划分改革的指导意见》(国发〔2016〕49号)，不仅对中央与地方财政事权和支出责任如何划分提出了原则性的指导意见，明确了"谁的财政事权谁承担支出责任""适度加强中央的财政事权""减少并规范中央与地方共同的财政事权"等重要原则；而且还对中央事权(如国防、外交、国家安全等)、地方事权(如社会治安、市政交通、农村公路、城乡社区事务等)、中央与地方共同事权(教育、科研、社保等)作了明确划分。在此基础上，对改革的分步实施在时间表和路线图上作出了具体安排：2016年先从国防、国家安全等领域着手；2017—2018年深入到教育、医疗、环保、交通等领域；2019—2020年基本完成主要领域改革，形成中央与地方事权和支出责任划分的清晰框架。

党的十九大将中央与地方财政关系改革提升至财税体制改革方案的首位，提出中央与地方财政关系的第一要求就是"权责清晰"，并将事权划分改革列为财税体制改革的首要任务。党的十九届四中全会再次提出"健全充分发挥中央和地方两个积极性体制机制""优化政府间事权和财权划分，建立权责清晰、财力协调、区域均衡的中央和地方财政关系，形成稳定的各级政府事权、支出责任和财力相适应的制度"。2018年2月,国务院出台了《基本公共服务领域中央与地方共同财政事权和支出责任划分改革方案》(国办发〔2018〕6号),为推进各级政府财政事权和支出责任划分作了具体规划和部署,标志着我国财政事权和支出责任划分改革取得了重大进展。

在制度上理顺中央和地方财政关系,一直是我国财税体制改革努力的方向。从党的十八届三中全会"建立事权和支出责任相适应的制度",到党的十九大"建立权责清晰、财力协调、区域均衡的中央和地方财政关系",再到党的十九届四中全会"优化政府间事权和财权划分,建立权责清晰、财力协调、区域均衡的中央和地方财政关系,形成稳定的各级政府事权、支出责任和财力相适应的制度",当前中央和地方财政关系逐渐成形,未来要在"优化"上下功夫,使得事权和财权更加合理,以"稳定"为目标,更好地"两条腿走路",促进中央和地方共同形成"维护权威、做大蛋糕、促进发展、公平分配、有效配置"的完备格局,以形成多赢局面为目标[①]。

## 二、健全地方税制度体系

地方税体系是分税制财政管理体制的重要组成部分,也是税制改革的重要内容。地方税是相对于中央税而言的,在分税制改革中,将所有的税种划分为中央税、地方税和中央地方共享税,中央与地方有了各自的税收收入支配权。中央税权高度集中,地方享有一定的税收自主权。地方税体系由地方税种、收入规模、税权划分和征收管理四部分组成。地方税种主要包括房产税、城镇土地使用税、车船税、契税、耕地占用税、土地增值税、环境保护税和烟叶税;在收入规模上,由于地方税大多税基小、税源分散、征管难度大,因此地方税的收入规模偏小;在税权划分上,我国税法的立法权集中于中央政府,地方政府没有立法权,仅拥有部分的税收优惠减免权及税率的小幅选择权;在征收管理上,分税制分设国税、地税两套征收管理机构,地方税的征收管理权归地方,随着2018年国税、地税的合并,构建了统一的税收征管体系和纳税服务体系。

目前地方税收入主要包括以下几部分:收入全部归地方政府的税种,包括

---

① 邓力平、王智烜:《坚持人民财政理念 完善现代财政制度》,载《中国财政》2020年第17期。

土地增值税、房产税、耕地占用税、契税、城镇土地使用税、车船税、烟叶税和环境保护税;收入部分由地方享有的税种,包括增值税、企业所得税、个人所得税、资源税、印花税、城市维护建设税,属于中央政府与地方政府共同的财政收入,中央与地方按比例分享。

一般而言,地方税制的设计应当以保证地方税收收入与经济保持同步稳定增长为目的,使地方具备足够的能力和实力满足本地日益增长的财政支出需求,唯有如此才能促使地方政府积极并高效地发展地区经济。

从地方税收收入规模来看,在积极稳定增长的大背景下,如表6-1和表6-2数据所示,2011年至2021年除了此期间被停征的部分税种之外,地方各税种收入也保持了逐年增长的稳定趋势。地方税收收入总额2011年为41 106.74亿元,到2021年已达到了83 789.27亿元,地方税收收入规模呈现出不断增长的趋势。地方税收收入在地方一般公共预算收入中的比重基本维持在75%左右,在整个地方财政收入中税收收入大体占到40%—50%,从另一方面也反映了非税收入在地方财政收入已占据"半壁江山"。

而中央税收收入占其一般公共预算收入的比重高达80%以上,由此可见,中央财政收入来源主要依靠税收收入,地方财政收入结构与中央相比存在一定差距。此外,地方税收收入占国家税收收入的比重自2011年以来,基本维持在40%—50%之间,地方的税收收入与中央相比并无优势可言。而分税制改革以来,地方政府财政支出数额远远高于中央,差距呈现出逐年递增的趋势,占政府财政支出的比重从1994年的69.71%发展到2021年的85.73%[①]。以2020年为例,地方一般公共预算收入占全国一般公共预算收入的比重为54.75%,同期地方财政支出占全部财政支出的比重达85.71%;地方税收收入为74 668.06亿元,地方一般公共预算支出为210 583.46亿元,税收收入仅能满足地方财政支出的35.46%,形成135 915.40亿元的地方财政缺口。可见,以当前的收入规模和增长速度,地方税收收入对于地方公共财政的贡献远远不足,地方面临以比中央更低的税收收入却负担着比中央更高的支出责任,从侧面反映了地方政府的税收收入和事权支出的平衡已被打破,地方政府税收收入无法满足支出的需求,非税收入就成为地方政府弥补财政缺口的最佳选择。

---

① 见第四章表4-9。

表 6-1　2011—2021 年地方政府财政收入构成及占比

（单位：亿元）

| 年　份 | 财政收入 | 税收收入 | 非税收入 | 税收收入占比(%) | 非税收入占比(%) |
| --- | --- | --- | --- | --- | --- |
| 2011 | 90 780.84 | 41 106.74 | 49 674.10 | 45.28 | 54.72 |
| 2012 | 95 883.87 | 47 319.08 | 48 564.79 | 49.35 | 50.65 |
| 2013 | 117 611.16 | 53 890.88 | 63 720.28 | 45.82 | 54.19 |
| 2014 | 126 484.98 | 59 139.91 | 67 345.07 | 46.76 | 53.24 |
| 2015 | 122 167.40 | 62 661.93 | 59 505.47 | 51.29 | 48.71 |
| 2016 | 130 851.56 | 64 691.69 | 66 159.87 | 49.44 | 50.56 |
| 2017 | 150 441.55 | 68 672.72 | 81 768.83 | 45.65 | 54.35 |
| 2018 | 170 849.87 | 75 954.79 | 94 895.08 | 44.46 | 55.54 |
| 2019 | 183 881.23 | 76 980.13 | 106 901.10 | 41.86 | 58.14 |
| 2020 | 193 061.74 | 74 668.06 | 118 393.68 | 38.68 | 61.32 |
| 2021 | 208 183.98 | 83 789.27 | 124 394.71 | 40.25 | 59.75 |

数据来源：2011—2022 年《中国统计年鉴》。

表 6-2　2011—2021 年地方一般公共预算税收收入和非税收入及占比

（单位：亿元）

| 年　份 | 一般公共预算收入 | 税收收入 | 非税收入 | 税收收入占比(%) | 非税收入占比(%) |
| --- | --- | --- | --- | --- | --- |
| 2011 | 52 547.11 | 41 106.74 | 11 440.37 | 78.23 | 21.77 |
| 2012 | 61 078.29 | 47 319.08 | 13 759.21 | 77.47 | 22.53 |
| 2013 | 69 011.16 | 53 890.88 | 15 120.28 | 78.09 | 21.91 |
| 2014 | 75 876.58 | 59 139.91 | 16 736.67 | 77.94 | 22.06 |
| 2015 | 83 002.04 | 62 661.93 | 20 340.11 | 75.49 | 24.51 |
| 2016 | 87 239.35 | 64 691.69 | 22 547.66 | 74.15 | 25.85 |

续　表

| 年　份 | 一般公共预算收入 | 税收收入 | 非税收入 | 税收收入占比(%) | 非税收入占比(%) |
|---|---|---|---|---|---|
| 2017 | 91 469.41 | 68 672.72 | 22 796.69 | 75.08 | 24.92 |
| 2018 | 97 903.38 | 75 954.79 | 21 948.59 | 77.58 | 22.42 |
| 2019 | 101 080.61 | 76 980.13 | 24 100.48 | 76.16 | 23.84 |
| 2020 | 100 143.16 | 74 668.06 | 25 475.10 | 74.56 | 25.44 |
| 2021 | 111 084.23 | 83 789.27 | 27 294.96 | 75.43 | 24.57 |

数据来源：2011—2022年《中国统计年鉴》。

在地方税收收入结构方面，从表6-3的数据可以看出，2011年至2015年，营业税为地方财政收入作出了重要贡献，"营改增"之前营业税是地方的主体税种，在地方税收收入中的占比基本保持在30%左右，在地方获得的各税种收入中占比最高。如表6-4和表6-5所示，以上海和宁夏为例，2015年上海的营业税收入是1 215.5亿元，占税收收入的25.02%，宁夏的营业税收入是99.8亿元，占税收收入的38.94%，均位居当地税收收入首位。

同时，"营改增"之前除了铁道部门、各银行总行、各保险总公司集中缴纳的营业税，其余营业税归地方，地方政府几乎独享营业税的全部税收收益，占营业税的比重基本保持在90%以上，地方可以合理地自由支配这部分收入。2016年"营改增"政策全面推行后，地方税收收入中失去了平均占30%的营业税，取而代之的增值税是共享税。增值税占地方税收收入的比重，"营改增"实施之前基本保持在15%—17%，如2015年宁夏的增值税收入占税收收入的13.93%，上海的增值税占税收收入的20.85%。2016年之后这一占比达到40%左右，如2020年上海增值税收入是2 285.7亿元，占税收收入的39.12%；宁夏的增值税收入是110.9亿元，占税收收入的42.02%。说明地方政府的主要税收收入变为与中央共享的增值税。虽然中央与地方的分成比例从原来的75%：25%调整为50%：50%，但是改革前地方增值税与营业税两税相加在地方税收收入的占比，实际上要高于改革后增值税在地方财政收入中的占比。如2007年两税相加占比为53.23%，2015年这一比例仍占到46.72%，以上海和宁夏为例，2010年增值税和营业税两税相加,在税收收入中的比重分别为48.84%和60.53%,2015年这一比重分别为45.87%和52.87%。而改革后的2017年,地方增值税收入在地方税收收入中的占比为41.08%,2020年仅占38.09%。如2017年,上海的增值税收入占税收收入的41.95%,宁夏的增值税收入占税收收入的46.39%;2021年,上海的增值税收入占税收收入的40.56%,宁夏的增值税收入占税收收入的40.41%。可见增值税50%:50%的分成比例依然有利于中央,加剧了中央与地方之间税收关系的不平衡,导致了中央政府与地方政府在支出责任和财力关系上的进一步失衡,并且由于增值税分享比例由中央决定,地方政府所能够享有的收入份额仍处于被动接受的状态。

表6-3 2009—2021年地方各税种收入及占比

| 年份 | 地方税收入(亿元) | 地方各税种收入占地方税收收入比重(%) | | | | | | | | | | | |
|---|---|---|---|---|---|---|---|---|---|---|---|---|---|
| | | 增值税 | 营业税 | 企业所得税 | 个人所得税 | 资源税 | 城市维护建设税 | 房产税 | 城镇土地使用税 | 土地增值税 | 耕地占用税 | 契税 | 其他税收 |
| 2009 | 26 157.43 | 17.45 | 33.82 | 14.98 | 6.05 | 1.29 | 5.43 | 3.07 | 3.52 | 2.75 | 2.42 | 6.63 | 2.59 |
| 2010 | 32 701.49 | 15.89 | 33.65 | 15.44 | 5.92 | 1.28 | 5.31 | 2.73 | 3.07 | 3.91 | 2.72 | 7.54 | 2.54 |
| 2011 | 41 106.74 | 14.57 | 32.85 | 16.41 | 5.89 | 1.45 | 6.35 | 2.68 | 2.97 | 5.02 | 2.62 | 6.73 | 2.46 |
| 2012 | 47 319.08 | 14.24 | 32.85 | 16.00 | 4.92 | 1.81 | 6.20 | 2.90 | 3.26 | 5.75 | 3.43 | 6.07 | 2.57 |
| 2013 | 53 890.88 | 15.36 | 31.83 | 14.81 | 4.85 | 1.78 | 6.02 | 2.93 | 3.19 | 6.11 | 3.36 | 7.13 | 2.63 |
| 2014 | 59 139.91 | 16.49 | 29.95 | 14.93 | 4.99 | 1.76 | 5.85 | 3.13 | 3.37 | 6.62 | 3.48 | 6.76 | 2.67 |
| 2015 | 62 661.93 | 16.14 | 30.58 | 15.15 | 5.50 | 1.59 | 5.92 | 3.27 | 3.42 | 6.12 | 3.35 | 6.22 | 2.74 |
| 2016 | 64 691.69 | 29.00 | 15.72 | 15.67 | 6.24 | 1.42 | 6.00 | 3.43 | 3.49 | 6.51 | 3.14 | 6.65 | 2.73 |
| 2017 | 68 672.72 | 41.08 | — | 17.03 | 6.97 | 1.91 | 6.12 | 3.79 | 3.44 | 7.15 | 2.41 | 7.15 | 2.95 |
| 2018 | 75 954.79 | 40.52 | — | 17.22 | 7.30 | 2.09 | 6.16 | 3.80 | 3.14 | 7.43 | 1.74 | 7.54 | 3.06 |
| 2019 | 76 980.13 | 40.51 | — | 17.56 | 5.40 | 2.30 | 5.99 | 3.88 | 2.85 | 8.40 | 1.81 | 8.07 | 3.23 |
| 2020 | 74 668.06 | 38.09 | — | 17.64 | 6.20 | 2.29 | 5.95 | 3.81 | 2.76 | 8.66 | 1.68 | 9.46 | 3.46 |
| 2021 | 83 789.27 | 37.91 | — | 18.42 | 6.68 | 2.66 | 5.97 | 3.91 | 2.54 | 8.23 | 1.27 | 8.86 | 3.55 |

数据来源:2009—2021年《中国统计年鉴》数据计算而得。

### 表 6-4　2010—2021 年上海市一般公共预算收入税收结构

（单位：亿元）

| 年份 | 税收收入 | 增值税 | 营业税 | 企业所得税 | 个人所得税 | 城市维护建设税 | 房产税 | 印花税 | 城镇土地使用税 | 土地增值税 | 车船税 | 耕地占用税 | 契税 | 环境保护税 | 其他① |
|---|---|---|---|---|---|---|---|---|---|---|---|---|---|---|---|
| 2010 | 2 707.9 | 388.6 | 933.9 | 606.1 | 261.2 | 87.7 | 62.3 | — | 27.3 | | | 12.1 | 173.6 | — | 155.1 |
| 2011 | 3 172.7 | 416.7 | 1 041.5 | 731.1 | 315.0 | 139.1 | 73.7 | | 29.1 | | | 15.1 | 180.7 | | 230.7 |
| 2012 | 3 426.8 | 667.1 | 897.9 | 806.8 | 318.1 | 149.4 | 92.6 | | 31.8 | | | 12.0 | 146.0 | | 305.1 |
| 2013 | 3 797.1 | 848.5 | 962.7 | 837.4 | 355.2 | 167.9 | 93.1 | | 30.8 | | | 12.1 | 215.1 | | 274.3 |
| 2014 | 4 219.1 | 969.1 | 1 001.9 | 942.5 | 408.6 | 177.2 | 100.0 | | 34.7 | | | 14.5 | 214.3 | | 356.3 |
| 2015 | 4 858.2 | 1 012.8 | 1 215.5 | 1 104.1 | 487.6 | 221.3 | 123.8 | 103.0 | 37.4 | 253.3 | 21.1 | 7.3 | 271.0 | — | |
| 2016 | 5 625.9 | 2 460.4 | — | 1 336.9 | 593.1 | 239.5 | 171.0 | 77.7 | 43.0 | 334.2 | 19.7 | 4.6 | 345.8 | | |
| 2017 | 5 865.5 | 2 460.4 | — | 1 402.3 | 692.5 | 271.5 | 203.7 | 94.9 | 47.6 | 387.5 | 27.5 | 5.9 | 271.5 | | |
| 2018 | 6 285.0 | 2 624.8 | — | 1 518.7 | 770.2 | 275.9 | 213.8 | 97.6 | 44.0 | 421.8 | 25.7 | 5.7 | 285.0 | 1.8 | |
| 2019 | 6 213.2 | 2 766.9 | — | 1 452.1 | 603.7 | 284.2 | 216.8 | 100.7 | 22.9 | 412.8 | 22.3 | 13.3 | 315.2 | 2.3 | |
| 2020 | 5 842.5 | 2 285.7 | — | 1 394.3 | 670.4 | 267.5 | 198.7 | 99.1 | 18.1 | 497.7 | 20.6 | 8.3 | 380.1 | 2.0 | |
| 2021 | 6 090.0 | 2 470.0 | — | 1 430.0 | 720.0 | 280.0 | 198.7 | 102.0 | 21.0 | 457.4 | 20.6 | 8.3 | 380.0 | 2.0 | |

数据来源：2010—2021 年上海市一般公共预算收入决算情况表。

### 表 6-5　2010—2021 年宁夏回族自治区一般公共预算收入税收结构

（单位：亿元）

| 年份 | 税收收入 | 增值税 | 营业税 | 企业所得税 | 个人所得税 | 城市维护建设税 | 房产税 | 印花税 | 城镇土地使用税 | 土地增值税 | 资源税 | 耕地占用税 | 契税 | 环境保护税 | 其他② |
|---|---|---|---|---|---|---|---|---|---|---|---|---|---|---|---|
| 2010 | 126.8 | 20.2 | 56.2 | 14.1 | 5.6 | 8.1 | 2.4 | 2.1 | 4.4 | 1.7 | 1.9 | 0.2 | 8.9 | | 1.0 |
| 2011 | 177.1 | 24.4 | 80.1 | 24.2 | 7.5 | 11.2 | 3.1 | 2.7 | 5.9 | 3.1 | 2.7 | 0.6 | 10.0 | | 1.6 |

---

① 其他各税主要包括印花税（含证券交易印花税）、车船税、土地增值税。
② 其他各税主要包括车船税、烟叶税。

续 表

| 年份 | 税收收入 | 增值税 | 营业税 | 企业所得税 | 个人所得税 | 城市维护建设税 | 房产税 | 印花税 | 城镇土地使用税 | 土地增值税 | 资源税 | 耕地占用税 | 契税 | 环境保护税 | 其他 |
|---|---|---|---|---|---|---|---|---|---|---|---|---|---|---|---|
| 2012 | 207.0 | 26.2 | 92.5 | 25.4 | 6.7 | 13.1 | 4.2 | 3.6 | 7.7 | 5.9 | 4.1 | 3.1 | 12.5 | — | 2.0 |
| 2013 | 237.5 | 31.9 | 105.7 | 25.9 | 7.4 | 14.5 | 6.6 | 4.0 | 8.6 | 5.9 | 5.0 | 3.4 | 15.9 | — | 2.7 |
| 2014 | 250.3 | 38.6 | 105.0 | 28.3 | 7.5 | 14.0 | 8.3 | 4.4 | 10.0 | 6.1 | 5.4 | 3.7 | 16.0 | — | 2.7 |
| 2015 | 256.3 | 35.7 | 99.8 | 24.6 | 9.0 | 15.0 | 9.7 | 4.9 | 9.0 | 6.6 | 13.3 | 10.9 | 14.5 | — | 3.3 |
| 2016 | 246.6 | 84.0 | 45.3 | 24.5 | 9.8 | 17.3 | 10.0 | 4.9 | 8.7 | 7.8 | 10.5 | 7.3 | 12.8 | — | 3.7 |
| 2017 | 270.3 | 125.4 | — | 26.1 | 15.0 | 17.5 | 12.1 | 6.1 | 12.3 | 8.6 | 18.6 | 10.6 | 13.5 | — | 4.5 |
| 2018 | 298.3 | 134.0 | — | 32.5 | 13.4 | 20.0 | 12.6 | 6.6 | 12.5 | 9.5 | 25.0 | 8.1 | 17.6 | — | 6.2 |
| 2019 | 267.5 | 114.3 | — | 32.5 | 10.2 | 16.9 | 13.7 | 6.4 | 12.9 | 9.2 | 18.9 | 7.0 | 18.8 | 1.6 | 5.6 |
| 2020 | 263.9 | 110.9 | — | 28.5 | 10.6 | 17.7 | 11.3 | 6.4 | 10.8 | 12.5 | 20.1 | 6.0 | 21.9 | 1.6 | 5.6 |
| 2021 | 300.7 | 121.5 | — | 33.6 | 19.4 | 17.5 | 14.2 | 7.6 | 12.2 | 11.9 | 25.5 | 7.0 | 23.1 | 1.5 | 5.7 |

数据来源：2010—2022年《宁夏统计年鉴》。

除了增值税之外，企业所得税作为另一项中央地方共享税，在地方税收收入中占有15％以上的比重，有逐年增长的趋势，2021年占地方税收收入的18.42％。增值税和企业所得税两项共享税在地方税收收入中的比重达到50％以上，2017年至2021年的占比分别为58.11％、57.74％、58.07％、55.73％和56.33％；上海这一比重分别为65.86％、65.92％、67.90％、62.98％和64.04％；宁夏这一比重分别为56.05％、55.82％、54.88％、52.82％和51.58％。其他如个人所得税、资源税、城市维护建设税、房产税、城镇土地使用税、土地增值税、耕地占用税和契税等税种的地位基本保持不变，收入在合理范围内小幅度调整。这些地方税均为一些税源分散、税收规模小、征管难度大的税种，无法为地方带来充足且稳定的税收收入。因此"营改增"后无疑会使地方税收收入来源面临新的挑战，地方主体税种缺失、税收收入规模偏小，成为目前地方税收体系亟待解决的问题。

地方政府的主要税收收入来源是货物和劳务税,"营改增"后尚缺乏主体地方税种。数据显示,2020年,全国增值税收入占总税收收入的37%,消费税收入占总税收收入的8%。地方政府的税收收入结构与全国税收收入结构基本类似[1]。虽然我国拥有多个地方税种,但尚未形成一个功能各异、相互作用、相互制约的完善的地方税收体系[2]。国务院在《关于实行分税制财政管理体制的决定》(国发〔1993〕85)中对中央和地方事权与支出责任的划分过于笼统,将客观上不宜分级投入、需要由中央统一投入和管理的教育、医疗、社会保障等公共事务划分给地方,导致在财权分配上占有劣势地位的地方政府承担着更为直接和沉重的负担,会使得地方政府在这些公共事务上怠政、懒政或力有不及,并强化其对投资、土地财政等非税收入的依赖[3]。地方财政行为在与中央财政的博弈过程中逐渐进入制度性妥协困境。地方税是税制体系的重要组成部分,构建现代税制体系必须加快完善地方税体系。党的十九大对财税改革作出部署,要求"加快建立现代财政制度,建立权责清晰、财力协调、区域均衡的中央和地方财政关系。建立全面规范透明、标准科学、约束有力的预算制度,全面实施绩效管理。深化税收制度改革,健全地方税体系"。

1. 完善共享税分成制度

中央与地方共享税在地方税种中占据主要地位,税源高度集中于中央,地方缺乏主体税种且掌握的税源较少,对税收的管理权限较低,导致地方对转移支付和非税收入有很强的依赖。通常有两种方法可满足地方政府组织收入的需要,一种是设立独立的地方税种,另一种是调整共享税的分成比例。由于我国各地经济社会发展千差万别,税源结构也存在很大差异,设立独立地方税种的难度较大,也很难平衡各地的财力差异。而调整共享税的分成比例操作难度相对较小,应优先考虑这一方案。同时,加快完善中央与地方财政事权和支出责任划分,理顺中央与地方的财政关系,是构建地方税体系的必要前提[4]。我国"营改增"全面实施后,地方税体系失去营业税这一主体税种以后,增值税五五分成方案让共

---

[1] 任强、郭义:《健全地方税体系重在培育地方税源》,载《中国社会科学报》2022年5月25日。
[2] 李俊英:《我国地方税体系的现实困境与制度安排》,载《经济纵横》2020年第4期。
[3] 冯辉:《地方政府非税收入的激励与法律规制——理念重塑与类型化对策》,载《广东社会科学》2014年第4期。
[4] 陈龙:《构建地方税体系:促进工具理性和价值理性的平衡》,载《财政科学》2018年第4期。

享特性变得更加突出,我国分税制已经变成了"共享型分税制"①。

从理论上来看,科学合理的共享税既能调节经济,保持宏观经济稳定,又能激励地方政府互相竞争。从现实情况来看,世界上实现分税制的国家都或多或少地保留共享税。特别是我国目前正处于税制改革尚未完成的背景下,地方政府需要通过一定的共享税收入来弥补税收缺口,在保持中央和地方财力格局总体稳定的前提下,科学确定共享税中央和地方分享方式及比例,如将增值税和所得税继续作为中央与地方共享税,由于近年来地方事权多于财权,应进一步提高其分成比例,具体的比例应评估中央与地方的事权与支出责任再做定夺。分成比例一旦确定后,不得随意改变②。

近期要加快完善增值税的共享机制,可以通过三种途径探索分享方式:一是增值税由现行按收入分成逐步转向按税率分享。现行增值税收入分成可以根据行政需要随时调整,如果把按收入分享改为按税率分享,在增值税立法后,税收法定的重要内含是税率法定,中央与地方税率分享一般在依法设定后原则上不再变动,这对于保障中央与地方各自利益,实现中央与地方财税分配关系依法、规范、稳定具有重要意义。二是在维持增值税中央与地方五五分成的前提下,地方部分不再按照生产地划分,而是改为按照各地消费额划分,可在一定程度上扭转地方政府重生产轻民生、重企业轻个人的发展方式,促进政府职能转变和经济发展。三是降低增值税率、增值税全部归为中央,同时开征零售消费税,收入全部归地方。这一改革主要是激励地方政府更加重视民生、重视消费,但也存在"减增值税易、增消费税难"的推行阻力,以及增加税收征管成本,导致各地区之间过度税收竞争等缺陷③。

因此,就税制改革的目标而言,要加快增值税的改革,一是要及时制定增值税法律。我国"营改增"全面实施后,中央和地方有关增值税分成比例以及其他内容都是由国务院颁发的《全面推开营改增试点后调整中央与地方增值税收入划分过渡方案的通知》(国发〔2016〕26号)以及《中华人民共和国增值税暂行条例》规定,因此应该待时机成熟时及时由国家立法机关制定增值税法律。二是要

---

① 张守文:《论"共享型分税制"及其法律改进》,载《税务研究》2014年第1期。
② 林冰美:《关于地方税体系构建的浅论》,载《经济研究导刊》2018年第12期。
③ 参见上海财经大学公共政策与治理研究院:《中国全面实施营改增试点一周年评估报告》,国家税务总局官方网站2017年8月4日。

调整增值税共享基础。现行增值税在中央和地方之间共享的基础是按照收入缴纳地,而不是按照消费地进行税收返还,极易引起地区间税源的恶性竞争。同时,由于增值税的课税基础具有较高流动性,按收入缴纳地共享增值税收入,会诱发各地之间通过财政补贴、税收返还等形式吸引纳税人在自己辖区内设立销售或结算机构,使更多的增值额在本地实现,从而提高自身共享增值税的基础。而消费地的纳税人承担了税负,却无法为自己所在辖区的政府创造收益,从而导致地方政府之间不公平的税收竞争。

2. 培育地方主体税种

每一个成熟的市场经济国家,都有相对成熟的地方税体系,而且每级政府基本上都有1—2个相对稳定的主体税种。地方税主体税种在地方税体系中占据主导地位,对地方税履行财政收入、经济调节等职能起到关键作用。我国"营改增"之前,收入全部归属地方的有营业税、土地增值税、契税等8个税种。全面实施"营改增"后地方政府失去了主要的税收收入来源,2018年开征的环境保护税被纳入地方税体系中,目前税收收入全归属于地方的税种仍有8个,但是由于地方缺失主体税种,地方税税收收入呈下降态势。目前的一个替代办法是将原来的中央占增值税收入的75%、地方占25%的分成比例变成现在的中央与地方五五分成,但这个替代办法是个过渡方案①。尽管增值税分享模式的完善能够稳定地方收入,但从长远看还需要建立和完善地方专享税种,"形成以共享税为主、专享税为辅,共享税分享合理、专享税划分科学的具有中国特色的中央和地方收入划分体系"②。

地方主体税种的选择要具备以下五个特点:一是税基广泛,税源充足,具有较大的税收收入规模,是其发挥财政收入、经济调节等职能的重要保证;二是税基具有非流动性,如果税基流动性较高,不利于保持持续稳定的收入,将对地区公共产品和服务的提供产生不利影响,从而影响资源配置效率;三是体现税收利益原则,地方税收应用于地方公共产品和服务的提供,以增进当地居民的福利;四是地方政府征管效率高;五是税收收入具有适度弹性,主体税种保持持续稳定的收入规模,不随经济周期波动而产生大幅度变化,能够为地方政府支出提供坚

---

① 刘尚希:《加快构建地方税体系是税制改革的关键》,载《中国经济时报》2017年11月16日。
② 肖捷:《加快建立现代财政制度》,载《中国财政》2017年第21期。

实保障①。在税种划分原则上,美国财政学家马斯格雷夫提出分税制税种配置的七条标准,其中提到最好划分给地方政府征收的有:依附于居住地的税收;课征于非流动性生产要素的税收。地方主体税种除了满足地方税的条件外,还应该具有税基广泛、税收收入充足和稳定的特征,以利于作为地方主要税收收入来源②。考虑到各个税种的特点以及收入规模,可优先选择房产税、消费税这两个税种作为地方主体税种。理论上消费税和房产税均具有非流动性特征,是地方政府的理想税种,同时又符合公共产品的供给成本应由受益人负担的受益原则。

自1998年国务院停止住房实物分配以来,我国房地产市场发展迅猛,为房地产税涵养了充足的税源。房产税具有税基稳定、收入充分、征管便利的优势,又符合受益性原则,有着较强的筹集财政收入的能力,若将房产税作为地方主体税种,会为地方提供稳定的直接税源,有利于规范地方政府的行为决策,如果对其进行统筹规划,继续完善相关规定,就能对地方财力的稳定发挥较大作用。从法律基础看,《中华人民共和国民法典》的制定为房产税的课征提供了必要的法律依据和制度保障;从决策层面看,与房产税相关的改革逐步推进,从2013年《中共中央关于全面深化改革若干重大问题的决定》中的"加快房地产税立法并适时推进改革",到"十四五"规划中的"推进房地产税立法,健全地方税体系,逐步扩大地方税政管理权",中央对推进房产税改革提出了明确要求,将建立健全我国房地产税法律制度作为新一轮税制改革的核心内容;从技术层面看,随着房地产市场的不断发展,税收征收管理技术水平不断提高,我国已经拥有了房地产专业估价队伍和估价技术标准,为房地产税基评估提供了重要的专业依托③。

消费税是一个相对独立、成熟的税种,经过改革在某些方面可能具备成为地方税主体税种的良好禀赋。消费税具有调节功能显著、收入规模体量较大、利于调动地方积极性等优势④。无论从收入规模还是从辖区财政的受益性原则来衡量,国内消费税是"营改增"后短期内最直接有效的"顶替"税种。从学理上分析,

---

① 肖加元:《地方主体税种选择逻辑与政策取向研究》,载《中南财经政法大学学报》2008年第4期。
② 朱雨琦:《完善地方税系视角下的房产税制度研究》,载《现代商业》2018年第12期。
③ 侯雪静、韩洁、高亢:《未来房地产税将扮演啥角色》,载《新华每日电讯》2015年3月8日。
④ 刘仁济、杨得前、孙璐:《消费税作为地方税主体税种的可行性研究》,载《财政科学》2021年第9期。

某些消费具有明显的地域化消费特征、税收收入与某类财政支出具有较直接的对应关系，这类消费税收入是宜于划归地方的①。从现实可行性分析，消费税也具有作为地方税收入的优势：一是消费税课税基础较为广泛、课税来源较为充沛，对经济的运行具有一定程度的适应性，可以分享经济增长的红利；二是消费税对于产业调控和发展方面具有较强的灵活性和调节性；三是消费税从性质上也属于受益税，消费税的规模与地方消费环境密切相关。财政部在《2020年全国一般公共预算收入项目表》中公布的数据显示，2020年我国消费税收入达到12 028.10亿元，收入规模较大，已经成为继增值税、企业所得税之后的第三大主要税收收入。虽然我国居民的消费水平呈现地域性差异，但商品劳务在各省市均有分布，因此相比其他税种，消费税的税基分布更为均匀。同时，消费行为具有很强的属地性，不论是现阶段在生产、委托加工和进口环节征收，还是今后可能在零售阶段进行征收，都比较容易划分。消费税的非流动性、征收简便、税权易于划分的特征，可以有效避免税收恶性竞争，因此更适合作为地方税的主体税种。

目前来看，消费税90%以上来源于烟、酒、汽车和汽油，将几类消费品的消费税收入划归地方政府，可以在一定程度上弥补全面"营改增"后地方税收收入的减少，解决地方财权与事权支出责任不匹配的问题。从消费税的征收来看，我国消费税主要在生产、委托加工和进口环节征收并且实行价内税，而国际上许多国家都是在零售环节征收消费税并且实行价外税。在零售环节征收消费税使得企业的资金周转灵活度更大，同时实行价外税可以让纳税人更加清楚自身承担的税收压力，从而起到调节消费行为、抑制过度消费的作用。上述烟、酒、汽车和汽油四类税目的批发零售环节主体相对规范，如烟酒为专卖体制，批发公司多为国有企业；汽油的批发零售也多由中石油、中石化等大型国有企业所垄断，且因控管增值税的需要，各地加油站多安装了税控机；汽车销售也多由各个地区4S店所控制。所以，将目前消费税的主要税目征收环节后移至批发或零售环节是可行的，这为将消费税打造为地方税主要税基之一提供了可能。

2019年9月，国务院印发的《实施更大规模减税降费后调整中央与地方收入划分改革推进方案》中提出"后移消费税征收环节并稳步下划地方"，明确了消

---

① 贾康、梁季：《我国地方税体系的现实选择：一个总体架构》，载《改革》2014年第7期。

费税作为地方税的发展定位,意味着消费税制度的完善需要从这一定位出发,要同中央与地方财政事权和支出责任划分改革相匹配,并以健全完善地方税体系为目标,推进消费税转型。

3. 赋予地方适当税收管理权限

征收管理是地方税体系中一个非常关键的因素,政府间的税收划分在很大程度上建立在中央和地方的相对优势基础上,体现征管效率价值优位原则。完整的税权包括税收立法权、税收收益权、税收征管权和税收司法权[①]。分税制改革明确将我国所有税种的立法权划归中央享有,地方政府仅享有税收收益权和税收征管权,即分税制仅仅建立了中央与地方之间分配税种收入的基本框架,地方政府处于没有税收立法权的状态。我国各地因自然条件和经济发展水平不均衡,面临的地方治理情况不一样,财政能力和税源亦有很大差别,若不进行适当放权地方很难自行调控。因此,在推进税制改革的同时,应当同步赋予地方政府一定的税政管理权限。

税权划分应注重调动地方政府征税的积极性,其表现为多个方面,包括给予地方一定的主体税种,赋予地方一定的征税权限甚至一定的立法权限,使之能形成相对健全的地方税体系,为地方政府履行职能提供重要的财力支持和保障。地方政府拥有一定的财力自主权,既有利于强化中央政府的宏观调控能力,又有利于分清政府之间的财力分配范围,使各级政府各司其职发挥资源配置的最佳效率[②]。

鉴于我国单一制的国情,中央与地方之间的税权划分应该坚持"基本集中与适度放权"相结合的原则。对于在全国范围普遍开征但税源流动性影响较小的税种,宜由中央政府确定税收法律框架,由地方政府制定实施细则;对于各地税源差异较大且不宜在全国普遍开征的税种,允许地方政府依法增设地区性税种。在中央政府授权下,允许地方政府有一定的税目和税率的调整权。有前提地适当下放部分税收管理权,使地方政府可以在法律授权的范围内,征收一些适合本地区特点的地方性税种,既有利于开辟新税源,又有利于解决全国税收统一立法难以适应地方实际情况的矛盾。在统一税制下,赋予地方政府适度的制度选择

---

① 朱大旗:《"分税制"财政体制下中国地方税权问题的研究》,载《安徽大学法律评论》2007年第2期。
② 朱大旗:《"分税制"财政体制下中国地方税权问题的研究》,载《安徽大学法律评论》2007年第2期。

空间,结合当地资源禀赋与经济发展水平,选择某个或某几个专享税税种进行税源建设,形成不同特色的地方税体系,可能更符合我国国情①。

## 三、完善财政转移支付制度②

由于税权相对集中于中央,而我国又是幅员辽阔,各地经济发展不平衡,难免会产生财政收入与支出的纵向非均衡和横向非均衡③,为此,需要建立一套完善的转移支付体系来保证分税制的有效运行。从本书表4-9中的数据可知,2011—2021年地方财政收入占比略高于中央财政收入占比,但地方财政支出占比远高于中央财政支出占比,中央对地方的转移支付成为弥补地方政府财力缺口的重要工具。十年间地方政府承担了高于其本级自有税收收入1倍以上的财政支出,地方政府接受的转移支付数额约占其本级收入的70%左右④。中央对地方的巨额财政转移支付成为中央消化其巨额财政收入剩余、地方填补其巨额财政收支赤字的基本手段。这也意味着中央通过转移支付承担了由地方政府执行的众多支出的部分责任⑤。2021年政府工作报告指出,一些地方财政收支矛盾突出,防范化解金融等领域风险任务依然艰巨。全国31个省(自治区、直辖市)公布的"2020年预算执行情况"显示,除上海、北京、广东、浙江、江苏、天津、福建、山东8个省(直辖市)外,其余23个省(自治区、直辖市)的财政自给率均不到50%,其中广西、甘肃、吉林、黑龙江等8个省(自治区、直辖市)的地方财政自给率更是不足30%。财政部数据显示,2020年全年地方一般公共预算收入18.34万亿元,其中中央收入约10万亿元,下降0.9%。中央收入全年略有下滑的同时,地方一般公共预算支出增长3.3%,达到21.045万亿元。为弥补地方财政收支差额,2020年全年中央对地方转移支付8.33万亿元,从地方预算稳定调节基金、政府性基金预算、国有资本经营预算调入资金及使用结转结余1.73万亿元。收支总量相抵,地方财政赤字9 800亿元,与预算持平⑥。

我国在转移支付制度以调节区域差异方面,多年努力取得较好成绩,但目前

---

① 汪彤:《共享税模式下的地方税体系:制度困境与路径重构》,载《财务研究》2019年第1期。
② 本书重点讨论中央与地方财政关系,因此此处政府转移支付不涉及横向转移支付的内容。
③ 寇铁军:《完善我国政府间转移支付制度的若干思考》,载《财贸经济》2004年第5期。
④ 任强、郭义:《健全地方税体系重在培育地方税源》,载《中国社会科学报》2022年5月25日。
⑤ 张光:《十八大以来我国事权和财权划分政策动向:突破还是因循?》,载《地方财政研究》2017年第4期。
⑥ 张晓添:《中央转移支付还会增加力度》,载《时代周报》2021年3月30日。

转移支付制度整体公平有余,效率不足①。如转移支付结构不合理,一般转移支付比例偏低,尤其是均衡性转移支付比例偏低,而专项转移支付比例偏高;省级以下转移支付制度不科学;转移支付多头管理,缺乏有效的监督制约机制。目前我国的转移支付项目分散于各个部委,缺乏统筹,造成资金分配混乱,缺乏有效的监督制约机制②。财政事权和支出责任划分改革过程中,需要加快推进转移支付的配套改革。

分税制改革之后,转移支付占我国财政支出的比例逐年增高,已成为国家调节收入分配的重要宏观调控工具。在政府间转移支付制度中,不同形式的转移支付均为政策手段,其应为政策目标服务。从地方财政的基本理论可知,转移支付的政策目标或转移支付功能可以简单地归纳为解决两个不均衡和一个外部性。一般性转移支付适宜于解决两个不均衡,而专项转移支付对解决外部性最有效③。理想状态下,一般性转移支付主要用于解决财政横向与纵向不均衡问题,缩小地区间财政能力差异,保障基本财力需求。专项转移支付用于执行中央政府的政策、实现中央政府意图、支持具有"溢出效应"的项目④。我国现行财政转移支付制度表现出明显的结构不合理:用于缩小地方财力差距的一般性转移支付比例不够,而用于目的性较强的专项转移支付以及保护地方既得利益的税收返还占比偏高⑤。由本书第五章表5-1可知,2008年中央对地方的一般性转移支付占转移支付的比例是38.04%,专项转移支付占转移支付的比例为43.33%,税收返还的占比为18.63%;2018年一般性转移支付、专项转移支付和税收返还占转移支付的占比分别为55.57%、32.90%和11.53%。

近年来,转移支付在资金结构方面有所改善,但因为缺乏科学的制度框架,在资金结构划分方面仍然存在不稳定和随意性的问题。围绕转移支付基本公共服务均等化的主要目标,应当按照一般性转移支付为主、专项转移支付为辅、特

---

① 马海涛、任致伟:《我国纵向转移支付问题评述与横向转移支付制度互补性建设构想》,载《地方财政研究》2017年第11期。
② 甘家武、张琦、舒求、李坤:《财政事权和支出责任划分改革研究:兼论分税制财政体制改革》,载《云南财经大学学报》2019年地4期。
③ 贾晓俊、岳希明、王怡璞:《分类拨款、地方政府支出与基本公共服务均等化:兼谈我国转移支付制度改革》,载《财贸经贸》2015年第4期。
④ 马忠华、许航敏:《财政治理现代化视域下的财政转移支付制度优化》,载《地方财政研究》2019年第12期。
⑤ 黄蓉:《中国财政转移支付制度改革研究》,载《金融经济》2019年第20期。

殊性转移支付为补充的结构进行预算资金安排。修订后的《预算法》针对地方可自由支配的一般性转移支付规模偏小、限定用途的专项转移支付项目繁杂、交叉重复、资金分散、配套要求多等问题，在第十六条、第三十八条、第五十二条等条款中对转移支付的设立原则、目标、预算编制方法、下达时限等作出规定。

  一般性转移支付在转移支付中的均衡功能最强，提高其比重不仅能加快全国基本公共服务均等化进程，而且能促进地方政府充分发挥对资金支配的主观能动性：一是扩大一般性转移支付规模。我国地区间财力差距明显，落后地区仅凭自身财力难以有效提供符合要求的基本公共服务，地方政府对一般性转移支付依赖性较高，扩大其规模是提升均等化效果的前提。在我国建立一般性转移支付基金制度，将一般性转移支付资金集中统一分配，有利于实现财力均等化和基本公共服务均等化[①]。二是优化一般性转移支付结构。一般性转移支付包括诸多子项目，除均衡性转移支付外这些子项目在资金分配和使用上并不完全体现均等化目标，部分子项目兼具专项转移支付的性质，项目虽设在一般性转移支付名下，但其实质为分类拨款，即为用途指定范围较宽泛（某一类公共服务）并按因素法进行资金分配拨款。同时，专项转移支付中也会有一些子项目可界定为分类拨款，这类转移支付方式是实现基本公共服务均等化最有效的方式。因此，将这类性质相同的子项目合并统一归于一般性转移支付，可以更好地实现转移支付公共服务均等化目标[②]。从1995年至今的一般性转移支付项目增减变化可以看出，因改革和国家宏观调控需要设立的部分专项性质的项目具有阶段性，不可能长期存在，将随着改革逐步归并和取消。随着实现医疗保险和养老保险的统筹，将基本养老金转移支付和城乡居民医疗保险转移支付归并到均衡性转移支付中，逐步实现以均衡性转移支付为主的一般性转移支付体系[③]。三是资金分配引入财政激励机制。一般性转移支付在制度设计时，要基于地方政府财政收入能力和财政支出需求，综合考虑地方政府基本公共服务供给成本差异和地方财政能力差异的约束，同时还应该对地方财政努力方向施加影响。分权

---

  ① 吴俊培、郭柃沂：《关于建构我国一般性转移支付基金制度的可行性研究》，载《财贸经济》2016年12期。

  ② 贾晓俊、岳希明、王怡璞：《分类拨款、地方政府支出与基本公共服务均等化——兼谈我国转移支付制度改革》，载《财贸经济》2015年第4期。

  ③ 徐博、车力格尔：《我国一般性转移支付制度改革的逻辑探索》，载《内蒙古财经大学学报》2019年第5期。

体制下地方政府具有独立的经济利益和自身偏好,不一定按照当地的需求提供公共服务,不利于基本公共服务均等化。一般性转移支付首先应该用来提供公共服务,因此,转移支付制度还需要具有激励目标,通过转移支付制度这一政策工具激励地方政府增加财政努力程度,纠正地方政府财政支出存在的偏向性[①]。

进一步优化专项转移支付。针对某些项目大类建立分类项专项转移支付,如医疗保障类、教育类、生态环保类等,被转移资金只规定项目使用的大方向而不详细规定其具体使用。这些项目大类在设置时倾向于能均衡各地基本公共服务的项目。对这些项目建立科学合理的专项资金申报、审核以及转移办法,保障专项转移支付资金的使用效率,防范权力寻租和"跑部钱进"腐败行为发生。避免对同一项目重复拨款、浪费资金等现象,中央应对转移支付项目实施进度进行有效跟进,建立专项资金有效退出机制,及时清理已到期项目。

差异化取消税收返还。税收返还的初衷是在分税制和维护纳税地区的既得利益之间寻求平衡而作出的政策安排。由于历史原因,税收返还更有利于经济发达地区,地区越富裕税收返还额越高,经济欠发达地区税收返还额越低,非但没有缩小地区间财力差距,反而拉大了地区之间的贫富差距,既违反了转移支付的公平性原则,又不利于经济欠发达地区提高发展水平,使政策效果大打折扣。因此,可以采取对落后地区加大税收返还比例,甚至可以视情况拨付税收扶持补贴,发达地区减少税收返还甚至取消税收返还的政策[②]。

## 第二节 完善非税收入规范化管理制度

我国政府非税收入管理改革的总体思路是按照社会主义市场经济的要求建立现代财政制度框架,结合财税体制改革和规范政府收入分配制度,构建规范的非税收入项目体系,建立统一严格的非税收入项目审批、资金管理、收入收缴、监

---

[①] 肖育才、谢芬:《构建兼顾均等与财政激励的一般性转移支付制度研究》,载《西南民族大学学报(人文社会科学版)》2021年第3期。

[②] 李浩琛:《我国财政转移支付制度与地方政府间财政关系相协调的问题研究》,载《经济研究导刊》2022年第8期。

督检查制度,实行税收收入和非税收入财政一体化管理,强化财政在政府分配中的职能作用。

## 一、从理念上廓清非税收入边界

非税收入规范包括边界规范与结构规范。边界规范是解决为什么收、收什么的问题,主要针对各项非税收入的取得依据;结构规范是解决怎么收、收多少的问题,主要针对各项非税收入的规模构成。从边界规范上看,政府征收非税收入的依据比较复杂,主要有准公共物品、负外部效应矫正、成本补偿、政府产权和政府信誉等[①]。其中,行政事业性收费的依据是政府提供准公共物品或服务的价格边界;罚没收入来源于政府作为国家机器行使的强制性行政权力;国有资源(资产)有偿使用收入、国有资本经营收入主要基于政府的产权边界;彩票收入和以政府名义接受的捐赠收入依据的是政府信誉。从结构规范上看,非税收入并非收取得越多越好,而应按照政府管理及服务的边界与范围确定一个合理的结构。这个结构主要取决于国家的宏观经济结构及政府层级职能的差异性,并具有明显的时空相对性,随着经济社会发展、民众收入提高及国家财力的增强,它的结构组成与具体类型也会随之改变[②]。因此,政府非税收入规范化管理首先要解决理念规范的问题。

1. 树立财政民主理念

《宪法》对财政立法具有最高拘束力,是财政民主得以实现的制度保障[③]。财政民主是民主政治在财政领域的扩展和延伸,是民主思想在财政领域的运用和体现,是现代社会整个财政法的基础,它在财政法体系中居于核心地位[④]。所谓财政民主,是指政府依民众意愿,按照《宪法》的规定,经由民主程序,运用民主的制度设计来实现对财政的有效治理。就法理层面看,财政事项涉及公民财产权和政府财政权的相互关系,政府通过公共财产权力的形式取得公共财产,是政府公权力对私人财产权的合法侵犯,是故其正当性必须建基于民主统制。从财税制度法治化出发,财政民主的实现以财政权受到法律控

---

① 朱云飞、赵宁:《边界与结构规范:我国非税收入管理改革思考》,载《商业时代》2010年第21期。
② 朱云飞:《边界与结构规范:我国非税收入管理改革研究》,载《山西财政税务专科学校学报》2010年第1期。
③ 朱大旗、胡明:《财政入宪的规范分析》,载《经济法论丛》2013年第2期。
④ 熊伟:《财政法基本原则论纲》,载《中国法学》2004年第4期。

制为基础①。

从比较完整的意义上讲，公共财政应包括以下四方面的含义，即取之于公众、用之于公益、定之于公决、受之于公众监督②。财政民主化的目的在于形成良性循环，社会成员依法纳税和缴费，其合理诉求得到表达并参与公共财政的决策，政府依法使用公共资金并提供公共物品和服务，社会成员的公共需求得到满足。财政民主的实现有赖于政府与公众之间的良性互动，是为了合理配置财政资源而开展的权力互动的过程。财政民主是政治民主和经济民主的复合体，没有财政的公开化，就无所谓政治的透明度③。因此，我国政府非税收入制度在程序设计上，应当加强民主参与的安排，从非税收入制度的设计到非税收入制度实施的各个管理环节，加强公民参与的制度性规定。法治以规则保护合意，以程序制约权力，如果说民主是法治的基础和内容，那么法治则是民主的保证和形式④。

2. 树立财政法治理念

法治既是制度的，更是理念范畴的，就财政而言其本质上浸润着法治的精神。财政是将私人财产之一部分转化为国家的公共财产，表现为对私人财产的合法、强制且无偿的占有。为了防范此间可能发生的非正当侵占，"财富的个人和国家的所有权应以国内和国际的法律为根据，或者至少是以具有法律效力的风俗为根据"⑤。由于财政涉及公民财产权利和自由权利等宪法基本权利，涉及税赋和财产征收以及纳税人负担的公平性，近代以来大多数国家都实行了财政立宪制度，并且在观念上强调应当实行最为严格的行政法限制。财政作为政府干预的主要手段，应该明确界定政府和市场各自的最适领域与行为边界，以及最佳结合方式，最终共同使资源配置达到帕累托状态，实现公平与效率的最优结合⑥。作为一种公共治理活动，财政归根结底要维护公共利益，而确保最大多数

---

① 刘剑文：《财政监督法治化的理论伸张与制度转型——基于财政民主原则的思考》，载《中国政法大学学报》2019年第6期。

② 刘清亮：《民主财政——我国公共财政改革的内在动力》，载《财政研究》2008年第1期。

③ 王威、马金华：《论历史视角下财政民主的理论逻辑》，载《中央财经大学学报》2013年第3期。

④ 许多奇：《非税收入的合法性探讨》，载《法学》2013年第4期。

⑤ 赵玄：《中国财政立宪史话》，载《成都理工大学学报（社会科学版）》2015年第2期。

⑥ 李春根、王雯：《当代中国财政理念的演变——基于政府、市场和社会多元关系的视角》，载《河北大学学报（哲学社会科学版）》2018年第1期。

人的最大利益能够在财政运行中得以实现的基本路径就是法治化①。

在现代民主社会,一切权力的占有与行使都必须以合法性为基础和前提。税收和非税收入权力作为国家财政权的核心内容,其合法性不但直接影响着国家政治权力和政治制度的合法性,而且也直接影响着国家财政制度的合法性和财政职能的实现②。因此,现代财政法治理论倡导财政控权,也就是通过对政府财政权力的制约和分散,防止政府因不当扩大财源而增加纳税人的负担,保障纳税人的基本权利和政府财权的规范运行。"通过财政权力主体的定位、内容的分工与程序的设置,实现政府财税行为的法治化。"③在财政管理过程中,财政行为本身应该更少地侵入市场所涉及的部分,即使对于合理存在的非税收入领域,也应该遵循最少干预、对价平等的原则进行管理,特别是不能基于非税收入而获得部门自身利益等不当利益。法治视野下包括非税收入管理在内的财政管理最为核心的正当性基础,在于制约政府财政权力和保障纳税人基本权利。借助于国家权力取得的非税收入,其项目名称、收缴对象、缴付人、计收依据、收缴标准、执收单位、收缴方式、缴付期限、资金管理、减免、缓交等必须由法律法规作出明确规定④。

现代财政活动是在既定的民主政治制度和政治程序安排约束下进行的,财政活动必须按程序依法进行。就我国政府非税收入的管理而言,目前处在一个关键时期,如果任由非税收入的规模继续扩张,则会因其无序化而侵蚀公共财政的法理基础;反之,如果将其纳入公共财政体制改革的框架下,推进非税收入管理向规范化方向转型,则会彰显财政管理在经济功能基础上的社会本位和公平正义。2016年财政部印发的《法治财政建设方案》(财法〔2016〕5号),也充分表明了国家在推进财政改革过程中对法治性的强调。从本质上讲,非税收入规范化过程实质上就是法治化过程,需要财政法治理念的培育和政府财政管理模式的逻辑转型。在此基础上,根据经济发展程度、政府职能、财政体制等因素对非税收入的征收规模与增长速度进行合理预测,按照正税清费的要求对非税收入项目进行标准确认,该取消的取消,该保留的保留,该改税的改税,使之"分流归

---

① 靳澜涛:《从公共财政到现代财政:政策逻辑与理论构造》,载《公共财政研究》2018年第4期。
② 许多奇:《非税收入的合法性探讨》,载《法学》2013年第4期。
③ 全承相、李玮:《政府财政权及其控制》,载《求索》2009年第4期。
④ 钱颖一:《市场与法治》,载《经济社会体制比较》2000年第3期。

位",从总体上理顺税费关系,并将其管理纳入规范化法治化的轨道。

3. 树立现代财政理念

对公权力的约束和对私权利的保护是实施宪法的两大支柱,财税法治要解决的核心问题是实现财政权控制①。在传统意义上,财政事项大都被纳入行政管理的范畴,财政管理属于政府理财的技术范畴,正如马克思所指出的:"赋税是官僚、军队、教士和宫廷的生活源泉,一句话,它是行政权力整个机构的生活源泉。强有力的政府和繁重的赋税是同一个概念。"②这一观点深刻揭示行政权力对财政收入的绝对依赖性,可以说财政是政府的命脉,离开了财政收入这一政府提取社会资源的主渠道,政府就无法生存③。传统财政管理观念认为,财政的存在目的在于调节资源配置、推动经济发展、保障改善民生、促进社会公平。因此,传统财政理论除了接受财政公开的现代行政理念外,基本上并不特别关注财政行为本身的自我约束性④。

财政管理涉及纳税人的基本权利及其负担的公平性,能否有效约束政府的财政权力,是一个国家能否从专制走向民主的重要标志,公共财政正是这一现代性的集中体现⑤。现代财政理念认为,财政管理本身就有一个发展规律,当财政收入达到一定规模时,应更加注重财政管理的正当性。这种正当性体现在财政管理的法治化,也即通过强制性的法律规范来严格约束不当的财政权膨胀。现代财政是在国家治理现代化视域下定位财政职能,揭示财政与国家治理体系的结构性耦合,体现了"多主体、多中心、多层次"的特征。即现代财政既是一种"共治财政",以政府与市场关系作为基本出发点,更强调凝聚政府、政党、社会组织、民众等"多主体"的力量;还是一种"全域财政",它从过去以宏观调控为主的经济范畴升级为国家治理范畴,从"单个中心"的经济领域扩展至包括政治、经济、文化、生态、政党建设等在内的"多个中心"的全域视野;更是一种"分级财政",在多级政府的治理框架下,政府间财政关系的规范化是实现国家善治的首要前提,必须明确中央与地方政府之间的职能范围,即事权与支出责任划分,并配置与之相

---

① 陈治:《迈向财政权实质控制的理论逻辑与法治进路》,载《现代法学》2018年第2期。
② 马克思、恩格斯:《马克思恩格斯全集(第8卷)》,人民出版社1961年版,第221页。
③ 徐红:《从马克思的财政理论到西方财政治学的兴起:议会财政权理论的历史性梳理》,载《中国行政管理》2008年第8期。
④ 刘剑文、王桦宇等:《政府非税收入规范研究》,载《政府法治研究》2013年第12期。
⑤ 任晓兰:《从传统到现代:财政精神的求索》,载《中国财政》2012年第17期。

匹配的财政权力①。

党的十八届三中全会明确提出:"财政是国家治理的基础和重要支柱,科学的财税体制是优化资源配置、维护市场统一、促进社会公平、实现国家长治久安的制度保障",首次就财政与国家治理的关系进行深刻阐述,并提出要"建立现代财政制度",这是对财政改革目标定位的一次重大调整,也是我国财政理念的新发展。党的十九大进一步指出,要"加快建立现代财政制度",这是在新的历史方位下对财政制度和财政改革提出的明确要求。

## 二、从制度上完善非税收入立法

由于政府非税收入种类繁多,对其内涵界定尚未清晰明了;外在表现形式复杂多样,对其规范管理难以整齐划一。因此,非税收入的法制化进程还比较缓慢。目前,有关非税收入的规范管理形式主要是部门规章、行政性决定和地方性法规,缺少全国人民代表大会及其常委会的相关立法,还未形成系统的非税收入制度体系。作为财政收入的重要组成部分,非税收入的一般性规定属于财政基本制度的范畴。从《宪法》和《立法法》的相关规定来看,非税收入法定与税收法定一样,同样应当具有财政法定的基本内涵,《立法法》第八条明确了有关财政基本制度的事项只能制定法律,属于立法保留事项。因此,加快推进非税收入管理的立法进程,对非税收入项目的设立、审批、征管、收缴、清理和监督等事项进行全方位规范,是建设法治财政的重要内容。

1. 健全非税收入的制度框架

目前,我国地方政府非税收入占地方财政收入的"半壁江山",现有规范非税收入行为的法律位阶与其所规制的法律关系,无论从内容上还是性质上都不相匹配,财政法治精神下的法律授权原则难以落实。由于作为顶层设计的非税收入相关基础性法律规范的缺失,因而各级政府自我赋权的方式较为严重②。自2001年我国政府文件中首次提出非税收入概念以来,非税收入管理即被纳入制度建设的轨道,但是原有"非税收入管理制度已处于非均衡状态,需要向'帕累托最优状态'转变"③。实现这一转变需要不断推进非税收入管理的规范化程度,按照财政法治的要求加快实现现代财政制度的目标。

---

① 靳澜涛:《从公共财政到现代财政:政策逻辑与理论构造》,载《公共财政研究》2018年第4期。
② 贾小雷:《国家治理背景下非税收入法律规制的思考与展望》,载《地方财政研究》2015年第10期。
③ 刘忠信、张智光:《非税收入管理制度的变迁与改革》,载《江海学刊》2007年第5期。

如前所述，成熟的市场经济国家对非税收入的管理遵循严格的法治原则，公共部门拟制任何与收费有关的项目都必须要有充分的法律依据，从立项、征收和监督各个环节都要有相应的法律规定。借鉴国外管理经验，我国非税收入的立法应在现有非税收入制度基础上，分阶段有步骤地健全和完善非税收入管理的法律制度框架。

（1）注重顶层设计。财政体制是国家基础性制度安排，对各级政府的经济行为产生重要影响。顶层设计对于某一领域制度体系建构至关重要，若缺乏内在价值协调、逻辑统一的制度框架构建，具体制度的完善将会无的放矢。当前，对于非税收入管理制度的进一步完善，首要的是需梳理前期中央和地方非税收入管理的有关法规、规章和规范性文件，研究非税收入管理制度存在的矛盾和问题，统一地方法规与中央法规规定的一致性和规范性。通过"赋权—控权"顶层制度设计构建和完善法律制度框架，然后在此基础之上细化相关具体制度，主导制度在财政体制改革中发挥能动作用。

（2）明确征收标准。在国家财政收入体系中税收收入是主体，非税收入居次要地位。非税收入是对某些不能或不宜通过税收筹集资金的社会公益性和补偿性的领域，只能通过非税收入的形式筹集资金解决问题的辅助性制度安排。因此，非税收入只能限定在适度的规模范围内。针对准公共物品的价格补偿、矫正负外部效应和国有资本收益等不同类别的非税收入，应采取不同的征收标准并且定期评估适时调整。为避免公共部门滥用权力收取不合理费用，确保收取的合理费用得到缴费人的理解和支持，特别是对涉及企业利益和民生利益较大的非税收入，其立法应当通过听证程序，广泛征求社会公众的意见和建议，再按照立法程序完成立法并颁布实施。

（3）优化立法路径。对现有非税收入管理的制度性规定已经规范化的，应逐步提升法律级次，按立法程序报送各级人大审议、审查、批准，由地方性法规的形式予以确认。尚不具备制定国家法律条件的，可以由全国人大授权国务院制定相应的行政法规，由行政法规对于各层级政府部门的非税收入设定的授权行为进一步明确其权限、设定范围和设定程序性要件，从而避免地方政府以"自我赋权"的方式随意设定非税收入项目，真正做到"法无授权不可为"，进而形成规范有序的非税收入法律规范体系。[①]

---

① 贾小雷：《我国非税收入法律规制与国家财权治理的现代化》，载《法学论坛》2017年第4期。

(4) 构建制度框架。加快政府非税收入管理法制建设步伐,推动非税收入管理国家立法工作,加紧制定《政府非税收入管理法》《政府性基金管理法》《行政事业性收费管理法》等非税收入基本法和特别法。尽快以国家法律形式对非税收入的性质、分类、范围、征收管理、票据管理、资金管理、监督检查、法律责任作出明确规定,对非税收入项目的设立、审批、清理、征管、收缴和监督等管理事项进行全方位规范,为非税收入管理提供法律制度支撑。同时,为进一步细化明确征收权归属、征收程序、停征或减免、强制执行手段、行政处罚等基本程序要件,还需制定《非税收入征收程序法》[①]。

2. 构建法治主导型的规则模式

目前,规范非税收入管理的制度依据多为政府部门规章和规范性文件,征收目的也主要是弥补政府财政支出的缺口,其产生动因和管理手段带有浓厚的行政色彩。完善非税收入制度,要在规则设计上内涵法治理念,将非税收入的法定、成本补偿、公平负担、公开透明等原则所内含的基本要素嵌入在法律规则中,特别是法定原则,应作为财政制度的核心原则,在规则制定中非税收入项目法定、项目要素法定、征收程序法定等是法理上的基本要求。就管理模式而言,清晰的收入分类、全面的预算控制和严格的收支管理等三大要素应当成为非税收入管理的主要模式。

(1) 清晰的收入分类。对非税收入进行科学、合理和有序的分类规范管理,是政府非税收入法治化的基本要求。非税收入取得的正当性,要求收入分类清晰明了,能够按照实际的功能属性和财政部门的技术科目,对非税收入项目进行适当而细致的分类,确保非税收入管理的逻辑严谨而具体,从规模和结构上厘清非税收入的边界。

(2) 全面的预算控制。对非税收入实行预算管理是政府非税收入法治化的关键性因素,只有将全部非税收入都纳入预算的"笼子"里,非税收入的资金使用才可能真正受到监督。非税收入管理的法治化要求对其进行全面预算控制,强调包括所有的非税收入都要纳入预算控制的范围内,接受代议机构的审查和质询,实现非税收入的民主议决。

(3) 严格的收支管理。对非税收入收支进行严格管理确保其规范使用,是

---

[①] 温娇秀:《中国政府性基金规范化管理有待完善》,载《经济参考报》2018年2月7日。

政府非税收入法治化的重要环节。对非税收入进行严格的收支管理,在传统的"收支两条线"基础上,通过立法由法律条款来细化收支管理的权限和程序,并追究违反者的责任,确保非税收入收支管理的刚性和实效性。

就具体技术规则而言,非税收入的议决制度、公开制度、责任制度等三大模块应为非税收入立法的基本组成。议决制度要求非税收入的立项、范围、规模、对象等要素必须经过代议机构或者听证等民主议决程序,确保非税收入管理的民主原则;公开制度要求非税收入的立项、调整、征收、支出等事项应当对纳税人或者社会公众公开,确保非税收入管理监督的透明度和有效性;责任制度要求非税收入的收支及其监管有明确的法律责任,对于违反规定的责任单位和个人应依照相关规定严格执法,确保收支管理的隔离化和严肃性。

3. 优化非税收入的预算体系

将非税收入全部纳入政府预算内集中管理,资金在严格的财政监督之下使用是法治国家的通行做法。2014年修订的《预算法》的一大亮点是实行全口径预算管理,如第四条规定:"政府的全部收入和支出都应当纳入预算。"第五条规定:"预算包括一般公共预算、政府性基金预算、国有资本经营预算和社会保险基金预算。"财政部在《政府非税收入管理办法》(财税〔2016〕33号)的第四条中也规定:"非税收入是政府财政收入的重要组成部分,应当纳入财政预算管理。"在第三十二条中进一步明确:"根据非税收入不同性质,分别纳入一般公共预算、政府性基金预算和国有资本经营预算管理。"《立法法》第二十八条规定:"政府性基金预算、国有资本经营预算和社会保险基金预算的收支范围,按照法律、行政法规和国务院的规定执行。"

同样,在推进国家治理体系和治理能力现代化的背景下,我国在顶层设计和制度建设中双向推动预算管理的规范化。2014年,为落实《深化财税体制改革总体方案》和修订后的《预算法》的相关要求,国务院发布《关于深化预算管理制度改革的决定》(国发〔2014〕45号),明确了深化预算管理制度改革的总体方向和工作安排。2021年,国务院再次发布《关于进一步深化预算管理制度改革的意见》(国发〔2021〕5号),明确了六个方面的重点改革措施,即:加大预算收入统筹力度,增强财政保障能力;规范预算支出管理,推进财政支出标准化;严格预算编制管理,增强财政预算完整性;强化预算执行和绩效管理,增强预算约束力;加强风险防控,增强财政可持续性;增强财政透明度,提高预算管理信息化水平。这些顶层设计和制度建设为推动预算管理水平再上新台阶提供了行动指南。

目前,非税收入的预算管理分散在一般公共预算、政府性基金预算和国有资本经营预算三本预算中,不同预算的非税收入管理强度不同,因此非税收入预算制度还需不断完善。

(1) 完善非税收入预算体系。明确一般公共预算、政府基金预算和国有资本经营预算的功能定位,逐项梳理分散在不同预算中的非税收入,将性质相同或相近的划入同类预算进行管理。对非税收入资金的使用方向,从更加精准和更加科学的角度作出明确安排,使得一般公共预算、政府性基金预算和国有资本经营预算能够有机衔接、统筹安排。比如对国有资本经营预算的支出结构进行调整,在民生领域加大支出力度,进而与一般公共预算、社会保障基金预算无缝衔接;再比如,教育费附加和地方教育附加均应纳入政府性基金中专门用于教育事业的发展。

(2) 改进预算执行披露机制。公开透明既是现代预算的基本特征,也是法治政府的基本要义,对完善我国现代国家治理体系有着重要意义。财政透明度是衡量政府信息公开程度的重要指标,财政透明度越高,政府公开的财政预算、决算和财政收支等信息就越多①。法治政府要求对所有的政府预算都应当进行披露,尽可能详尽地披露非税收入相关项目信息,包括成本、定价、征收、使用、绩效等具体完整的信息。为此,财政部专门出台文件要求"各级财政部门和执收单位应当通过政府网站和公共媒体等渠道,向社会公开非税收入项目名称、设立依据、征收方式和标准等,并加大预决算公开力度,提高非税收入透明度,接受公众监督"②。

## 三、从过程上规范非税收入管理

1. 规范非税收入的设立程序

就非税收入本身而言,范围过宽(政府裁量权过大导致其易成为违法收费的根源)、数额过大(导致"费挤税")和增长过快(非税收入增长幅度远超税收)等问

---

① 黄寿峰、董一军、胡乐轩:《税收竞争、财政透明度和非税收入——来自我国市级层面的证据》,载《吉林大学社会科学学报》2020 年第 4 期。
② 参见《政府非税收入管理办法》(财税〔2016〕33 号)第 36 条。

题几乎每年均在政府公布财政收入后引起各界质疑①。财政部在财税〔2016〕33号文件中明确的12项非税收入的种类,大体可划分为基于行政管理行为的非税收入、基于公共财产所有权的非税收入、基于公共事业的非税收入和其他非税收入等四种类型。其中,因行政管理行为而产生的行政事业性收费,由于其涉及利益广泛项目众多,公共部门收费相对随意而引发社会广泛关注。学界呼吁对现有的政府收费进行清理整顿,对于一些具备转变为税收征收方式的收费项目、较为接近税收征收条件的收费项目,适宜考虑采用"费改税"的方式从现行非税收入中剥离出来,接受税收法定要求的规制,如排污费、资源补偿收费等未来或可归并入环境保护税的征收范畴。非税收入本身的复杂性与其内在的结构特征,导致其不可能简单地通过"清费立税"的方式被整合到现有税收制度中②。

现阶段,我国一方面要加快国家税制改革,从立法上厘清税与费的界限;另一方面要建立覆盖全过程的政府收费项目评估体系,定期对政府收费项目进行评估。事前对政府收费项目的合理性、有效性进行评估,考察通过收费能否矫正该项目的外部效应,以及能否提高该公共产品(服务)的配置效率。收费项目设立后,具体执行的价格标准、收费的频次、收费依据、提供的服务标准,要严格按批准的规范执行和提供,不得擅自改动价格、调整服务标准或是变更服务内容。重点对费用资金的使用进行事后评估,考察其是否专款专用,能否达到其预计的政策效果。对于经评估后已失去存在依据或功能退化的收费项目,及时按规定程序予以废止,保证各类收费项目的合理性、科学性,以达到其设计的目标。

2. 规范非税收入的征收管理

因循非税收入"分流归位"的改革思路,对于那些可以继续存在以及具有发展前景的非税收入,需要纳入综合预算管理,实现规范化的收入收缴和实施"收支两条线"管理方式。

(1)明确征管主体、统一管理职责。

非税收入具有财政资金的属性,是财政资金的重要组成部分。从这个角度看,非税收入的征管主体应当是管理政府资金的财政部门。依照《政府非税收入管理办法》(财税〔2016〕33号)第十一条的规定,非税收入可以由财政部门直接

---

① 冯辉:《地方政府非税收入的激励与法律规制——理念重塑与类型化对策》,载《广东社会科学》2014年第4期。

② 贾小雷:《我国非税收入法律规制与国家财权治理的现代化》,载《法学论坛》2017年第4期。

征收，也可以由财政部门委托的部门和单位征收。该条对征收主体的界定非常模糊，导致实践中委托随意、主体多元，非税收入扮演着地方政府财政支出"拾遗补阙"的角色，因此对其管理行政化色彩强烈，严重影响了非税收入法治化的进程。同时"营改增"后，由于地方税务机关失去了最大的征管任务，使地税机关的存在必要性受到挑战。2018年出台的《深化党和国家机构改革方案》中明确要改革国税地税征管体制，作为机构改革的内容之一，省级和省级以下国地税机构合并，具体承担所管辖区域内的各项税收和非税收入的征管职责。该方案首次提出了税务部门除继续征收所辖区域内各项税收以外，非税收入的征管职责也由财政等多个部门逐步转移至税务部门，并于2019年1月1日起，部分非税收入项目开始划转至税务部门，但在操作层面还缺乏全国统一的征管规范。

非税收入征管职能划转税务部门，给我国非税收入征缴模式带来了新的挑战：一是要厘清划转征管职责范围。非税收入具有"种类项目多、征收主体多、缴费对象多、缴费环节多、政策口径多"的"五多"特点[1]。有些非税收入适宜划转税务部门征收，如涉企"类税"类项目和资源资产类项目，由于这类项目一般都具有公共性和普遍性的特点，标准相对统一，这类非税收入项目易于划转税务部门征收。还有些非税收入不适宜划转税务部门征收，如教育类、检验类、登记类等行政事业性收费和罚没收入等非税收入划转税务部门征收，可能导致缴费流程更为繁琐、征收流程更加复杂、影响管理效率，甚至可能导致其他风险[2]。因此，非税收入划转税务部门征收要按照《国税地税征管体制改革方案》的要求，根据便民、高效原则，合理确定非税收入征管职责划转到税务部门的范围，对适宜划转的非税收入项目成熟一批划转一批。二是要构建部门协作的共享机制。非税收入具有政策复杂、征管差异大、涉及面广等独特性，在职能作用、性质目的、预算管理、征管模式等方面，与税收具有较大差异。征收划转后税务部门如何征收非税收入，特别是部分非税收入项目与部门履职密切相关，即使征管职责划转税务机关，但是税务部门难以"单兵作战"，还需要与原有管理部门协调合作，因此必须建立征管信息互联互通和信息共享机制，与相关部门双向及时地共享非

---

[1] 贾博：《非税收入划转与国家治理》，载《税务研究》2019年第6期。
[2] 国家税务总局成都市税务局课题组：《非税收入划转税务部门的范围选择与征管模式研究——基于制度经济学的视角》，载《税收经济研究》2020年第3期。

税收入计征、缴库等明细信息①。这些信息中包括税务部门从其他部门接收的费源信息,税务部门将征缴明细传递给其他部门,接收由其他部门反馈的费源信息。非税收入划转税务部门征收后,原相关部门应与税务部门互联互通,各部门按照职责分工,加强协作配合,发挥各自优势,实现非税收入征收与管理的协同高效。

(2) 改进非税收入征缴方式。

1999 年,财政部、监察部、国家计委、审计署、中国人民银行等五部门联合下发《关于行政事业性收费和罚没收入实行"收支两条线"管理的若干规定》(财综〔1999〕87 号),要求对预算外资金进行清理整顿。2001 年国务院办公厅转发了财政部《关于深化收支两条线改革进一步加强财政管理意见的通知》(国办发〔2001〕93 号),提出深化非税收入"收支两条线"改革。为落实国办发〔2001〕93 号文件的规定,2003 年财政部、国家发改委、监察部、审计署联合下发《关于加强中央部门和单位行政事业性收费等收入"收支两条线"管理的通知》,明确要求对行政事业性收费等政府非税收入,必须按照规定实行"收支两条线"管理。实际上早在 2000 年 2 月 1 日,国务院第 26 次常务会议就讨论通过并发布实施了《违反行政事业性收费和罚没收入收支两条线管理规定行政处分暂行规定》(中华人民共和国国务院令第 281 号),明确规定对违反"收支两条线"管理规定的行为给予行政处分。

尽管中央强调非税收入全口径纳入预算管理,但非税收入的支出管理一直没有得到有效规范,即便绝大部分非税收入已缴入国库,纳入了预算管理,在形式上实现了"收支脱钩",但实际支出仍存在按照一定比例返还给执收单位,甚至出现通过编制用款计划将资金从支出账户全额返还的情况,"谁收谁用,多收多返"的违规现象没有发生根本性的变化②。因此,深化"收支两条线"改革,必须进一步增加实行"收缴分离、收支脱钩"管理的广度和深度,全面建立"单位开票、银行代收、财政统管"的收缴分离制度。征管单位不直接收款,由缴款人根据执收单位开具的非税收入统一票据或专用票据,直接到财政部门指定的收款银行缴款。执收行为与资金收缴相分离,防止资金被截留、挤占、挪用和坐收坐支,从源头上杜绝"谁收谁用、多收多返"现象的发生,从制度上防范擅自改变非税收入

---

① 国家税务总局成都市税务局课题组:《非税收入划转税务部门的范围选择与征管模式研究——基于制度经济学的视角》,载《税收经济研究》2020 年第 3 期。
② 贾博:《非税收入划转与国家治理》,载《税务研究》2019 年第 6 期。

资金用途，用于内部人员福利、部门截留、挪用等违法违规行为。

（3）严格非税收入票据管理。票据管理的原则是"统一领发、统一使用、统一保管、统一核销和统一监督"，通过非税收入票据发放、使用、保管、核销及监督管理等活动，记录、反映和监督非税收入的征管行为，从源头上预防乱收费，实现"以票管收"的功能。一是要统一非税收入票据管理。建立以一般缴款书和专用票据为主的新型票据体系，对非税收入票据的印制、领购、使用和核销程序等环节严格管理，明确非税收入票据管理的审核、检查与规范，明确违反票据管理行为的认定与处罚，实现"源头控制、以票管收、依法征收"。二是要推进非税收入管理信息化。建设非税收入自动监控平台，运用大数据技术对非税收入财务数据进行深度处理，通过对财务数据的筛选与处理，找出潜藏的财务风险漏洞并在后台进行预警。信息化使得非税收入征缴工作更加透明公开，从而避免安全隐患的出现。同时，在非税收入平台构建内部信息交流平台，对各类财会风险信息进行公示，防止在非税收入收缴等环节出现遗漏。

3. 规范非税收入的支出管理

在非税收入的资金使用程序上，对纳入一般公共预算管理的非税收入，统筹安排财政支出；对政府基金收入，由财政部门根据部门和行业发展规划，编制支出预算专款专用；对国有资产收益，除安排相应手续费和补偿征管成本外，按有关规定安排支出。在非税收入资金支出配置上，在不干扰市场价格机制基础上，将同一方向的税收收入和非税收入资金跨性质、跨部门地整合捆绑使用，发挥规模效应。

对非税收入规范化管理的一个重要手段是资金使用过程的透明化。非税收入使用过程的透明化主要体现在两方面：一是各级政府要通过多种方式定期向社会公众公布非税收入的征收和使用情况，并接受公众的监督，公众可以通过政府网站查询到近期非税收入的具体使用情况；二是各级政府在年度预算、决算报告中都要详细反映非税收入的收支状况，在每年向人大报告年度财政收支预算时，也要介绍有关非税收入的收支情况，并接受人大的审查。

4. 规范非税收入的监督管理

（1）建立专门的收费监督部门。该部门不受同级政府机关领导，而直接向同级人民代表大会或上一级政府部门负责。将政府收费置于人民代表大会的监督之下，不允许有不受监督、游离于预算之外的政府收支。

(2) 强化非税收入的监督检查。形成法律监督、社会监督、职能部门监督三位一体的监督体系。在监督方式上,要将突击检查和日常监督,事后检查和事前、事中监督,个案解剖和重点稽查,局部检查和整体监控等方式有机结合,真正做到及时发现问题,依法治理,绝不姑息。

(3) 明确违法行为的处罚措施。以法律条文的形式明确规定各种情况的违法违规行为,对违法违规的一级政府部门,应按照非税收入的种类、性质和违规金额大小等因素规定罚款数额,并明确罚款额度的确定方法以及罚款执行机构;对直接负责的主管人员和直接责任人明确规定行政处罚标准。同时建议修改刑法,对非税收入管理中的违法行为规定相应的刑事处罚措施。

5. 构建公众参与的回应机制

就整体性管理而言,政府非税收入管理作为公共政策的重要内容之一,政府公共决策的"公共性"强调政府的决策过程应该以民主价值为依归,集中表现为政府公共决策应以该共同体内的公众参与为核心。公共决策民主化,即政府公共政策运作过程的民主化,主要是指政府在政策制定与执行过程中与公众保持密切联系,最大限度地让公众参与政府公共决策的全过程,使公众能够通过各种有效的政治参与渠道,充分表达对各种政府决策选择方案的意见与建议,进而使政府决策目标体现民情、民意和民智。为实现公众有效参与政府公共决策,除了要在国家制度层面完善人民代表大会制度和政治协商制度之外,还要在决策制度层面健全政府公共决策过程中的程序安排。健全非税收入的公共决策程序,就非税收入管理而言,其规则创新和制度设计应向议决民主、依法理财和全程监督的模式全面推进。其中,议决民主是指非税收入征收应当经由代议机构专门的立项听证程序,并对征收对象、范围、标准和程序作出明确的规定;依法理财是指政府在征收、调配和使用非税收入时应始终贯彻法定的实体规定和程序规定;全程监督是指实现立法、行政和社会监督结合的综合监督,收入、支出和管理监督结合的立体监督以及事前预防、事中管控和事后追究的全流程监督。

# 参考文献

1. 高培勇:《中国税费改革问题研究》,经济科学出版社 2004 年版。
2. 白宇飞:《我国政府非税收入研究》,经济科学出版社 2008 年版。
3. 王为民:《关于完善我国非税收入管理问题的研究》,西南交通大学出版社 2007 年版。
4. 王乔、席卫群:《非税收入管理问题研究》,中国税务出版社 2008 年版。
5. 李友志:《规范非税收入管理初探》,湖南人民出版社 2009 年版。
6. 齐守印、王朝才:《非税收入规范化管理研究》,经济科学出版社 2009 年版。
7. 刘剑文:《中央与地方财政分权法律问题研究》,人民出版社 2009 年版。
8. 王 乔:《政府非税收入与经济增长关系研究》,科学出版社 2012 年版。
9. 张 怡:《财税法学》,法律出版社 2019 年版。
10. 张守文:《财政危机中的宪政问题》,载《法学杂志》2003 年第 9 期。
11. 白宇飞:《政府非税收入的管理及规范路径》,载《改革》2005 年第 12 期。
12. 傅勇、张晏:《中国式分权与财政支出结构偏向:为增长而竞争的代价》,载《管理世界》2007 年第 3 期。
13. 苑广睿:《政府非税收入的理论分析与政策取向》,载《财政研究》2007 年第 4 期。
14. 徐永翥:《完善我国政府非税收入预算管理的思考》,载《中央财经大学学报》2007 年第 8 期。
15. 周志刚:《财政宪法学初论》,载《厦门大学学报(哲学社会科学版)》2005 年第 2 期。
16. 王志刚、龚六堂:《财政分权和地方政府非税收入:基于省级财政数据》,载《世界经济文汇》2009 年第 5 期。
17. 李永柱、陈亚克、孙晓猛:《关于加强政府非税收入管理立法的若干思考》,载

《地方财政研究》2009年第10期。

18. 张千帆:《中央与地方财政分权——中国经验、问题与出路》,载《政法论坛》2011年第5期。

19. 蔡劲松:《挑战与机遇——传达分税制改革的财政之声》,载《中国财经报》2011年7月5日。

20. 许多奇:《非税收入的合法性探讨》,载《法学》2013年第4期。

21. 刘尚希:《论非税收入的几个基本理论问题》,载《湖南财经经济学院学报》2013年第3期。

22. 童锦治、李星、王佳杰:《财政分权、多级政府竞争与地方政府非税收入——基于省级空间动态面板模型的估计》,载《吉林大学社会科学学报》2013年第6期。

23. 冯辉:《地方政府非税收入的激励与法律规制——理念重塑与类型化对策》,载《广东社会科学》2014年第4期。

24. 刘小川:《我国财政转移支付制度法治构架的重塑与创新——新预算法视角的分析》,载《中国财政》2015年第1期。

25. 孟天广、苏政:《"同侪效应"与"邻居效应":地级市非税收入规模膨胀的政治逻辑》,载《经济社会体制比较》2015年第2期。

26. 谭立:《政府非税收入设立权及其配置》,载《社会科学战线》2015年第11期。

27. 贾小雷:《我国非税收入法律规制与国家财权治理的现代化》,载《法学论坛》2017年第4期。

28. 刘蓉、寇璇等:《关于中国非税收入优化的政策建议——基于中美非税收入结构的比较分析》,载《财经智库》2017年第6期。

29. 王世涛:《财政宪法学的学科定位与体系建构》,载《财经法学》2018年第2期。

30. 李一花、韩芳:《地方政府间税收竞争、财政压力与非税收入研究》,载《公共财政研究》2018年第4期。

31. 艾希繁:《税收法治视角下的国税地税征管体制改革》,载《华南理工大学学报(社会科学版)》2019年第2期。

32. 王思轩:《我国非税收入的法治检讨》,载《河南财经政法大学学报》2019年第3期。

33. 贾博：《非税收入划转与国家治理》，载《税务研究》2019 年第 6 期。
34. 刘剑文：《财政监督法治化的理论伸张与制度转型——基于财政民主原则的思考》，载《中国政法大学学报》2019 年第 6 期。
35. 白宇飞、杨武建：《转移支付、财政分权与地方政府非税收入规模》，载《税务研究》2020 年第 1 期。
36. 谷成、潘小雨：《减税与财政收入结构——基于非税收入变动趋势的考察》，载《财政研究》2020 年第 6 期。
37. 许文：《非税收入管理制度改革历程回顾与展望》，载《中国财政》2021 年第 15 期。
38. 张学博：《非税收入的法理基础及法律规制》，载《长春市委党校学报》2021 年第 3 期。
39. 刘建民、梁合昌、吴金光：《地方财政压力与政府非税收入——基于营改增后增值税收入划分调整的视角》，载《税务研究》2022 年第 1 期。
40. 高飞：《宪法学视野下的央地财政分权研究》，河北师范大学 2015 年硕士论文。
41. 唐峻：《政府非税收入法律制度研究》，西南政法大学 2015 年博士论文。
42. 任亚星：《财政分权对我国经济增长的影响研究——基于市场化进程视角》，中南财经政法大学 2017 年硕士论文。
43. 李勇彬：《中央与地方税收收入划分问题研究》，中央财经大学 2017 年博士论文。
44. 赵玉聪：《分税制改革以来我国中央与地方财政关系研究》，青岛大学 2018 年硕士论文。
45. 安树娟：《地方政府非税收入预算法治化研究》，西南政法大学 2018 年博士论文。
46. 邓松：《财政分权对地方财政基本公共服务支出的影响研究》，中国财政科学研究院 2019 年硕士论文。
47. 冯杰：《分税制下税权分配的法经济学分析》，山西财经大学 2019 年博士论文。
48. 史煜昕：《完善非税收入制度的法理思考》，苏州大学 2019 年博士论文。
49. 袁子文：《"减税降费"背景下非税收入的实践与理论研究》，吉林财经大学

2020 年博士论文。
50. 杨姝悦:《"营改增"下央地间增值税"五五分成"对地方税收入的影响探究》,上海财经大学 2020 年博士论文。
51. 刘迪:《非税收入在国家预算体系下的预算分布与割裂研究》,云南财经大学 2020 年博士论文。
52. 宋艳山:《地方政府非税收入竞争的区域经济影响——基于市级数据空间面板模型分析》,山东大学 2021 年博士论文。

# 附件一
# 政府非税收入管理办法

2016年3月15日,财政部以财税〔2016〕33号印发《政府非税收入管理办法》。该《办法》分总则、设立和征收管理、票据管理、资金管理、监督管理、附则6章41条,自颁布之日起施行。

## 第一章 总　　则

第一条　为了加强政府非税收入(以下简称非税收入)管理,规范政府收支行为,健全公共财政职能,保护公民、法人和其他组织的合法权益,根据国家有关规定,制定本办法。

第二条　非税收入设立、征收、票据、资金和监督管理等活动,适用本办法。

第三条　本办法所称非税收入,是指除税收以外,由各级国家机关、事业单位、代行政府职能的社会团体及其他组织依法利用国家权力、政府信誉、国有资源(资产)所有者权益等取得的各项收入。具体包括:

(一) 行政事业性收费收入;

(二) 政府性基金收入;

(三) 罚没收入;

(四) 国有资源(资产)有偿使用收入;

(五) 国有资本收益;

(六) 彩票公益金收入;

(七) 特许经营收入;

(八) 中央银行收入;

(九) 以政府名义接受的捐赠收入;

(十) 主管部门集中收入;

（十一）政府收入的利息收入；

（十二）其他非税收入。

本办法所称非税收入不包括社会保险费、住房公积金（指计入缴存人个人账户部分）。

第四条　非税收入是政府财政收入的重要组成部分,应当纳入财政预算管理。

第五条　非税收入实行分类分级管理。

根据非税收入不同类别和特点,制定与分类相适应的管理制度。鼓励各地区探索和建立符合本地实际的非税收入管理制度。

第六条　非税收入管理应当遵循依法、规范、透明、高效的原则。

第七条　各级财政部门是非税收入的主管部门。

财政部负责制定全国非税收入管理制度和政策,按管理权限审批设立非税收入,征缴、管理和监督中央非税收入,指导地方非税收入管理工作。

县级以上地方财政部门负责制定本行政区域非税收入管理制度和政策,按管理权限审批设立非税收入,征缴、管理和监督本行政区域非税收入。

第八条　各级财政部门应当完善非税收入管理工作机制,建立健全非税收入管理系统和统计报告制度。

## 第二章　设立和征收管理

第九条　设立和征收非税收入,应当依据法律、法规的规定或者按下列管理权限予以批准：

（一）行政事业性收费按照国务院和省、自治区、直辖市（以下简称省级）人民政府及其财政、价格主管部门的规定设立和征收。

（二）政府性基金按照国务院和财政部的规定设立和征收。

（三）国有资源有偿使用收入、特许经营收入按照国务院和省级人民政府及其财政部门的规定设立和征收。

（四）国有资产有偿使用收入、国有资本收益由拥有国有资产（资本）产权的人民政府及其财政部门按照国有资产（资本）收益管理规定征收。

（五）彩票公益金按照国务院和财政部的规定筹集。

（六）中央银行收入按照相关法律法规征收。

（七）罚没收入按照法律、法规和规章的规定征收。

（八）主管部门集中收入、以政府名义接受的捐赠收入、政府收入的利息收入及其他非税收入按照同级人民政府及其财政部门的管理规定征收或者收取。

任何部门和单位不得违反规定设立非税收入项目或者设定非税收入的征收对象、范围、标准和期限。

第十条 取消、停征、减征、免征或者缓征非税收入，以及调整非税收入的征收对象、范围、标准和期限，应当按照设立和征收非税收入的管理权限予以批准，不许越权批准。

取消法律、法规规定的非税收入项目，应当按照法定程序办理。

第十一条 非税收入可以由财政部门直接征收，也可以由财政部门委托的部门和单位（以下简称执收单位）征收。

未经财政部门批准，不得改变非税收入执收单位。

法律、法规对非税收入执收单位已有规定的，从其规定。

第十二条 执收单位应当履行下列职责：

（一）公示非税收入征收依据和具体征收事项，包括项目、对象、范围、标准、期限和方式等；

（二）严格按照规定的非税收入项目、征收范围和征收标准进行征收，及时足额上缴非税收入，并对欠缴、少缴收入实施催缴；

（三）记录、汇总、核对并按规定向同级财政部门报送非税收入征缴情况；

（四）编报非税收入年度收入预算；

（五）执行非税收入管理的其他有关规定。

第十三条 执收单位不得违规多征、提前征收或者减征、免征、缓征非税收入。

第十四条 各级财政部门应当加强非税收入执收管理和监督，不得向执收单位下达非税收入指标。

第十五条 公民、法人或者其他组织（以下简称缴纳义务人）应当按规定履行非税收入缴纳义务。

对违规设立非税收入项目、扩大征收范围、提高征收标准的，缴纳义务人有权拒绝缴纳并向有关部门举报。

第十六条 缴纳义务人因特殊情况需要缓缴、减缴、免缴非税收入的，应当向执收单位提出书面申请,并由执收单位报有关部门按照规定审批。

第十七条　非税收入应当全部上缴国库,任何部门、单位和个人不得截留、占用、挪用、坐支或者拖欠。

第十八条　非税收入收缴实行国库集中收缴制度。

第十九条　各级财政部门应当加快推进非税收入收缴电子化管理,逐步降低征收成本,提高收缴水平和效率。

## 第三章　票　据　管　理

第二十条　非税收入票据是征收非税收入的法定凭证和会计核算的原始凭证,是财政、审计等部门进行监督检查的重要依据。

第二十一条　非税收入票据种类包括非税收入通用票据、非税收入专用票据和非税收入一般缴款书。具体适用下列范围:

(一)非税收入通用票据,是指执收单位征收非税收入时开具的通用凭证。

(二)非税收入专用票据,是指特定执收单位征收特定的非税收入时开具的专用凭证,主要包括行政事业性收费票据、政府性基金票据、国有资源(资产)收入票据、罚没票据等。

(三)非税收入一般缴款书,是指实施非税收入收缴管理制度改革的执收单位收缴非税收入时开具的通用凭证。

第二十二条　各级财政部门应当通过加强非税收入票据管理,规范执收单位的征收行为,从源头上杜绝乱收费,并确保依法合规的非税收入及时足额上缴国库。

第二十三条　非税收入票据实行凭证领取、分次限量、核旧领新制度。

执收单位使用非税收入票据,一般按照财务隶属关系向同级财政部门申领。

第二十四条　除财政部另有规定以外,执收单位征收非税收入,应当向缴纳义务人开具财政部或者省级财政部门统一监(印)制的非税收入票据。

对附加在价格上征收或者需要依法纳税的有关非税收入,执收单位应当按规定向缴纳义务人开具税务发票。

不开具前款规定票据的,缴纳义务人有权拒付款项。

第二十五条　非税收入票据使用单位不得转让、出借、代开、买卖、擅自销毁、涂改非税收入票据;不得串用非税收入票据,不得将非税收入票据与其他票据互相替代。

第二十六条　非税收入票据使用完毕,使用单位应当按顺序清理票据存根、装订成册、妥善保管。

非税收入票据存根的保存期限一般为 5 年。保存期满需要销毁的,报经原核发票据的财政部门查验后销毁。

## 第四章　资　金　管　理

第二十七条　非税收入应当依照法律、法规规定或者按照管理权限确定的收入归属和缴库要求,缴入相应级次国库。

第二十八条　非税收入实行分成的,应当按照事权与支出责任相适应的原则确定分成比例,并按下列管理权限予以批准:

(一)涉及中央与地方分成的非税收入,其分成比例由国务院或者财政部规定;

(二)涉及省级与市、县级分成的非税收入,其分成比例由省级人民政府或者其财政部门规定;

(三)涉及部门、单位之间分成的非税收入,其分成比例按照隶属关系由财政部或者省级财政部门规定。

未经国务院和省级人民政府及其财政部门批准,不得对非税收入实行分成或者调整分成比例。

第二十九条　非税收入应当通过国库单一账户体系收缴、存储、退付、清算和核算。

第三十条　上下级政府分成的非税收入,由财政部门按照分级划解、及时清算的原则办理。

第三十一条　已上缴中央和地方财政的非税收入依照有关规定需要退付的,分别按照财政部和省级财政部门的规定执行。

第三十二条　根据非税收入不同性质,分别纳入一般公共预算、政府性基金预算和国有资本经营预算管理。

第三十三条　各级财政部门应当按照规定加强政府性基金、国有资本收益与一般公共预算资金统筹使用,建立健全预算绩效评价制度,提高资金使用效率。

## 第五章 监 督 管 理

第三十四条 各级财政部门应当建立健全非税收入监督管理制度,加强非税收入政策执行情况的监督检查,依法处理非税收入违法违规行为。

第三十五条 执收单位应当建立健全内部控制制度,接受财政部门和审计机关的监督检查,如实提供非税收入情况和相关资料。

第三十六条 各级财政部门和执收单位应当通过政府网站和公共媒体等渠道,向社会公开非税收入项目名称、设立依据、征收方式和标准等,并加大预决算公开力度,提高非税收入透明度,接受公众监督。

第三十七条 任何单位和个人有权监督和举报非税收入管理中的违法违规行为。

各级财政部门应当按职责受理、调查、处理举报或者投诉,并为举报人保密。

第三十八条 对违反本办法规定设立、征收、缴纳、管理非税收入的行为,依照《中华人民共和国预算法》《财政违法行为处罚处分条例》和《违反行政事业性收费和罚没收入收支两条线管理规定行政处分暂行规定》等国家有关规定追究法律责任;涉嫌犯罪的,依法移送司法机关处理。

## 第六章 附 则

第三十九条 教育收费管理参照本办法规定执行,收入纳入财政专户管理。

第四十条 省级财政部门可以根据本办法的规定,结合本地区实际情况,制定非税收入管理的具体实施办法。

第四十一条 本办法自颁布之日起施行

# 附件二
# 我国政府性基金目录(2020年)

| 序号 | 项目名称 | 资金管理方式 | 政 策 依 据 |
|---|---|---|---|
| 1 | 铁路建设基金 | 缴入中央国库 | 国发〔1992〕37号,财工字〔1996〕371号,财工〔1997〕543号,财综〔2007〕3号 |
| 2 | 港口建设费 | 缴入中央和地方国库 | 国发〔1985〕124号,财综〔2011〕29号,财综〔2011〕100号,财综〔2012〕40号,财税〔2015〕131号 |
| 3 | 民航发展基金 | 缴入中央国库 | 国发〔2012〕24号,财综〔2012〕17号,财税〔2015〕135号,财税〔2019〕46号 |
| 4 | 高等级公路车辆通行附加费(海南) | 缴入地方国库 | 财综〔2008〕84号,《海南经济特区机动车辆通行附加费征收管理条例》(海南省人民代表大会常务委员会公告第54号) |
| 5 | 国家重大水利工程建设基金 | 缴入中央和地方国库 | 财综〔2009〕90号,财综〔2010〕97号,财税〔2010〕44号,财综〔2013〕103号,财税〔2015〕80号,财办税〔2015〕4号,财税〔2017〕51号,财办税〔2017〕60号,财税〔2018〕39号,财税〔2019〕46号 |
| 6 | 水利建设基金 | 缴入中央和地方国库 | 财综字〔1998〕125号,财综〔2011〕2号,财综函〔2011〕33号,财办综〔2011〕111号,财税函〔2016〕291号,财税〔2016〕12号,财税〔2017〕18号 |
| 7 | 城市基础设施配套费 | 缴入地方国库 | 国发〔1998〕34号,财综函〔2002〕3号,财税〔2019〕53号 |
| 8 | 农网还贷资金 | 缴入中央和地方国库 | 财企〔2001〕820号,财企〔2002〕266号,财企〔2006〕347号,财综〔2007〕3号,财综〔2012〕7号,财综〔2013〕103号,财税〔2015〕59号 |

续 表

| 序号 | 项目名称 | | 资金管理方式 | 政策依据 |
|---|---|---|---|---|
| 9 | 教育费附加 | | 缴入中央和地方国库 | 《教育法》,国发〔1986〕50号(国务院令第60号修改发布),国发明电〔1994〕2号、23号,国发〔2010〕35号,财税〔2010〕103号,财税〔2016〕12号,财税〔2018〕70号,财税〔2019〕13号,财税〔2019〕21号,财税〔2019〕22号,财税〔2019〕46号 |
| 10 | 地方教育附加 | | 缴入地方国库 | 《教育法》,财综〔2001〕58号,财综函〔2003〕2号、9号、10号、12号、13号、14号、15号、16号、18号,财综〔2004〕73号,财综函〔2005〕33号,财综〔2006〕2号、61号,财综函〔2006〕9号,财综函〔2007〕45号,财综函〔2008〕7号,财综函〔2010〕2号、3号、7号、8号、11号、71号、72号、73号、75号、76号、78号、79号、80号,财综〔2010〕98号,财综函〔2011〕1号、2号、3号、4号、5号、6号、7号、8号、9号、10号、11号、12号、13号、15号、16号、17号、57号,财税〔2016〕12号,财税〔2018〕70号,财税〔2019〕13号,财税〔2019〕21号,财税〔2019〕22号,财税〔2019〕46号 |
| 11 | 文化事业建设费 | | 缴入中央和地方国库 | 国发〔1996〕37号,国办发〔2006〕43号,财综〔2013〕102号,财文字〔1997〕243号,财预字〔1996〕469号,财税〔2016〕25号,财税〔2016〕60号,财税〔2019〕46号 |
| 12 | 国家电影事业发展专项资金 | | 缴入中央和地方国库 | 《电影管理条例》,国办发〔2006〕43号,财税〔2015〕91号,财教〔2016〕4号,财税〔2018〕67号 |
| 13 | 旅游发展基金 | | 缴入中央国库 | 旅办发〔1991〕124号,财综〔2007〕3号,财综〔2010〕123号,财综〔2012〕17号,财税〔2015〕135号 |
| 14 | 中央水库移民扶持基金 | 大中型水库移民后期扶持基金 | 缴入中央国库 | 《大中型水利水电工程建设征地补偿和移民安置条例》、《长江三峡工程建设移民条例》,国发〔2006〕17号,财综〔2006〕29号,财监〔2006〕95号,监察部、人事部、财政部令第13号,财综〔2007〕26号,财综〔2007〕69号,财综〔2008〕17号,财综〔2008〕29号、30号、31号、32号、33号、35号、64号、65号、66号、67号、68号、85号、86号、87号、88号、89号、90号,财综〔2009〕51号、59号,财综〔2010〕15号、16号、43号、113号,财综函〔2010〕10号、39号,财综〔2013〕103号,财税〔2015〕80号,财税〔2016〕11号,财税〔2016〕13号,财税〔2017〕51号,财办税〔2017〕60号,财农〔2017〕128号 |
| | | 跨省大中型水库库区基金 | | |
| | | 三峡水库库区基金 | | |

续 表

| 序号 | 项目名称 | | 资金管理方式 | 政 策 依 据 |
|---|---|---|---|---|
| 15 | 地方水库移民扶持基金 | 省级大中型水库库区基金 | 缴入地方国库 | 国发〔2006〕17号,财综〔2007〕26号,财综〔2008〕17号,财综〔2008〕29号、30号、31号、32号、33号、35号、64号、65号、66号、67号、68号、85号、86号、87号、88号、89号、90号,财综〔2009〕51号、59号,财综〔2010〕15号、16号、43号、113号,财综函〔2010〕10号、39号,财税〔2016〕11号,财税〔2016〕13号,财税〔2017〕18号 |
| | | 小型水库移民扶助基金 | | |
| 16 | 残疾人就业保障金 | | 缴入地方国库 | 《残疾人就业条例》,财税〔2015〕72号,财综〔2001〕16号,财税〔2017〕18号,财税〔2018〕39号 |
| 17 | 森林植被恢复费 | | 缴入中央和地方国库 | 《森林法》,《森林法实施条例》,财综〔2002〕73号,财税〔2015〕122号 |
| 18 | 可再生能源发展基金 | | 缴入中央国库 | 《可再生能源法》,财综〔2011〕115号,财建〔2012〕102号,财综〔2013〕89号,财综〔2013〕103号,财税〔2016〕4号,财办税〔2015〕4号 |
| 19 | 船舶油污损害赔偿基金 | | 缴入中央国库 | 《海洋环境保护法》,《防治船舶污染海洋环境管理条例》,财综〔2012〕33号,交财审发〔2014〕96号 |
| 20 | 核电站乏燃料处理处置基金 | | 缴入中央国库 | 财综〔2010〕58号 |
| 21 | 废弃电器电子产品处理基金 | | 缴入中央国库 | 《废弃电器电子产品回收处理管理条例》,财综〔2012〕34号,财综〔2012〕48号,财综〔2012〕80号,财综〔2013〕32号,财综〔2013〕109号,财综〔2013〕110号,财综〔2014〕45号,财税〔2015〕81号,财政部公告2014年第29号,财政部公告2015年第91号,国家税务总局公告2012年第41号,海关总署公告2012年第33号 |

# 附件三
# 全国性及中央部门和单位行政事业性收费目录清单

| 序号 | 部门 | 项目序号 | 项目名称 | | 资金管理方式 | 政策依据 |
|---|---|---|---|---|---|---|
| 一 | 外交部门 | 1 | 认证费（含加急） | | 缴入中央和地方国库 | 计价格〔1999〕466号，价费字〔1992〕198号 |
| | | 2 | 签证费 | （1）代办外国签证（含加急，限于各国家机关收取的） | 缴入中央和地方国库 | 财综〔2003〕45号，计价格〔1999〕466号，价费字〔1992〕198号 |
| | | | | （2）代填外国签证申请表（限于国家机关） | 缴入中央和地方国库 | 财综〔2003〕45号，计价格〔1999〕466号，价费字〔1992〕198号 |
| | | 3 | 驻外使领馆收费 | | 缴入中央国库 | 计价格〔1999〕466号，价费字〔1992〕198号，公境外〔1992〕898号，公通字〔1996〕89号 |
| 二 | 教育部门 | 4 | 公办幼儿园保教费、住宿费 | | 缴入中央和地方国库 | 《幼儿园管理条例》，发改价格〔2011〕3207号，教财〔2020〕5号 |
| | | 5 | 普通高中学费、住宿费 | | 缴入中央和地方财政专户 | 《中华人民共和国教育法》，教财〔2003〕4号，教财〔1996〕101号，教财〔2020〕5号 |
| | | 6 | 中等职业学校学费、住宿费 | | 缴入中央和地方财政专户 | 《中华人民共和国教育法》，财综〔2004〕4号，教财〔2003〕4号，教财〔1996〕101号，教财〔2020〕5号 |

续　表

| 序号 | 部门 | 项目序号 | 项目名称 | | 资金管理方式 | 政策依据 |
|---|---|---|---|---|---|---|
| 二 | 教育部门 | 7 | 高等学校(含科研院所、各级党校等)学费、住宿费、委托培养费、函大电大夜大及短期培训费 | | 缴入中央和地方财政专户 | 《中华人民共和国教育法》，《中华人民共和国高等教育法》，财教〔2013〕19号，发改价格〔2013〕887号，教财〔2006〕2号，发改价格〔2005〕2528号，教财〔2003〕4号，计价格〔2002〕665号，计办价格〔2000〕906号，教财〔1996〕101号，价费字〔1992〕367号，教财〔1992〕42号，发改价格〔2006〕702号，教财〔2006〕7号，教电〔2005〕333号，教财〔2005〕22号，教高〔2015〕6号，教财〔2020〕5号 |
| | | 8 | 国家开放大学收费 | | 缴入中央和地方财政专户 | 财综〔2014〕21号，发改价格〔2009〕2555号，计价格〔2002〕838号，教财厅〔2000〕110号，财办综〔2003〕203号，教财〔2020〕5号 |
| 三 | 公安部门 | 9 | 证照费 | (1) 外国人证件费 | | 价费字〔1992〕240号，公通字〔2000〕99号 |
| | | | | ① 居留许可 | 缴入中央和地方国库 | 财综〔2004〕60号，发改价格〔2004〕2230号 |
| | | | | ② 永久居留申请 | 缴入中央和地方国库 | 财综〔2004〕32号，发改价格〔2004〕1267号 |
| | | | | ③ 永久居留身份证证工本费 | 缴入中央国库 | 财综〔2004〕32号，发改价格〔2004〕1267号，财税〔2018〕10号 |
| | | | | ④ 出入境证 | 缴入地方国库 | 公通字〔1996〕89号 |
| | | | | ⑤ 旅行证 | 缴入地方国库 | 公通字〔1996〕89号 |

续 表

| 序号 | 部门 | 项目序号 | 项目名称 | 资金管理方式 | 政策依据 |
|---|---|---|---|---|---|
| 三 | 公安部门 | 9 | 证照费 | | |
| | | | （2）公民出入境证件费 | | 《中华人民共和国护照法》，价费字〔1993〕164号，价费字〔1992〕240号，公通字〔2000〕99号，发改价格〔2017〕1186号，财税函〔2018〕1号，发改价格〔2019〕914号 |
| | | | ①因私护照（含护照贴纸加注） | 缴入中央和地方国库 | 发改价格〔2013〕1494号，计价格〔2000〕293号，价费字〔1993〕164号，发改价格〔2019〕914号 |
| | | | ②出入境通行证 | 缴入中央和地方国库 | 价费字〔1993〕164号，公通字〔2000〕99号 |
| | | | ③往来（含前往）港澳通行证（含签注） | 缴入中央和地方国库 | 发改价格〔2005〕77号，计价格〔2002〕1097号，发改价格〔2019〕914号 |
| | | | ④港澳居民来往内地通行证（限于补发、换发） | 缴入中央和地方国库 | 财税〔2020〕46号，发改价格〔2020〕1516号 |
| | | | ⑤台湾居民来往大陆通行证 | 缴入中央和地方国库 | 计价格〔2001〕1835号，发改价格〔2004〕334号，价费字〔1993〕164号，发改价格规〔2019〕1931号 |
| | | | ⑥台湾同胞定居证 | 缴入地方国库 | 发改价格〔2004〕2839号，价费字〔1993〕164号 |
| | | | ⑦大陆居民往来台湾通行证（含签注） | 缴入中央和地方国库 | 发改价格〔2016〕352号，计价格〔2001〕1835号，价费字〔1993〕164号，发改价格规〔2019〕1931号 |
| | | | （3）户籍管理证件工本费（限于丢失、补办和过期失效重办） | 缴入地方国库 | 财综〔2012〕97号，价费字〔1992〕240号 |

续 表

| 序号 | 部门 | 项目序号 | 项目名称 | 资金管理方式 | 政策依据 |
|---|---|---|---|---|---|
| 三 | 公安部门 | 9 | 证照费 | | |
| | | | ① 居民户口簿<br>② 户口迁移证件 | | 《中华人民共和国户口登记条例》 |
| | | | (4) 居民身份证工本费 | 缴入地方国库 | 《中华人民共和国居民身份证法》,财综〔2007〕34号,发改价格〔2005〕436号,财综〔2004〕8号,发改价格〔2003〕2322号,财税〔2018〕37号 |
| | | | (5) 机动车号牌工本费<br>① 号牌(含临时)<br>② 号牌专用固封装置<br>③ 号牌架 | 缴入地方国库 | 《中华人民共和国道路交通安全法》,发改价格〔2004〕2831号,计价格〔1994〕783号,价费字〔1992〕240号,行业标准GA36-2014,发改价格规〔2019〕1931号 |
| | | | (6) 机动车行驶证、登记证、驾驶证工本费 | 缴入地方国库 | 《中华人民共和国道路交通安全法》,发改价格〔2004〕2831号,财综〔2001〕67号,计价格〔2001〕1979号,计价格〔1994〕783号,价费字〔1992〕240号,发改价格〔2017〕1186号 |
| | | | (7) 临时入境机动车号牌和行驶证、临时机动车驾驶许可工本费 | 缴入地方国库 | 《中华人民共和国道路交通安全法》,财综〔2008〕36号,发改价格〔2008〕1575号,发改价格〔2017〕1186号 |
| | | 10 | 外国人签证费 | 缴入中央和地方国库 | 计价格〔2003〕392号,价费字〔1992〕240号,公通字〔2000〕99号 |
| | | 11 | 中国国籍申请手续费(含证书费) | 缴入地方国库 | 价费字〔1992〕240号,公通字〔2000〕99号,公通字〔1996〕89号 |

续 表

| 序号 | 部门 | 项目序号 | 项目名称 | 资金管理方式 | 政策依据 |
|---|---|---|---|---|---|
| 四 | 民政部门 | 12 | 殡葬收费 | 缴入地方国库 | 价费字〔1992〕249号，发改价格〔2012〕673号 |
| 五 | 自然资源部门 | 13 | 土地复垦费 | 缴入地方国库 | 《中华人民共和国土地管理法》，《土地复垦条例》，财税〔2014〕77号，财政部 税务总局 发展改革委 民政部 商务部 卫生健康委公告2019年第76号 |
| | | 14 | 土地闲置费 | 缴入地方国库 | 《中华人民共和国土地管理法》，《中华人民共和国城市房地产管理法》，国发〔2008〕3号，财税〔2014〕77号，财政部 税务总局 发展改革委 民政部 商务部 卫生健康委公告2019年第76号 |
| | | 15 | 不动产登记费 | 缴入中央和地方国库 | 《中华人民共和国民法典》，财税〔2014〕77号，财税〔2016〕79号，发改价格规〔2016〕2559号，财税〔2019〕45号，财税〔2019〕53号，财政部 税务总局 发展改革委 民政部 商务部 卫生健康委公告2019年第76号 |
| | | 16 | 耕地开垦费 | 缴入地方国库 | 《中华人民共和国土地管理法》，《中华人民共和国土地管理法实施条例》，财税〔2014〕77号，财政部 税务总局 发展改革委 民政部 商务部 卫生健康委公告2019年第76号 |
| 六 | 生态环境部门 | 17 | 海洋废弃物倾倒费 | 缴入中央国库 | 《中华人民共和国海洋环境保护法》，发改价格〔2008〕1927号 |

续　表

| 序号 | 部门 | 项目序号 | 项目名称 | 资金管理方式 | 政策依据 |
|---|---|---|---|---|---|
| 七 | 住房城乡建设部门 | 18 | 污水处理费 | 缴入地方国库 | 《中华人民共和国水污染防治法》，《城镇排水与污水处理条例》，财税〔2014〕151号，发改价格〔2015〕119号 |
| | | 19 | 生活垃圾处理费 | 缴入地方国库 | 《中华人民共和国固体废物污染环境防治法》，《城市市容和环境卫生管理条例》，国发〔2011〕9号，计价格〔2002〕872号 |
| | | 20 | 城市道路占用、挖掘修复费 | 缴入地方国库 | 《城市道路管理条例》，建城〔1993〕410号，财税〔2015〕68号 |
| 八 | 交通运输部门 | 21 | 车辆通行费（限于政府还贷） | 缴入地方国库 | 《中华人民共和国公路法》，《收费公路管理条例》，交公路发〔1994〕686号 |
| | | 22 | 长江干线船舶引航收费 | 缴入中央国库 | 发改价格〔2013〕1494号，发改价格〔2011〕1536号，财综〔2007〕60号，财税〔2014〕101号，财办税〔2015〕14号 |
| 九 | 工业和信息化部门 | 23 | 无线电频率占用费 | 缴入中央和地方国库 | 《中华人民共和国无线电管理条例》，计价格〔2000〕1015号，发改价格〔2013〕2396号，发改价格〔2011〕749号〔2005〕2812号，发改价格〔2003〕2300号，计价费〔1998〕218号，发改价格〔2017〕1186号，发改价格〔2018〕601号，发改价格〔2019〕914号 |
| | | 24 | 电信网码号资源占用费 | 缴入中央国库 | 《中华人民共和国电信条例》，信部联清〔2004〕517号，信部联清〔2005〕401号，发改价格〔2017〕1186号 |

续 表

| 序号 | 部门 | 项目序号 | 项目名称 | | 资金管理方式 | 政策依据 |
|---|---|---|---|---|---|---|
| 十 | 水利部门 | 25 | 水资源费 | | 缴入中央和地方国库 | 《中华人民共和国水法》,《取水许可和水资源费征收管理条例》,财税〔2016〕2号,发改价格〔2014〕1959号,发改价格〔2013〕29号,财综〔2011〕19号,发改价格〔2009〕1779号,财综〔2008〕79号,财综〔2003〕89号,价费字〔1992〕181号,财税〔2018〕147号,财税〔2020〕15号 |
| | | 26 | 水土保持补偿费 | | 缴入中央和地方国库 | 《中华人民共和国水土保持法》,财综〔2014〕8号,发改价格〔2017〕1186号 |
| 十一 | 农业农村部门 | 27 | 农药实验费 | （1）田间试验费 | 缴入中央和地方国库 | 《农药管理条例》,价费字〔1992〕452号,发改价格〔2015〕2136号,发改价格〔2017〕1186号 |
| | | | | （2）残留试验费 | | |
| | | | | （3）药效试验费 | | |
| | | 28 | 渔业资源增殖保护费 | | 缴入中央和地方国库 | 《中华人民共和国渔业法》,财税〔2014〕101号,财综〔2012〕97号,计价格〔1994〕400号,价费字〔1992〕452号 |
| 十二 | 林业和草原部门 | 29 | 草原植被恢复费 | | 缴入地方国库 | 《中华人民共和国草原法》,财综〔2010〕29号,发改价格〔2010〕1235号 |
| 十三 | 卫生健康部门 | 30 | 预防接种服务费 | | 缴入地方国库 | 《疫苗流通和预防接种管理条例》,财税〔2016〕14号,财综〔2008〕47号,发改价格〔2016〕488号 |
| | | 31 | 鉴定费 | （1）医疗事故鉴定费 | 缴入中央和地方国库 | 《医疗事故处理条例》,财税〔2016〕14号,财综〔2003〕27号,发改价格〔2016〕488号 |
| | | | | （2）职业病诊断鉴定费 | 缴入地方国库 | 《中华人民共和国职业病防治法》,财税〔2016〕14号,发改价格〔2016〕488号 |

续　表

| 序号 | 部门 | 项目序号 | 项目名称 | | 资金管理方式 | 政策依据 |
|---|---|---|---|---|---|---|
| 十三 | 卫生健康部门 | 31 | 鉴定费 | （3）预防接种异常反应鉴定费 | 缴入地方国库 | 《疫苗流通和预防接种管理条例》，《医疗事故处理条例》，财税〔2016〕14 号，财综〔2008〕70 号，发改价格〔2016〕488 号 |
| | | 32 | 非免疫规划疫苗储存运输费 | | 缴入地方国库 | 《中华人民共和国疫苗管理法》，财税〔2020〕17 号 |
| 十四 | 人防部门 | 33 | 防空地下室易地建设费 | | 缴入中央和地方国库 | 中发〔2001〕9 号，计价格〔2000〕474 号，财税〔2014〕77 号，财税〔2019〕53 号，财政部 税务总局 发展改革委 民政部 商务部 卫生健康委公告 2019 年第 76 号 |
| 十五 | 法院 | 34 | 诉讼费 | | 缴入中央和地方国库 | 《中华人民共和国民事诉讼法》，《中华人民共和国行政诉讼法》，《诉讼费用交纳办法》（国务院令 481 号） |
| 十六 | 市场监管部门 | 35 | 特种设备检验检测费 | | 缴入地方国库 | 《中华人民共和国特种设备安全法》，《特种设备安全监察条例》，发改价格〔2015〕1299 号，财综〔2011〕16 号，财综〔2001〕10 号 |
| 十七 | 民航部门 | 36 | 航空业务权补偿费 | | 缴入中央国库 | 发改价格〔2011〕3214 号，财综〔2002〕54 号 |
| | | 37 | 适航审查费 | | 缴入中央国库 | 发改价格〔2011〕3214 号，财综〔2002〕54 号 |
| 十八 | 体育部门 | 38 | 外国团体来华登山注册费 | | 缴入中央和地方国库 | 财综〔2004〕7 号，价费字〔1992〕207 号 |
| 十九 | 药品监管部门 | 39 | 药品注册费 | （1）新药注册费 | 缴入中央和地方国库 | 《中华人民共和国药品管理法实施条例》，财税〔2015〕2 号，发改价格〔2015〕1006 号，食药监公告 2015 第 53 号，财政部 国家发展改革委公告 2020 年 |
| | | | | （2）仿制药注册费 | | |
| | | | | （3）补充申请注册费 | | |
| | | | | （4）再注册费 | | |
| | | | | （5）加急费 | | |

续 表

| 序号 | 部门 | 项目序号 | 项目名称 | | 资金管理方式 | 政策依据 |
|---|---|---|---|---|---|---|
| 十九 | 药品监管部门 | 40 | 医疗器械产品注册费 | | 缴入中央和地方国库 | 第11号,食药监公告2020年75号,财政部 税务总局公告2020年第28号,财政部 国家发展改革委公告2021年第9号,财政部 发展改革委公告2022年第5号 |
| | | | | (1) 首次注册费 | | 《医疗器械监督管理条例》,财税〔2015〕2号,发改价格〔2015〕1006号,食药监公告2015第53号,财政部 国家发展改革委公告2020年第11号,财政部 税务总局公告2020年第28号,财政部 国家发展改革委公告2021年第9号,财政部 发展改革委公告2022年第5号 |
| | | | | (2) 变更注册费 | | |
| | | | | (3) 延续注册费 | | |
| | | | | (4) 临床试验申请费 | | |
| | | | | (5) 加急费 | | |
| 二十 | 知识产权部门 | 41 | 商标注册收费 | (1) 受理商标注册费 | 缴入中央国库 | 《中华人民共和国商标法》,《中华人民共和国商标法实施条例》,发改价格〔2015〕2136号,财税〔2017〕20号,发改价格〔2013〕1494号,发改价格〔2008〕2579号,财综〔2004〕11号,计价费〔1998〕1077号,财综字〔1995〕88号,计价格〔1995〕2404号,价费字〔1992〕414号,发改价格〔2015〕2136号,财税〔2017〕20号,发改价格〔2019〕914号 |
| | | | | (2) 补发商标注册证费(含刊登遗失声明费用) | | |
| | | | | (3) 受理转让注册商标费 | | |
| | | | | (4) 受理商标续展注册费 | | |
| | | | | (5) 受理商标注册延迟费 | | |
| | | | | (6) 受理商标评审费 | | |
| | | | | (7) 变更费 | | |
| | | | | (8) 出具商标证明费 | | |
| | | | | (9) 受理集体商标注册费 | | |
| | | | | (10) 受理证明商标注册费 | | |
| | | | | (11) 商标异议费 | | |
| | | | | (12) 撤销商标费 | | |
| | | | | (13) 商标使用许可合同备案费 | | |

续 表

| 序号 | 部门 | 项目序号 | 项目名称 | 资金管理方式 | 政策依据 |
|---|---|---|---|---|---|
| 二十 | 知识产权部门 | 42 | 专利收费 | 缴入中央国库 | |
| | | | (1) 专利收费（国内部分）<br>① 申请费、申请附加费、公布印刷费、优先权要求费<br>② 发明专利申请实质审查费、复审费<br>③ 专利登记费、公告印刷费、年费、年费滞纳金<br>④ 恢复权利请求费、延长期限请求费<br>⑤ 著录事项变更费、专利权评价报告请求费、无效宣告请求费<br>⑥ 专利文件副本证明费 | | 《中华人民共和国专利法》，《中华人民共和国专利法实施细则》，财税〔2017〕8号，发改价格〔2017〕270号，财税〔2016〕78号，财税〔2018〕37号，财税〔2019〕45号 |
| | | | (2) PCT专利申请收费<br>① 申请国际阶段收取的国际申请费和手续费，传送费、检索费、优先权文件费、初步审查费、单一性异议费、副本复制费、后提交费、恢复权利请求费、滞纳金<br>② 申请进入中国国家阶段收取的宽限费、译文改正费、单一性恢复费、优先权恢复费 | | 《中华人民共和国专利法》，《中华人民共和国专利法实施细则》，财税〔2017〕8号，发改价格〔2017〕270号，财税〔2018〕37号 |
| | | | (3) 为其他国家和地区提供检索和审查服务收费 | | 《中华人民共和国专利法》，《中华人民共和国专利法实施细则》，财税〔2017〕8号，发改价格〔2017〕270号 |
| | | | (4) 单独指定费 | | 《中华人民共和国专利法》，《中华人民共和国专利法实施细则》，财税〔2017〕8号，财税〔2022〕13号，发改价格〔2022〕465号 |

续 表

| 序号 | 部门 | 项目序号 | 项 目 名 称 | | 资金管理方式 | 政 策 依 据 |
|---|---|---|---|---|---|---|
| 二十 | 知识产权部门 | 43 | 集成电路布图设计保护收费 | （1）布图设计登记费 | 缴入中央国库 | 《集成电路布图设计保护条例》,财税〔2017〕8号,发改价格〔2017〕270号,发改价格〔2017〕1186号 |
| | | | | （2）布图设计登记复审请求费 | | |
| | | | | （3）著录事项变更手续费 | | |
| | | | | （4）延长期限请求费 | | |
| | | | | （5）恢复布图设计登记权利请求费 | | |
| | | | | （6）非自愿许可使用布图设计请求费 | | |
| | | | | （7）报酬裁决费 | | |
| 二十一 | 银保监会 | 44 | 银行业监管费 | | 缴入中央国库 | 财税〔2015〕21号,财税〔2017〕52号 |
| | | 45 | 保险业监管费 | | 缴入中央国库 | 财税〔2015〕22号,财税〔2017〕52号 |
| 二十二 | 证监会 | 46 | 证券、期货业监管费 | | 缴入中央国库 | 财税〔2015〕20号,财税〔2018〕37号,发改价格规〔2018〕917号 |
| 二十三 | 仲裁部门 | 47 | 仲裁收费 | | 缴入地方国库 | 《中华人民共和国仲裁法》,财综〔2010〕19号,国办发〔1995〕44号 |
| 二十四 | 红十字会 | 48 | 造血干细胞配型费 | | 缴入中央国库 | 财税〔2016〕115号,发改价格〔2016〕2492号 |
| 二十五 | 相关行政机关 | 49 | 信息公开处理费 | | 缴入中央和地方国库 | 《中华人民共和国政府信息公开条例》,国办函〔2020〕109号 |
| 二十六 | 相关部门 | 50 | 考试考务费 | | 缴入中央和地方国库或财政专户 | 见《全国性考试考务费目录清单》 |

# 附件四
# 全国性及中央部门和单位涉企行政事业性收费目录清单

| 序号 | 部门 | 项目序号 | 项目名称 | | 资金管理方式 | 政策依据 |
|---|---|---|---|---|---|---|
| 一 | 公安部门 | 1 | 证照费 | （1）机动车号牌工本费<br>① 号牌（含临时）<br>② 号牌专用固封装置<br>③ 号牌架 | 缴入地方国库 | 《中华人民共和国道路交通安全法》，发改价格〔2004〕2831号，计价格〔1994〕783号，价费字〔1992〕240号，行业标准GA36－2014，发改价格规〔2019〕1931号 |
| | | | | （2）机动车行驶证、登记证、驾驶证工本费 | 缴入地方国库 | 《中华人民共和国道路交通安全法》，发改价格〔2004〕2831号，财综〔2001〕67号，计价格〔2001〕1979号，计价格〔1994〕783号，价费字〔1992〕240号，发改价格〔2017〕1186号 |
| | | | | （3）临时入境机动车号牌和行驶证、临时机动车驾驶许可工本费 | 缴入地方国库 | 《中华人民共和国道路交通安全法》，财综〔2008〕36号，发改价格〔2008〕1575号，发改价格〔2017〕1186号 |
| 二 | 自然资源部门 | 2 | 土地复垦费 | | 缴入地方国库 | 《中华人民共和国土地管理法》，《土地复垦条例》，财税〔2014〕77号，财政部 税务总局 发展改革委 民政部 商务部 卫生健康委公告 2019年第76号 |

续　表

| 序号 | 部门 | 项目序号 | 项　目　名　称 | 资金管理方式 | 政　策　依　据 |
|---|---|---|---|---|---|
| 二 | 自然资源部门 | 3 | 土地闲置费 | 缴入地方国库 | 《中华人民共和国土地管理法》,《中华人民共和国城市房地产管理法》,国发〔2008〕3号,财税〔2014〕77号,财政部 税务总局 发展改革委 民政部 商务部 卫生健康委公告2019年第76号 |
| | | 4 | 不动产登记费 | 缴入中央和地方国库 | 《中华人民共和国民法典》,财税〔2014〕77号,财税〔2016〕79号,发改价格规〔2016〕2559号,财税〔2019〕45号,财税〔2019〕53号,财政部 税务总局 发展改革委 民政部 商务部 卫生健康委公告2019年第76号 |
| | | 5 | 耕地开垦费 | 缴入地方国库 | 《中华人民共和国土地管理法》,《中华人民共和国土地管理法实施条例》,财税〔2014〕77号,财政部 税务总局 发展改革委 民政部 商务部 卫生健康委公告2019年第76号 |
| 三 | 生态环境部门 | 6 | 海洋废弃物倾倒费 | 缴入中央国库 | 《中华人民共和国海洋环境保护法》,发改价格〔2008〕1927号 |
| 四 | 住房城乡建设部门 | 7 | 污水处理费 | 缴入地方国库 | 《中华人民共和国水污染防治法》,《城镇排水与污水处理条例》,财税〔2014〕151号,发改价格〔2015〕119号 |
| | | 8 | 城市道路占用、挖掘修复费 | 缴入地方国库 | 《城市道路管理条例》,建城〔1993〕410号,财税〔2015〕68号 |
| 五 | 交通运输部门 | 9 | 车辆通行费(限于政府还贷) | 缴入地方国库 | 《中华人民共和国公路法》,《收费公路管理条例》,交公路发〔1994〕686号 |

续　表

| 序号 | 部门 | 项目序号 | 项目名称 | | 资金管理方式 | 政策依据 |
|---|---|---|---|---|---|---|
| 五 | 交通运输部门 | 10 | 长江干线船舶引航收费 | | 缴入中央国库 | 发改价格〔2013〕1494号,发改价格〔2011〕1536号,财综〔2007〕60号,财税〔2014〕101号,财办税〔2015〕14号 |
| 六 | 工业和信息化部门 | 11 | 无线电频率占用费 | | 缴入中央和地方国库 | 《中华人民共和国无线电管理条例》,计价格〔2000〕1015号,发改价格〔2013〕2396号,发改价格〔2011〕749号,发改价格〔2005〕2812号,发改价格〔2003〕2300号,计价费〔1998〕218号,发改价格〔2017〕1186号,发改价格〔2018〕601号,发改价格〔2019〕914号 |
| | | 12 | 电信网码号资源占用费 | | 缴入中央国库 | 《中华人民共和国电信条例》,信部联清〔2004〕517号,信部联清〔2005〕401号,发改价格〔2017〕1186号 |
| 七 | 水利部门 | 13 | 水资源费 | | 缴入中央和地方国库 | 《中华人民共和国水法》,《取水许可和水资源费征收管理条例》,财税〔2016〕2号,发改价格〔2014〕1959号,发改价格〔2013〕29号,财综〔2011〕19号,发改价格〔2009〕1779号,财综〔2008〕79号,财综〔2003〕89号,价费字〔1992〕181号,财税〔2018〕147号,财税〔2020〕15号 |
| | | 14 | 水土保持补偿费 | | 缴入中央和地方国库 | 《中华人民共和国水土保持法》,财综〔2014〕8号,发改价格〔2017〕1186号 |
| 八 | 农业农村部门 | 15 | 农药实验费 | (1) 田间试验费 | 缴入中央和地方国库 | 《农药管理条例》,价费字〔1992〕452号,发改价格〔2015〕2136号,发改价格〔2017〕1186号 |
| | | | | (2) 残留试验费 | | |
| | | | | (3) 药效试验费 | | |

续 表

| 序号 | 部门 | 项目序号 | 项目名称 | 资金管理方式 | 政策依据 |
|---|---|---|---|---|---|
| 八 | 农业农村部门 | 16 | 渔业资源增殖保护费 | 缴入中央和地方国库 | 《中华人民共和国渔业法》，财税〔2014〕101号，财综〔2012〕97号，计价格〔1994〕400号，价费字〔1992〕452号 |
| 九 | 林业和草原部门 | 17 | 草原植被恢复费 | 缴入地方国库 | 《中华人民共和国草原法》，财综〔2010〕29号，发改价格〔2010〕1235号 |
| 十 | 人防部门 | 18 | 防空地下室易地建设费 | 缴入中央和地方国库 | 中发〔2001〕9号，计价格〔2000〕474号，财税〔2014〕77号，财税〔2019〕53号，财政部 税务总局 发展改革委 民政部 商务部 卫生健康委公告2019年第76号 |
| 十一 | 法院 | 19 | 诉讼费 | 缴入中央和地方国库 | 《中华人民共和国民事诉讼法》，《中华人民共和国行政诉讼法》，《诉讼费用交纳办法》（国务院令481号） |
| 十二 | 市场监管部门 | 20 | 特种设备检验检测费 | 缴入地方国库 | 《中华人民共和国特种设备安全法》，《特种设备安全监察条例》，发改价格〔2015〕1299号，财综〔2011〕16号，财综〔2001〕10号 |
| 十三 | 民航部门 | 21 | 航空业务权补偿费 | 缴入中央国库 | 发改价格〔2011〕3214号，财综〔2002〕54号 |
| 十三 | 民航部门 | 22 | 适航审查费 | 缴入中央国库 | 发改价格〔2011〕3214号，财综〔2002〕54号 |
| 十四 | 卫生健康部门 | 23 | 非免疫规划疫苗储存运输费 | 缴入地方国库 | 《疫苗管理法》，财税〔2020〕17号 |

续　表

| 序号 | 部门 | 项目序号 | 项目名称 | | 资金管理方式 | 政策依据 |
|---|---|---|---|---|---|---|
| 十五 | 药品监管部门 | 24 | 药品注册费 | (1) 新药注册费 | 缴入中央和地方国库 | 《中华人民共和国药品管理法实施条例》,财税〔2015〕2号,发改价格〔2015〕1006号,食药监公告2015第53号,财政部 国家发展改革委公告2020年第11号,食药监公告2020年75号,财政部 税务总局公告2020年第28号,财政部 国家发展改革委公告2021年第9号,财政部 发展改革委公告2022年第5号 |
| | | | | (2) 仿制药注册费 | | |
| | | | | (3) 补充申请注册费 | | |
| | | | | (4) 再注册费 | | |
| | | | | (5) 加急费 | | |
| | | 25 | 医疗器械产品注册费 | (1) 首次注册费 | 缴入中央和地方国库 | 《医疗器械监督管理条例》,财税〔2015〕2号,发改价格〔2015〕1006号,食药监公告2015第53号,财政部 国家发展改革委公告2020年第11号,财政部 税务总局公告2020年第28号,财政部 国家发展改革委公告2021年第9号,财政部 发展改革委公告2022年第5号 |
| | | | | (2) 变更注册费 | | |
| | | | | (3) 延续注册费 | | |
| | | | | (4) 临床试验申请费 | | |
| | | | | (5) 加急费 | | |
| 十六 | 知识产权部门 | 26 | 商标注册收费 | (1) 受理商标注册费 | 缴入中央国库 | 《中华人民共和国商标法》,《中华人民共和国商标法实施条例》,发改价格〔2015〕2136号,财税〔2017〕20号,发改价格〔2013〕1494号,发改价格〔2008〕2579号,财综〔2004〕11号,计价费〔1998〕1077号,财综字〔1995〕88号,计价格〔1995〕2404号,价费字〔1992〕414号,发改价格〔2015〕2136号,财税〔2017〕20号,发改价格〔2019〕914号 |
| | | | | (2) 补发商标注册证费(含刊登遗失声明费用) | | |
| | | | | (3) 受理转让注册商标费 | | |
| | | | | (4) 受理商标续展注册费 | | |
| | | | | (5) 受理商标注册延迟费 | | |
| | | | | (6) 受理商标评审费 | | |
| | | | | (7) 变更费 | | |

续 表

| 序号 | 部门 | 项目序号 | 项目名称 | | 资金管理方式 | 政策依据 |
|---|---|---|---|---|---|---|
| 十六 | 知识产权部门 | 26 | 商标注册收费 | （8）出具商标证明费 | 缴入中央国库 | |
| | | | | （9）受理集体商标注册费 | | |
| | | | | （10）受理证明商标注册费 | | |
| | | | | （11）商标异议费 | | |
| | | | | （12）撤销商标费 | | |
| | | | | （13）商标使用许可合同备案费 | | |
| | | 27 | 专利收费 | （1）专利收费（国内部分）<br>① 申请费、申请附加费、公布印刷费、优先权要求费<br>② 发明专利申请实质审查费、复审费<br>③ 专利登记费、公告印刷费、年费、年费滞纳金<br>④ 恢复权利请求费、延长期限请求费<br>⑤ 著录事项变更费、专利权评价报告请求费、无效宣告请求费<br>⑥ 专利文件副本证明费 | 缴入中央国库 | 《中华人民共和国专利法》，《中华人民共和国专利法实施细则》，财税〔2017〕8 号，发改价格〔2017〕270 号，财税〔2016〕78 号，财税〔2018〕37 号，财税〔2019〕45 号 |
| | | | | （2）PCT 专利申请收费<br>① 申请国际阶段收取的国际申请费和手续费、传送费、检索费、优先权文件费、初步审查费、单 | 缴入中央国库 | 《中华人民共和国专利法》，《中华人民共和国专利法实施细则》，财税〔2017〕8 号，发改价格〔2017〕270 号，财税〔2018〕37 号 |

附件四　全国性及中央部门和单位涉企行政事业性收费目录清单

续　表

| 序号 | 部门 | 项目序号 | 项目名称 | 资金管理方式 | 政　策　依　据 |
|---|---|---|---|---|---|
| 十六 | 知识产权部门 | 27 | 专利收费 | ①一性异议费、副本复制费、后提交费、恢复权利请求费、滞纳金 | 缴入中央国库 | |
| | | | ②申请进入中国国家阶段收取的宽限费、译文改正费、单一性恢复费、优先权恢复费 | | |
| | | | (3) 为其他国家和地区提供检索和审查服务收费 | | 《中华人民共和国专利法》，《中华人民共和国专利法实施细则》，财税〔2017〕8号，发改价格〔2017〕270号 |
| | | | (4) 单独指定费 | | 《中华人民共和国专利法》，《中华人民共和国专利法实施细则》，财税〔2017〕8号，财税〔2022〕13号，发改价格〔2022〕465号 |
| | | 28 | 集成电路布图设计保护收费 | (1) 布图设计登记费 | | 《集成电路布图设计保护条例》，财税〔2017〕8号，发改价格〔2017〕270号，发改价格〔2017〕1186号 |
| | | | (2) 布图设计登记复审请求费 | | |
| | | | (3) 著录事项变更手续费 | | |
| | | | (4) 延长期限请求费 | | |
| | | | (5) 恢复布图设计登记权利请求费 | | |
| | | | (6) 非自愿许可使用布图设计请求费 | | |
| | | | (7) 报酬裁决费 | | |

续 表

| 序号 | 部门 | 项目序号 | 项 目 名 称 | 资金管理方式 | 政 策 依 据 |
|---|---|---|---|---|---|
| 十七 | 银保监会 | 29 | 银行业监管费 | 缴入中央国库 | 财税〔2015〕21号,财税〔2017〕52号 |
| | | 30 | 保险业监管费 | 缴入中央国库 | 财税〔2015〕22号,财税〔2017〕52号 |
| 十八 | 证监会 | 31 | 证券、期货业监管费 | 缴入中央国库 | 财税〔2015〕20号,发改价格〔2016〕14号,财税〔2018〕37号,发改价格规〔2018〕917号 |
| 十九 | 仲裁部门 | 32 | 仲裁收费 | 缴入地方国库 | 《中华人民共和国仲裁法》,财综〔2010〕19号,国办发〔1995〕44号 |